김소영, 합격DREAM

공무원면접

지방직 9·7급 / 서울시 9·7급

행정직·사회복지·세무직·기술직 전 직렬 대비

소영 편저

NPUT

2024

eduwill × 박영사

PREFACE

머리말

「2024 김소영 합격 DREAM 공무원면접 4주완성」은 지방직 및 서울시 9·7급, 지방직 연구사·지도사 공무원면접을 준비하는 수험생을 위해 집필한 수험서입니다. **본 교재의 핵심은 '독학완성'**입니다. 스터디를 하지 않고 혼자서 면접을 준비하는 수험생분들도 책 한 권으로 완벽한 면접준비를 할 수 있도록 **정보수집부터 분석·풀이법까지 상세히 정보를 공개하였습니다.**

「2024 김소영 합격 DREAM 공무원면접 4주완성」은 Input과 Output으로 분권화하였습니다. Input은 2024 면접전략 수립, 2024 필수지식 및 핵심정책 그리고 직렬별 기출에 초점을 맞추었고, Output은 개별면접, 사전조사서, 5·3분스피치, 독서발표, 토론면접 등 지역별 면접유형을 상세히 다루었습니다. 지방직·서울시 면접의 전략적인 합격을 위해 Input은 다음과 같은 사항에 중점을 두어 집필하였습니다,

1단계: 지방직·서울시 면접이해 및 2024 면접전략 수립 [PART 01~02]

면접준비의 핵심은 **'방향성'**입니다. 경기도, 서울시, 부산시 등 지역별 면접절차부터 새롭게 개정된 20 면접 평가방식 그리고 평가기준에 맞는 면접전략 수립을 통해 지방직 면접에서 꼭 준비해야 할 필수 면접 략을 다루었습니다. **특히 지역별 2023 기출난이도 분석을 통해 지역별 면접 준비전략을 완벽하게 준비할 수** 습니다. 면접전략에는 **수험생들이 가장 어려워하는 부서·직무정보와 경험(공직·직무·조직)을 파악하고 분석하** **방법을 낱낱이 공개하였으며, 정보를 정리하는 노하우까지 수록하였습니다.**

2단계: 공직 10대 필수지식 및 2024 핵심정책, 직렬별 기출 [PART 03~04]

면접준비에서 절대 빠져선 안 되는 **배경지식**을 담았습니다. **공직가치, 적극행정 등 공직지식부터 2024 달라지는 지역별 주요정책 등 지원지역에서 강조하는 주제를 수록하였습니다.** 마지막으로 **지역별·직렬별 기출자료를 통해 전공지식이 무엇인지 확인하고 준비한다면** 면접에서의 강력한 무기가 될 것입니다.

본 교재가 지방직·서울시 면접을 준비하는 모든 수험생들의 합격으로 향하는 길을 비추는 밝은 등불이 되었으면 좋겠습니다. 예비 공무원 수험생분들께 도움이 되길 바라며 감사의 인사를 전하고자 합니다. 책이 만들어지기까지 많은 분들의 도움이 있었습니다. 책의 출간을 위해 혼신의 힘을 다해주신 박영사 소성호 이사님, 김경수 과장님, 이영경 대리님 및 직원분들께 진심으로 감사의 말씀을 드립니다.

2024년 6월

김소영

김소영 합격 Dream 카페 ▶

3단계 구성 (책 활용법)

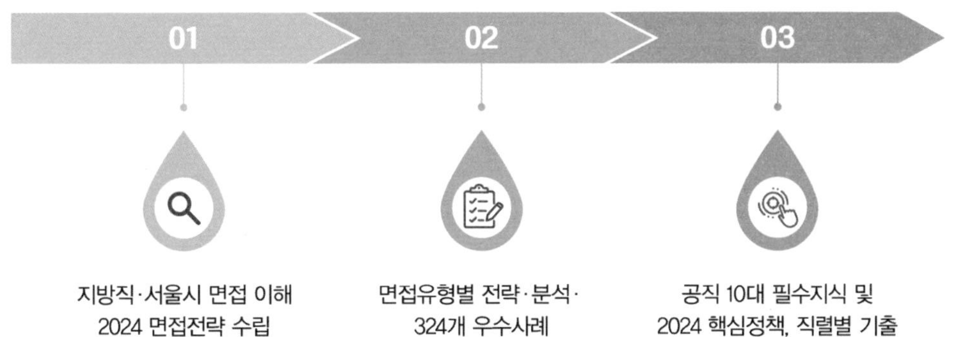

CONTENTS

차 례

PART 01 | 서울시 · 지방직 9 · 7급의 이해

PART 01

서울시 · 지방직 9 · 7급의 이해

CHAPTER 01

서울시 9·7급 면접 개요

POINT 01 [서울시] 면접절차 개요

01 서울시 9급

단계	내용	장소
출석등록 및 응시자 교육	• 출석확인, 면접시험 세부 응시요령 및 주의사항 안내 • 면접시험 평정표(3매) 작성	응시자 대기장
⇩		
5분스피치 과제문 검토	• 조별 응시순서에 따라 5분스피치 과제문 검토(15분) – 과제문 검토 시 개인자료 열람 불가 – 별도의 발표자료 작성은 없으며, 과제문 여백을 활용하여 메모	자료검토실
⇩		
입실	개별면접실 입실 후 면접시험 평정표(3매)를 중앙의 면접위원에게 모두 제출하고 본인 좌석에 착석	개별면접실
⇩		
개별면접	• 개별면접(25분) – 5분스피치(약 5분): 5분 발표 – 개별면접(약 20분): 5개 면접평정요소 질문 & 답변	개별면접실

02 서울시 7급·연구직

단계	내용	장소
출석등록 및 응시자 교육	• 출석확인, 면접시험 세부 응시요령 및 주의사항 안내 • 면접시험 평정표(3매) 작성	응시자 대기장
⇩		
주제발표 과제문 검토	• [7급·연구직] 주제발표 과제문 검토 및 작성(20분) – 주제발표는 시험 당일 제시되는 자료문을 의미 – 과제문 검토 시 개인자료 열람 불가 ※ 코로나19 감염예방을 위해 토론면접(총 55분) 미시행	자료작성실
⇩		

입실	개별면접실 입실 후 면접시험 평정표(3매), 주제발표문(사본 3매)을 중앙의 면접위원에게 모두 제출하고 본인 좌석에 착석 ※ 개인발표문 원본은 본인이 소지하고 발표에 활용	개별면접실
⇩		
개별면접	• [7급] 개별면접(30분) – 주제발표(10분 내외): 5분 이내 발표 후 후속질의 – 개별면접(약 20분): 5개 면접평정요소 질문 & 답변 • [연구직] 개별면접(40분) – 주제발표(10분 내외): 5분 이내 발표 후 후속질의 – 개별면접(약 30분): 5개 면접평정요소 질문 & 답변	개별면접실

PART 01

POINT 02 [서울시] 세부 면접절차 안내(9·7급·연구직)

01 응시자 대기장 [세종홀]

출석확인 사전교육	• 서울특별시 인재개발원에 도착하여 명단확인 후 응시자 대기장 입실 – [11:40] 출석체크 및 좌석배치도 확인 후 착석 – [12:10] 면접교육 → 주의사항: 조별 이동시간 공지, 전자기기 수거 등 → 면접시험 평정표(3매) 작성 – [12:30] 각 조 1번 면접장 및 자료조사실 이동(30분 간격으로 이동)
대기상황	• 본인 면접시간까지 대기 – 대기 중 간식, 음료 섭취 및 화장실 이동 가능 – 응급상황 대비하여 비상상비약 구비 및 간호사 대기 – 면접 이후 대기장에 다시 들어오면 면접 무효화 처리됨 • 특이사항 – 순번에 따라 최소 10분에서 최대 5시간 정도 대기 – 개인자료 열람 가능(휴대폰 및 전자기기는 사전에 수거하므로 프린트하여 면접장에 가져갈 것) – 조별 이동시간 10분 전까지 의자에 착석 후 대기해야 함
이동상황	• 응시자 대기장(세종홀)에서 면접장(다솜관)까지 약 4분 소요 – 이동과정에서 계단 → 내리막길로 이동하기 때문에 편한 신발 신는 것을 추천 – 5분스피치 작성 시작 전 휴게시간(화장실)에 신발 교체

■ 응시자 대기장(세종홀) 내부

■ 서울시 9급 타임라인

순번	면접장 이동	면접장		종료
		자료검토실	개별면접실	
1	12:30	12:40	13:00	13:25
2	13:00	13:10	13:30	13:55
3	13:30	13:40	14:00	14:25
4	14:00	14:10	14:30	14:55
5	14:30	14:40	15:00	15:25
면접위원 휴식				
6	15:15	15:25	15:45	16:10
7	15:45	15:55	16:15	16:40
8	16:15	16:25	16:45	17:10
9	16:45	16:55	17:15	17:40

※ 2023년 서울시 9급 기준으로 복기한 내용이며, 2024년 타임라인은 달라질 수 있음

02 면접장 [다솜관]

9급 참고사항	[장소] • 5분스피치 작성실과 개별면접장 붙어 있음 • 2층: 1~6조, 3층 7~12조 [5분스피치 작성실] • 6명이 1조가 되어 각 방마다 입실 예 2층: 1~6조 – 1조(1~6명) → 201호 – 2조(1~6명) → 202호 ⋮ ⋮

과제문 검토	[과제문 검토] [9급] 자료검토실: 5분스피치 작성(15분) • 자료검토실 도착 후 15분 동안 5분스피치 작성 – 타이머 15분 세팅 └ (22년) 조사실 앞에 일반시계, 전자시계 모두 비치되어 있음 └ (23년) 시계 없음 → 시계 변수 이슈로 개인 손목시계 지참 권장 – 시험감독관이 작성종료 3분 전 남은 시간 안내 • 작성 후 5분스피치 발표지와 평정표를 들고 동일 건물 내 면접실로 이동 [7급·연구직] 자료작성실: 주제발표 과제문 검토 및 작성(20분) • 주제발표는 시험 당일 제시되는 과제를 의미 • 과제문 검토 시 개인자료 열람 불가
면접대기	[대기] 면접실 앞 대기 • 면접 전까지 면접실 앞 의자에 착석 후 대기 ※ 면접실 복도에 의자와 책상 비치: 개인 짐 올려 두고 구두 갈아 신을 수 있음 • 시험감독관 지시에 따라 면접실 입장
개별면접	[개별면접실] • 면접위원 3명: (중앙) 면접위원장, (좌우) 외부교수 및 공무원 – 9급: 면접위원장에게 평정표 제출 후 자리에 착석(9급) – 7급·연구직: 면접위원장에게 평정표 및 주제발표문 사본 제출 후 착석 • 타이머 세팅 후 면접 시작 [9급] 개별면접(25분) • 5분스피치(5분 내외): 5분 발표 • 개별면접(약 20분): 5개 면접평정요소 질문 & 답변 [7급] 개별면접(30분) • 주제발표(10분 내외): 5분 이내 발표 후 후속질의 • 개별면접(약 20분): 5개 면접평정요소 질문 & 답변 [연구직] 개별면접(40분) • 주제발표(10분 내외): 5분 이내 발표 후 후속질의 • 개별면접(약 30분): 5개 면접평정요소 질문 & 답변
면접종료	[종료] • 면접종료 안내 후 퇴실 • 면접실 밖에서 면접 목걸이 및 5분스피치 자료 반납 • 건물 1층에서 전자기기 회수

POINT 03 [서식] 2023 평정표

참고 1 서울특별시 지방공무원 임용 면접시험 평정표(예시)

서울특별시 지방공무원 임용 면접시험 평정표

모집단위	
성 명	
자필성명	

【필적 감정용 기재란】
• 아래의 예시문을 옮겨 적으시오.

본인은 응시자와 동일함

응 시 번 호

주 민 등 록 번 호 –

평정표 예시

평 정 위 원	위원장	위원A	위원B
	0	0	0

평 정 요 소	위원평정 상	중	하	계
가. 공무원으로서의 정신자세				개
나. 전문지식과 그 응용능력				개
다. 의사표현의 정확성과 논리성				개
라. 예의 · 품행 및 성실성				개
마. 창의력 · 의지력 및 발전가능성				개
계	개	개	개	

판 정	우수	보통	미흡
	0	0	0

시험위원 유의사항

1. 우수: 위원의 과반수가 5개 평정요소 모두를 "상"으로 평정한 경우
2. 미흡: 위원의 과반수가 5개 평정요소 중 2개 항목 이상을 "하"로 평정한 경우와, 위원의 과반수가 어느 하나의 동일 평정요소에 대하여 "하"로 평정한 경우
3. 보통: "우수"와 "미흡"외의 경우

※ 위원은 굵은 선 안의 "상", "중", "하" 해당란에 ●표로 평정하시고, 그 개수를 기재하십시오.

타 위원이 "하"로 평정한 항목	
타 위원이 "하"로 평정한 항목의 개수	

위 원 서 명	성명 (서명)

담 당 확 인

CHAPTER 02

지방직 9·7급 면접 개요

PART 01

POINT 01 [지역별] 면접절차 개요(9·7급)

01 전 지역 구분

1. 시별 구분

구분	면접 사전진행		면접 당일			특이사항
행정구역	자기소개서	인성검사	사전조사서	5분스피치	개별면접	
서울	–	○	–	○	○	• [9급] 5분스피치(15분), 개별면접(25분) • [7급] 주제발표(20분), 개별면접(30분) • [연구직] 주제발표(20분), 개별면접(40분)
인천	–	○	–	토론면접	○	• [임용예정기관] 인천시 및 8개 구 ※ 연구사 및 지도사를 제외한 강화군, 옹진군 지원자의 경우, 해당 홈페이지에서 면접일정 별도 확인 • 2023년 토론면접 재시행(20~22년 미시행) • [9급] 토론(20분), 개별면접(15분)
대전	○	○	–	–	○	• 자기소개서가 아닌 자기기술서 제출 • 명칭은 다르나 형식은 자기소개서와 동일 • [9급] 개별면접(15분)
세종	○	○	–	–	○	–
대구	○	○	○	–	○	• [9급] 사전조사서(20분), 개별면접(25분) • [7급·연구사·지도사] 개인발표, 개별면접
부산	○	–	–	○	○	• [공통] 개별면접(15분) • [일반행정직] 3분 스피치 (10분)
울산	○	–	–	–	○	–
광주	○	–	–	–	○	• [9급] 개별면접(15분)

2. 도별 구분

구분	면접 사전진행		면접 당일			특이사항
행정구역	자기소개서	인성검사	사전조사서	5분스피치	개별면접	
경기	봉사리포트	○	○	○	○	• [임용예정기관] 경기도청, 시·군·구 ※ 경기도청을 제외한 시·군·구는 해당 홈페이지에서 면접일정 별도 확인

경기	봉사 리포트	○	○	○	○	• [경기도] 5분스피치(30분), 사전조사서(15분), 역량면접(15~20분) • [시·군·구] – [공채] 사전조사서(15분), 역량면접(10~15분), 3분스피치(화성시·용인시) – [경채] 5분스피치(30분), 사전조사서(15분), 역량면접(15~20분)
강원	○	–	–	–	○	• [9급] 개별면접(15분)
충북	○	○	○	–	○	• [공통] 사전조사서(10분), 개별면접(20~25분)
충남	○	–	–	독서 발표	○	• [공통] 독서소양 능력평가를 위한 독서발표 • [경채·7급] 직무수행계획서 발표(3분)
전북	○	–	–	–	○	• [9급] 개별면접(10분)
전남	○	–	–	–	○	• [9급] 개별면접(15분)
경북	○	○	–	–	○	• [9급] 개별면접(20분) • [경채·7급] 보고서 작성 및 발표, 개별면접
경남	○	–	–	–	○	• [9급] 개별면접(15분)
제주	○	–	–	–	○	• [9급] 개별면접(15분)

※ 면접내용은 변경될 수 있음으로, 반드시 응시하고자 하는 지역의 시행계획 공고를 확인하여야 함

02 경기도 구분

1. 경기북부

구분	면접 당일			특이사항
행정 구역	사전 조사서	5분 스피치	개별 면접	
경기도	15분	30분	15~20분	• 면접위원(3명) • [45분] 30분간 5분스피치 작성 후 이어 15분 사전조사서 작성 └ 사전조사서 작성 후 각조 1번 면접시간이 다가오면 걸어 간 5분스피치 배부 후 검토시간 주어짐. 이어 개별면접 진행
가평군	15분	–	15분	• 면접위원(3명), 재면접률 높음 └ 면접관 1(긴장 풀어 주는 역할), 면접관 2(평이한 질문), 면접관 3(의자에 삐딱하게 앉아 반말을 섞어 질문. "그게 뭐가 힘들어"라는 둥 일부로 지원자의 집중을 흩트리려는 듯한 자세를 유지) • 오후 면접 기준 12:30 입장 가능 └ 1층 대기실 이후 3조로 나뉘어 1~3조 한 명씩 3층으로 3명이 올라가서 면접 진행

가평군	15분	–	15분	• [대기시간] 13시 시작 전까지 스크립트 확인 가능 ㄴ 면접장소 도착 전, 차 안에서 많이 볼 것을 추천 • [개별면접] 전체적으로 편안한 분위기. 지역적 색이 있는 곳이니 지역의 현안, 정책, 개선점에 대해 집중적인 질문이 나오고 통계/지표에 대한 질문도 많음. 사전조사서 질문 비중 10% 이하
고양시	15분	–	15~20분	• 면접위원(3명) ㄴ 전체적으로 친절한 분위기 • [개별면접] 22년과는 달리 전공질문 없이 상황형·경험형 질문 많이 나옴. 연도별 분위기 및 질문편차 심한 편. 사전조사서 질문은 거의 받지 않음
구리시	20분	–	10분	• 면접위원(3명) ㄴ 비교적 반응 없고 무덤덤한 편 • [개별면접] 경험 및 인적성 위주의 질문을 많이 함. 직렬 전체적으로 자기소개 묻지 않은 편. 전공질문 및 꼬리질문 없는 편. 무난한 질문과 분위기
남양주	15분	–	15분	• 면접위원(3명) • [온도] 강당 외부는 시원하나, 내부는 더움 ㄴ 남양주시체육문화센터에서 면접 볼 경우, 휴대용 선풍기 지참 추천 • [대기시간] 스크립트 확인 불가 • [사전조사서] 작성 시 전자시계 있음 • [면접종간] 파티션 옆 목소리 들림 • [개별면접] 직렬마다 난이도 차이 있음. 토목/건축직의 경우 남양주 관련 정보는 없었으며, 공무원시험 전공과목이 아닌 토목 전공자 기준으로 전공질문이 들어옴. 경험에 대한 질문 많으며 압박형식의 면접 진행 ㄴ 직렬 상관없이 압박질문 많이 진행됨
동두천	15분	–	15분	• 면접위원(3명) • [개별면접] 면접장 내부 파티션 3개. 각각 1조, 2조, 3조가 들어가서 면접 진행. 기계직은 전공질문이 하나도 나오지 않았으나, 특정 직렬은 지엽적인 전공질문을 던지는 사례가 있었음 • [사전조사서] 줄 수 바뀜
양주시	15분	–	15분	• 면접위원(3명) • [분위기] 전체적으로 온화하고 편안한 분위기
연천군	15분	–	15분	• 면접위원(3명) • [개별면접] 기본질문 유형으로 나오나, 한 명의 면접관이 전공지식이 아닌 현장에서 잘 할 수 있는 것을 물어보시기도 함. 역량 중심의 평가 진행
의정부	–	–	15~20분	• 면접위원(3명). 사전조사서 없음 • [개별면접] 타이머 있으며, 짧게 끊고 꼬리질문 하는 식으로 하겠다고 사전에 안내. 전체적으로 친절한 분위기
파주시	15분	–	10분	• 면접위원(3명) ㄴ 대체로 친절한 편. 압박질문 없음

파주시	15분	–	10분	• 오후 면접 기준 13시 입실 └ 파주시청 대회의실에서 대기함. 2명씩 조별로 책상 착석 └ [13:10] 휴대폰 및 소지품 수거. 평정표 3매 및 사전조사서 작성 └ [14:00] 14시까지 대기 이후 조별로 입장(빈손 입장)
포천시	15분	–	15분	• 면접위원(3명) • 오전 면접 기준 8시 30분까지 입실. 9시 정각 면접 진행 └ [09:15] 사전조사서 작성 └ [09:30] 면접번호 1번부터 차례대로 면접 진행 • [대기시간] 휴대폰 수거 이후 면접 종료까지 스크립트 확인 불가. 지루하니 간식이나 물 챙겨갈 것

2. 경기남부

구분	면접 당일			특이사항
행정 구역	사전 조사서	5분 스피치	개별 면접	
군포시	15분	–	15분	• 면접위원(2명) • 오후 면접 기준 14~18시 진행 └ [13:15] 면접자 대기실 안내 └ [13:30] 스마트폰 수거 후 신원확인 └ [13:35] 사전조사서 작성. 이후 수거 └ [대기·이동] 1~4조 대기, 각 조 1번부터 대기실에서 나가 면접장으로 이동 └ [면접장] 2층 대회의실, 대기자는 대회의실 앞 의자에 앉아 대기 └ [면접실] 조별로 파티션에서 진행 • [온도] 매우 더움. 면접 10분 전 환복 추천
김포시	15분	–	15~20분	• 면접위원(3명), 22년 면접 ×
광명시	15분	–	10분	• 면접위원(3명) └ 한 명이 10개의 질문을 연달아서 질문함. 압박형태 • 마지막 순번 끝난 시간 17시 10분 • [개별면접] 결론 중심의 답변을 원하며, 질문지 내 질문을 많이 하려고 함
과천시	15분	–	10~15분	• 면접위원(2명) └ 면접관 1(부드러운 역할), 면접관 2(날카로운 역할) • 오후 면접 기준 12시 30분까지 입실. • [대기시간] 프린트 확인 불가 • [개별면접] 타이머 있으며, 질문에 대한 꼬리질문 있는 편. 전체적으로 부드러운 분위기
광주시	15분	–	15분	• 면접위원(3명)

부천시	15분	–	15분	• 면접위원(3명), 재면접률 높음 └ 면접관마다 역할 배분되어 있음(사전조사서 담당, 공직 담당, 경험 및 직무 담당) • [개별면접] 청에서 면접 진행. 2층 강당에서 사전교육 및 사전조사서 작성. 이후 조별로 한 명씩 3층 면접장소로 이동하여 면접 진행. 파티션에서 진행되며 에어컨 소리가 커서 다른 면접자의 음성은 들리지 않고, 부산스러운 느낌
성남시	15분	–	10분	• 면접위원(3명) • [온도] 면접장 더운 편
수원시	15분	–	15분	• 면접위원(3명), 재면접률 높음 • 3층에서 4층으로 엘리베이터로 이동. 대기장은 엄숙하나 면접관은 친절함 • [사전조사서] 작성 시 시계 지참 필수. 남은 시간 잘 들리지 않음 • [개별면접] 직렬마다, 면접관마다 압박질문 편차가 있음. 동일 일반행정직이어도 압박질문을 받은 지원자와 그렇지 않은 지원자로 나뉘어짐
시흥시	15분	–	15분	• 면접위원(3명)
안양시	15분	–	15분	• 면접위원(3명) • [개별면접] 시정 및 인적성 질문을 5:5 정도 진행. 사전조사서 관련 질문은 없었음. 핵심만 들으려고 하여 두괄식 답변 필수
안산시	15분	–	15분	• 면접위원(3명): 3명 모두 무표정. 엄숙한 분위기에서 면접 진행 • 오후 면접 기준 13시까지 면접자 대기실 입실. 주의사항 설명 이후 사전조사서 작성. 이후 A, B, C조로 나뉘어 면접 진행됨. • [사전조사서] 22년에는 쉬운 주제 출제되었으나, 23년 주제는 난이도가 높게 느껴짐 • [개별면접] 면접난이도 中下이나, 난이도가 높게 느껴지기도 함. 사전조사서 질문비중은 30% 정도. 전공질문은 없는 편
안성시	15분	–	10~15분	• 면접위원(3명)
양평군	15분	–	15분	• 면접위원(3명)
여주시	15분	–	10분	• 면접위원(3명)
오산시	15분	–	10분	• 면접위원(3명) • 3층 대회의실에 모여 안내사항 듣고, 사전조사서 작성 후 응시번호 순서대로 1명씩 2층으로 이동. 대기 후 입장 • [대기시간] 스크립트 확인 불가 • [개별면접] 타미어 사용. 면접관과의 거리 멀다. 가운데가 비어있는 둥근 회의실에서 면접 진행했으며, 책상에 마이크가 있어 마이크에 대고 답변함
용인시	–	10분	20분	• 면접위원(3명) • [온도] 면접 대기장소 덥지 않으나, 의자가 공연용 플라스틱 의자라 대기 내내 불편함 • [개별면접] 20분(3분발표+17분 개별면접) 진행, 경험 / 정책 / 인적성 위주의 질문을 많이 받음 • [재면접] 우수 / 미흡 모두 재면접 대상이며, 재면접 시 개별연락

이천시	15분	–	15분	• 면접위원(3명) └ 친절하고 온화한 분위기 • 대강당에서 진행되었으며, 매우 추웠음(에어컨 강함) └ 면접실 내 책상 있음 • [개별면접] 인적성 위주의 무난한 질문. 전공난이도는 매우 쉬우며 지역특색적 질문 위주로 받은 지원자도 있음
의왕시	15분	–	15~20분	• 면접위원(3명) └ 한 분씩 돌아가며 3~4개의 질문 진행 • [개별면접] 타이머는 없었으며, 질문 평이한 수준
평택시	15분	–	15~20분	• 면접위원(3명)
하남시	15분	–	10~15분	• 면접위원(3명) • [온도] 면접장 더운 편. 면접 직전 환복 추천 • [분위기] 전체적으로 편안한 분위기
화성시	–	20분	20분	• 면접위원(3명), └ 면접관 1, 2(부드러운 분위기 유도), 면접관 3(날카로운 질문) • 오후 기준 └ 민원실 3층 대강당에서 진행하였고, 면접자들은 1m 간격 내외로 앉아 대기 후 대강당 위 파티션에서 1조와 2조로 나뉘어져 있는 면접장에서 면접 진행 └ 평정표 / 사전조사서 작성 전 가지고 온 유인물들을 가방에 넣어 복도에 놓음 • [사전조사서] 볼펜과 수정테이프만으로 작성 • [대기시간] 전자기기 수거 이후 자료 확인 불가 • [면접진행] 1, 2조 각 1번부터 진행 └ [1번] 14시 10분 └ [2번] 14시 30분 └ [3번] 14시 50분 • [개별면접] 건축직이어도 직무 관련 질문 외 화성시 현황 및 기본 질문 꽤 많이 받음. 인적성 위주로 준비하면 안 됨 • [재면접] 면접시간 20분, 3분스피치 대신 사전조사서 작성 대체. 사전조사서 작성시간은 사전공지 ×

POINT 02 [지역별] 세부 면접절차 안내(9·7급 공통)

01 시별 면접절차

1. 인천광역시

① 면접 사전진행

인·적성검사 (90분)	• 인성검사: 210문항(30분) • 적성검사: 70문항(60분) • 온라인 검사로 진행(코로나19 확산예방을 위한 비대면 실시)

② 면접 당일: 집단토론 및 개별면접

대기장	[대기장] • 1~5조, 6~7조, 8~9조로 나눠 조별로 다른 층에 대기 • 면접시험 응시요령 교육, 평정표 3장 작성, 휴대전화의 전원을 끈 후 각자 가방에 보관, 스크립트 확인 불가 • 대기시간 내 화장실 자유롭게 이용 가능
면접장	[토론면접장] • 토론과제 검토(10분) • 10명 내외 조별로 토론면접장 이동 후 응시생 간 상호 자유토론 진행(20분)
	[면접장] • 1시 55분 1~9조의 각 조 1번부터 면접장소인 2층 또는 11층으로 이동 • 면접장을 등지고 10개의 의자에 각 조 순서대로 착석 • 파티션으로 나뉜 공간에서 면접을 본 지원자(2층), 밀폐된 방에서 면접을 본 지원자(11층)로 나뉨 [면접실] 개별면접(15분) • 면접위원(3명): 역할을 나눠 질문(공직적합성, 직무적합성, 인천시 현안 등) • 전체적으로 편안한 분위기이며 면접난이도 평이한 편

2. 대전광역시

① 면접 사전진행

인·적성검사 서류제출	• 인성검사 • 자기기술서: 제공된 서식을 활용하여 4부 제출

② 면접 당일: 개별면접

대기장	• 대강당 / 1강의실 / 2강의실 구성 • 조 배정(한 조에 10명 정도) 후 지정된 자리 착석 • 면접장 이동 전 스크립트 복기
면접장	[면접장] • 3층에 면접장이 있었으며, 1~13조로 구성되어 있고, 각 조 1번부터 동시에 노크 후 입장 • 각 강의실에서 면접 진행되었음 [면접실] 개별면접(15분) • 면접위원(3명)

면접장	• 면접실 문 앞에 개인 짐 보관 • 조별로 한 명씩 입실 후 면접진행 • 면접관마다 역할이 지정된 느낌(딱딱한 면접관, 부드러운 면접관 등)

3. 세종특별자치시

① 면접 사전진행

인·적성검사 서류제출	• 인성검사: 310문항(45분) • 자기소개서 1부 제출

② 면접 당일: 개별면접

면접장	[면접실] 개별면접(15분) 면접난이도 中(공직적합성, 조직적합성, 세종시 현안 등 골고루 나오는 편)

4. 대구광역시

① 면접 사전진행

인·적성검사 서류제출	• 인성검사: 450문항(50분) • 온라인 검사로 진행(코로나19 확산예방을 위한 비대면 실시) • 자기소개서 제출: 9급 1부, 7급 3부

② 면접 당일: 개별면접

대기장	• 교육진행 및 본인확인 – 입실 후 응시표 및 신분증 본인확인 → 대기장 내 본인 수험번호의 자리에 착석 – 면접시험 응시요령 교육, 휴대전화 및 전자기기 수거, 평정표 작성 • 사전조사서 작성(9급) – 20분 1문항 작성 – 작성 후 각 조 1번부터 이동 – 대기 중인 지원자는 준비한 면접자료 확인 가능 • 개인발표문 작성(7급)
면접장	[면접장] • 강당에 2인용 탁자와 의자 준비되어 있으며, 1~7조 1줄씩 세로로 앉아 있음(예 ǀ ǀ ǀ ǀ) • 1~7조의 각 조 1번부터 면접장소인 2층 또는 11층으로 이동 [면접실] 개별면접(25분) • 면접실 문 앞에 개인 짐 보관, 대상자별로 1명씩 별도의 공간에서 면접 진행 • 면접위원(3명)

5. 부산광역시

① 면접 사전진행

서류제출	자기소개서 제출(9·7급)

② 면접 당일

대기장	• 시청 12층 회의장 면접등록 후 대기 – 본인 수험번호의 자리 착석 후 면접시험 응시요령 교육 및 전자기기 수거, 평정표 작성 – 오전의 경우 총 8회차로 구성되었고 회차별 8명씩 면접 진행 – 본인 회차 시간이 되면 소회의장 앞으로 자리 이동 – [대기시간] 7회차 기준, 2시간 대기 → 대기시간 동안 프린트물 확인 가능 • 3분스피치 작성(10분) – 3분스피치는 일반행정직만 해당됨 – 면접장 입실 전 문 앞 책상에서 3분스피치 10분간 작성 후 면접장 입실
면접장	[면접장] • 면접장 내부는 4개의 파티션으로 구분되어 있으며, 가운데 책상 위에 종이 있음 • 차임벨('삐–') 울리면 15분 면접 시작과 동시에 각자 파티션 안에서 개별면접 시작 [면접실] 개별면접(15분) • 면접위원(2명) • 인성역량, 부산시 현안, 전공 등 골고루 나오는 편

6. 울산광역시

① 면접 사전진행

서류제출	자기소개서 1부 제출

② 면접 당일

면접장	개별면접(10분 내외), 면접난이도 中

7. 광주광역시

① 면접 사전진행

서류제출	자기소개서 1부 제출

② 면접 당일

면접장	[면접장] • 면접장 내부는 파티션으로 구분되어 있음 [면접실] 개별면접(15분) • 면접위원(2명) • 면접위원에게 평정표 2매 제출 후 면접시작 → 후속질문 있으며, 전체적으로 엄숙한 분위기에서 면접 진행

02 도별 면접절차

1. 경기도

경기도의 경우, 경기도청을 기준으로 설명하며, 시·군·구 관련 개요는 POINT 01 – 02 '경기도 구분'에서 확인하고 세부자료는 김소영 카페에서 확인 가능하다.

① 면접 사전진행

인·적성검사 서류제출	• 인성검사 • 자원봉사시간 및 자원봉사활동 리포트 제출(해당자만 제출)

② 면접 당일

대기장	[경기도청] 총 45분(사전조사서, 15분 + 5분스피치, 30분) • 대강당에서 45분 동안 사전조사서, 5분스피치 시간 조절하며 작성 • 사전조사서를 먼저 작성토록 한 후 15분 뒤 바로 걷어가며, 45분 종료 후 5분스피치를 걷음 • 쉬는 시간 후 면접장 건물로 이동
	[시·군·구] 사전조사서(15분) 사전조사서(15~20분): 사전조사서 작성시간 및 문항수 상이
면접장	[경기도청] • [면접장] 면접 시작 15분 전 5분스피치 검토를 위해 해당자만 작성지 돌려준 후 대기 • [면접실] 개별면접(15~20분) – 입실 후 수험번호 확인하자마자 면접진행(핵심 말하기 선호) – 정숙한 분위기 – 5분스피치, 사전조사서 후속질문을 포함한 개별면접 진행
	[시·군·구] 개별면접(15~20분) • 시·군·구마다 분위기 상이 • 사전조사서 후속질문을 포함한 개별면접 진행

2. 강원도

① 면접 사전진행

인·적성검사 서류제출	• 9급 인성검사: 310문항(45분), 4지 택1형 • 7급 인성검사: 300문항(45분), 2지 택1형 • [9·7급] 자기소개서 2부 제출

② 면접 당일

대기장	[소회의실] 면접자 집결, 본인확인 및 평정표 작성, 면접 대기
면접장	[대회의실] 개별면접 (15분) • 대회의실 입구 대기 후 대회의실 안쪽에 조별 파티션으로 면접장 구성(6개) • 면접위원(3명)

3. 충청북도

① 면접 사전진행

인·적성검사 서류제출	• 인성검사 • 자기소개서 제출: 운전9급 굴삭기는 실시시험 후 개별면접

② 면접 당일

면접장	• 사전조사서 작성(10분) • 개별면접(20~25분) • 면접난이도 中(공직적합성, 조직적합성, 충북 현안 등)

4. 충청남도

① 면접 사전진행

서류제출	[9급] 자기소개서 2부 제출 [7급] • 자기소개서 2~3부 제출 • 직무수행계획서 3부 제출

② 면접 당일

면접장	[9급] 개별면접(15분) • 면접위원(2명) • 개별면접 – 독서소양능력 평가(9·7급): 독서소양능력 평가를 위한 지정도서(1권 선택)를 사전에 읽은 후 읽은 도서에 대한 독서발표 및 후속질문 있음 – 개별면접: 면접난이도 中(공직적합성, 조직적합성, 충남 현안 등) • 대체로 친절하고 편안한 분위기에서 진행됨 [7급] • 직무성과계획서 발표(7급): 사전에 제출한 직무성과계획서에 관한 발표 및 질문 • 개별면접(20분): 면접난이도 中(공직적합성, 조직적합성, 충남 현안 등)

2023년 충청남도 지정도서 목록(공개경쟁 및 경력경쟁채용)

• 1회 시험

NO	도서명	출판사	저자
1	열두 발자국	어크로스	정재승
2	아주 작은 반복의 힘	스몰빅라이프	로버트 마우어
3	비전공자도 이해할 수 있는 AI지식	반니	박상길

※ 본인이 읽은 도서(1권)에 대한 독서발표 및 관련 내용을 토대로 한 면접질문 있음

※ 도서목록 및 독서감상문은 별도로 제출하지 않음

2023년 충청남도 지정도서 목록(공개경쟁 및 경력경쟁채용)

• 7급 행정직·연구사·지도사 및 9급(2·3회 시험)

NO	도서명	출판사	저자
1	트렌드 코리아 2024	미래의창	김난도, 전미영 외 8명
2	결심이 필요한 순간들	세계사	러셀 로버츠
3	멘탈을 회복하는 연습	서삼독	데이먼 자하리아데스

※ 본인이 읽은 도서(1권)에 대한 독서발표 및 관련 내용을 토대로 한 면접질문 있음

※ 도서목록 및 독서감상문은 별도로 제출하지 않음

5. 전라북도

① 면접 사전진행

서류제출	자기소개서 3부 제출

② 면접 당일

면접장	• 개별면접(15~20분) • 면접난이도 中(공직적합성, 조직적합성, 충북 현안 등)

6. 전라남도

① 면접 사전진행

서류제출	자기소개서 1부 제출

② 면접 당일

대기장	[면접시험 등록] 김대중 강당 입실 전 벽면에 있는 조별 명단 확인 및 서명 후 입실 [1차 대기장] • 조별로 순서대로 착석 후 면접시험 응시요령 교육 및 전자기기 전원 OFF • 평정표 2매 작성
면접장	[2차 대기장] • 같은 강당 내에 있는 2차 대기실로 이동. 조별로 칸막이 구분되어 있음 • 각 조의 1번이 면접시험을 보며 조는 시·군별, 직렬별로 구분되어 있음 [면접실] 개별면접(15~20분), 전체적으로 편안한 분위기

7. 경상북도

① 면접 사전진행

서류제출	• 인성검사(9급) • 자기소개서 4부 제출(9·7급)

② 면접 당일

대기장	• 대기장 바로 옆 면접장 / 면접실
면접장	[면접장] 1~5조(3층), 6~8조(4층) [면접실] • 각 방에서 진행하고 앞 순서 끝나기 5분 전 대기 후 전체 인원 종료 후 다함께 입실 • 면접위원(3명): 약 2m 거리 내외. 앞이 막혀 있는 책상과 의자에 착석. 책상 위 A4용지 크기의 메모지 • 면접난이도 中(대체로 온화하고 편안한 분위기)

8. 경상남도

① 면접 사전진행

서류제출	자기소개서 1부 제출(9·7급)

② 면접 당일

면접장	[9급] 개별면접 • 개별면접(15~20분) • 면접난이도 中

면접장	[7급] 보고서 작성 및 발표, 개별면접 순으로 진행 • 보고서 작성: 출제된 문제 중 1문제를 선택하여 30분 동안 보고서 작성 • 보고서 발표: 작성한 보고서를 면접장에서 5분가량 발표 • 개별면접: 보고서 발표 직후 면접관의 질문에 답변하며 개별면접 진행

9. 제주도

① 면접 사전진행

서류제출	자기소개서 4부 제출(9·7급)

② 면접 당일

면접장	• 개별면접(15~20분) • 면접난이도 中

POINT 03 [지방의회] 면접절차 개요

01 개요

2022년부터 지방의회 소속 공무원에 대한 임용권자가 '지방자치단체의 장'에서 '지방의회 의장'으로 변경됨에 따라 지방의회가 의회에서 근무할 공무원을 직접 채용할 수 있게 되었다. 면접 진행과정은 지방직 면접과 크게 다르지 않으나, 지방의회에서 별도로 채용하는 만큼 지원지역의 홈페이지에서 면접시험 응시요령을 확인해야 한다.

02 면접절차

대기장	[경기도·시] 사전조사서 작성
면접장	[면접실] • 3명의 면접관, 부드러운 분위기 • 의회 관련 질문 다수 • 속기 경력자의 경우, 경력면접처럼 경력 위주로 많이 물어보는 편 • 경력이 없더라도 속기직 이해도 및 자질과 관련된 질문 많이 함

POINT 04 [서식] 면접 및 자기소개서

아래 서식은 일부 지역의 예시이므로, 각 지역별 서식은 시험공고를 통해 확인하여야 한다.

01 면접시험 평정표(경기도)

※ 2024년부터 평정요소는 다르게 적용되므로, 서식은 참고용으로만 확인하기 바람

■ 2024년도 제2회 경기도 공개경쟁임용 면접시험 평정표 ■

<table>
<tr><td rowspan="3">필기적
감재정
용란</td><td colspan="10">(예시문): 본인은 우측응시자와 동일인임을 서약합니다.</td><td>직 렬(류)</td><td>행정7급(일반행정)</td></tr>
<tr><td colspan="10">본인필적:</td><td>응시번호</td><td>10010001</td></tr>
<tr><td colspan="10">본인은 우측응시자와 동일인임을 서약합니다.</td><td rowspan="2">성명</td><td>(한글) 홍길동</td></tr>
<tr><td colspan="2">생년월일</td><td>╳</td><td>╳</td><td>╳</td><td>╳</td><td>년</td><td>0</td><td>3</td><td>월</td><td>2</td><td>4</td><td>일</td><td>(한자) 洪吉童</td></tr>
</table>

<table>
<tr><th rowspan="2">평 정 요 소</th><th colspan="3">위 원 평 정</th></tr>
<tr><th>상</th><th>중</th><th>하</th></tr>
<tr><td>가. 소통·공감:
국민 등과 소통하고 공감하는 능력</td><td>○</td><td>○</td><td>○</td></tr>
<tr><td>나. 헌신·열정:
국가에 대한 헌신과 직무에 대한 열정적인 태도</td><td>○</td><td>○</td><td>○</td></tr>
<tr><td>다. 창의·혁신:
창의성과 혁신을 이끄는 능력</td><td>○</td><td>○</td><td>○</td></tr>
<tr><td>라. 윤리·책임:
공무원으로서의 윤리의식과 책임성</td><td>○</td><td>○</td><td>○</td></tr>
</table>

<table>
<tr><td rowspan="2">다른 위원이 “하”로 평정한 항목</td><td rowspan="2"></td><td rowspan="3">판 정</td><td>우 수</td><td></td></tr>
<tr><td>보 통</td><td></td></tr>
<tr><td rowspan="2">다른 위원이 “하”로 평정한 항목의 개수</td><td rowspan="2"></td><td>미 흡</td><td></td></tr>
<tr><td colspan="2">담 당 확 인</td><td></td></tr>
</table>

□ 시험위원 유의사항

1. (1) 우수: 위원의 과반수가 5개 평정요소 모두를 “상”으로 평정한 경우
   (2) 미흡: 위원의 과반수가 5개 평정요소 중 2개 항목 이상을 “하”로 평정한 경우와,
   위원의 과반수가 어느 하나의 동일 평정요소에 대하여 “하”로 평정한 경우
   (3) 보통: “우수”와 “미흡” 외의 경우
2. 위원은 굵은 선 안의 “상”, “중”, “하” 해당란에 ○표로 평정하시고, 그 개수를 기재하십시오.

02 자기소개서(제주특별자치도)

자 기 소 개 서

응시직렬		응시번호		성 명	

1. 성장과정 및 가족사항

2. 학창시절 과정

3. 성격(장단점)

4. 인생관

5. 지원동기 및 포부

2023년 월 일

작 성 자: (서명)

〈〈 작성요령 〉〉

○ 위 양식에 따라 자유롭게 기술

* 성장과정, 좌우명, 학교생활, 자원봉사 활동(국제행사, 사회복지시설, 헌혈 등), 자신의 장단점, 지원동기 및 기타 사항(사실대로 기술하여야 함)

○ 분량은 A4용지 2매 이내로 하고, 글자는 휴먼명조 12포인트, 줄간격 150% 유지

* 제출부수: 4부(편철하지 말 것, 필요 시 클립 사용)

03 자기기술서(대전광역시)

응시자 자기기술서

응시번호		직렬(직급)	(예)행정직(9급)	성 명	(서명)

1. 자기소개를 간략히 작성하시오

* 주의사항: 블라인드 면접(자기소개 작성 시 학력, 부모직업 등 신상정보 기재 불가)

2. 살아오면서 힘들었던 일을 극복하고 성공했거나 실패한 경험에서 느낀 점을 기술하시오(5W1H)

3. 최종 합격한다면 자기만의 차별화된 업무추진 비전을 제시하시오

* 주의사항: 반드시 제공된 A4 1매(22줄 범위 내)로 3개 항목을 적절히 작성하여야 함

** 글자크기 13, 글자체 휴먼명조, 흑백, 장평 90, 서식(틀) 변경 금지

*** 글자 모양내기, 칼라인쇄 등 불허함 / 본 양식을 그대로 다운받아 사용할 것

**** 서명은 반드시 자필로 할 것

04 직무수행계획서(충청남도)

※ 아래 표는 본인확인을 위해 각 장마다 작성

응시직렬:	임용예정기관:	응시번호:	성명:

직무수행계획서

※ 작성기준(7급, 연구사, 지도사 직급만 제출)

- ○ 분　　량: A4용지 1~2매(3부 제출, 미편철)
- ○ 글 씨 체: 신명조 14포인트
- ○ 용지여백: 상하 여백 20mm, 좌우 여백 15mm, 머리말·꼬리말 각 10mm, 줄간격 160%

CHAPTER 03

2024 면접 평가방식 NEW

POINT 01 2024 평정표 및 평가방법

01 평정표의 이해

평정표란 면접에서 수험생을 평가하는 평가지표이다. 기존에는 5가지 평정요소로 수험생을 평가했으나, 2024년부터는 새로 정립된 4가지의 공무원 인재상을 평정요소로서 전면개편하였다. 개정된 평정표의 핵심은 '함께 일하고 싶은 공무원상'이다. 공직자로서 갖춰야 할 역량과 고성과를 위한 인재의 특성을 반영하여 공직적격성과 직무적격성을 평가하게 된다.

면접시험 평정요소 개정내용

개정 전	
가	공무원으로서의 정신자세
나	전문지식과 그 응용능력
다	의사표현의 정확성과 논리성
라	예의·품행 및 성실성
마	창의력·의지력 및 발전가능성

→

개정 후	
가. 소통·공감	국민 등과 소통하고 공감하는 능력
나. 헌신·열정	국가에 대한 헌신과 직무에 대한 열정적인 태도
다. 창의·혁신	창의성과 혁신을 이끄는 능력
라. 윤리·책임	공무원으로서의 윤리의식과 책임성

+ 시험 실시기관의 장이 필요하다고 인정하는 평정요소

2024 개정 평정표(공무원임용시험령 제5조 제3항)

평정요소	위원평정		
	상	중	하
가. 소통·공감			
나. 헌신·열정			
다. 창의·혁신			
라. 윤리·책임			
계	개	개	개
위원서명	성명		(서명)

02 평가방법

면접관은 지원자의 답변을 바탕으로 4가지 평정요소에 대해 상, 중, 하로 평가하며, 면접점수는 우수, 보통, 미흡 중 하나로 평가한다.

■ 최종합격자 결정(공무원임용시험령 제25조 제5항)

우수	위원의 과반수가 제5조 제3항의 평정요소 모두를 "상"으로 평정한 경우: "우수"
보통	'우수' 및 '미흡' 외의 경우: "보통" 면접시험에서의 보통은 우수등급을 받은 응시자 수를 포함하여 선발예정인원에 달할 때까지 필기시험 성적순으로 합격하게 된다.
미흡	위원의 과반수가 제5조 제3항의 평정요소 중 2개 항목 이상을 "하"로 평정하였거나, 위원의 과반수가 어느 하나의 동일한 평정요소를 "하"로 평정한 경우: "미흡"

POINT 02 평정표 분석: 평가내용 및 기출질문

01 평정표 분석의 중요성

'평정표의 개념 이해는 면접준비의 첫 시작'
평정표 분석이 중요한 이유는 면접관이 원하는 공직자의 모습을 다양한 관점에서 확인할 수 있기 때문이다. 또한 이를 통해 면접관의 시선을 이해함으로써 주요질문의 우선순위를 파악할 수 있다. 특히 지원자가 면접장에서 예상치 못한 질문을 받았을 때 평정요소에 맞는 답변을 한다면 면접관을 설득할 수 있다.

02 평정표 분석: 하위역량 평가내용 ★★★

개정 후		개정 전
소통·공감	[FOCUS] 대인관계 및 개인 • 대인관계 및 조직적합성: 중간관리자·사무관 등 상하 간 관계, 갈등관리, 의사소통능력, 집단의 목표 이해, 자기조절능력, 협동심, 구성원 독려 및 이해·적응력 등 • 개인: 직무상황에 대한 긍정성, 스트레스 관리 등	(다)·(라)
헌신·열정	[FOCUS] 직무 전문성 및 목표의식 • 헌신: 직무전문성 및 노력사항 – 전문지식, 직무역량, 전문성 향상을 위한 노력사항 – 기관에 대한 관심도, 이슈에 대한 견해 • 열정: 미래 목표의식 목표의식, 자기개발, 직무역량 적용 실천계획	(나)

창의·혁신	[FOCUS] 다각도적 관점·사고력 → 5분스피치, 주제발표, 사전조사서, 개별면접 • 사고력: 분석력, 판단력, 문제해결능력(우선순위 도출, 현실적 대안제시, 대안별 장단점, 파급효과, 장애요인 등), 정보파악능력, 적극적 실천의지 • 관련 경험: 문제해결 경험, 자기개발 경험, 실천계획 등	(마)
윤리·책임	[FOCUS] 공직역량 • 국가관, 공직관, 윤리관 등 공직지식 및 공직역량 • 공직이슈의 이해도, 업무수행의 성실성	(가)

03 평정표 분석: 2024 평정요소 빈출 기출질문

한 눈에 확인하는 '2024 평정요소 빈출 기출질문'

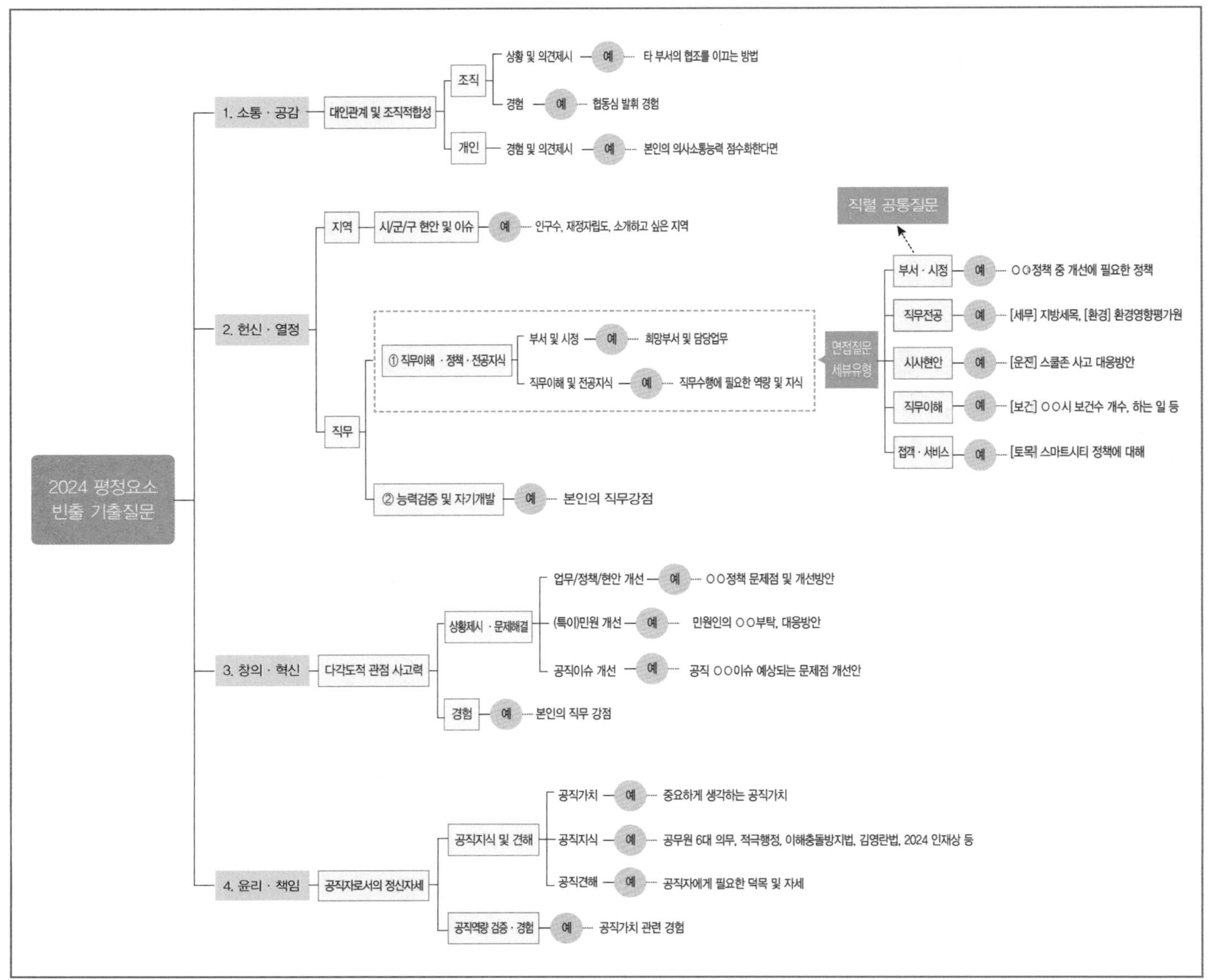

2024 평정요소 주요 키워드

개정 후			개정 전
평정요소	능력단위	핵심 키워드	평정요소
소통·공감	지식	갈등관리, 설득력 등 대응요소	(다)·(라)
	역량	갈등, 설득, 의사소통 및 협동심에 관한 경험 등	
	견해	조직에 미칠 영향	
헌신·열정	지식	지원지역 현황 / 현안, 직렬정책(사업) – 장단점, 이슈, 부서의 역할	(나)
	역량	직무강점, 직무를 위해 노력한 점, 직무계획	
	견해	지원지역 및 희망부서에 관심을 갖게 된 계기, 전공과 직무의 관련성, 정책(사업)에 대한 견해, 조직·시(군)민에 미칠 영향	
창의·혁신	지식	민원문제 해결능력, 정책(사업)과 관련한 실무적 대응능력 등 실무요소	(마)
	역량	문제해결 및 분석에 관한 경험, 살면서 힘들었거나 목표를 달성한 경험 등	
	견해	정책(사업) 추진 시 미칠 영향력 등	
윤리·책임	지식	공직가치, 공무원행동강령, 공무원의무, 공직이슈, 인재상	(가)
	역량	공직 관련 개인역량	
	견해	공직에 관심을 갖게 된 계기, 공직이슈에 대한 견해, 조직·시(군)민에 미칠 영향	

1. 소통·공감

조직	[대인관계 및 조직적합성] • 상황 및 의견제시 Q. 본인의 의견에 반대하는 상사·동료를 어떻게 설득할 것인지? 유사 상사와 업무적인 갈등이 생기면 어떻게 대처할 것인지? 유사 업무지시에 순응하지 않는 하급자를 어떻게 다룰 것인지? Q. 상사가 본인보다 나이가 어리다면 함께 일을 할 수 있는지? Q. 타 부서의 협조를 어떻게 이끌어 낼 것인지? Q. 조직에서 필요하다고 생각하는 역량은? • 경험 Q. 의사소통 경험(설득 및 갈등 경험) Q. 협동심 발휘 경험
개인	[개인] • 경험 및 의견제시 Q. 지원자의 장단점 / 타인이 보는 나 Q. 본인의 의사소통능력은 100점 만점 중에 몇 점? 이유는? Q. 조직에 적응하는 본인만의 노하우 Q. 평소 스트레스 관리는 어떻게 하는지?

2. 헌신·열정

지역	[지역: 시 / 군 / 구 이해 및 현안] Q. 인구수, 예산(재정), 재정자립도, 행정구역(읍 · 면 · 동) 수 Q. 시장(군수) 성함 및 핵심과제 Q. 시조·시화·시목·슬로건 Q. 지역축제·관광명소·역사 Q. 소개하고 싶은 지역·자랑거리 Q. 지역의 가장 큰 문제점 Q. 시·군·구 홈페이지 좋은 점 또는 개선할 점
직무	[직무 ①: 직무이해·정책·전공지식] • 부서 및 시정 Q. 임용 후 희망하는 부서 / 담당하고 싶은 업무 Q. ㅇㅇ시 정책에 대해 아는 대로 Q. 잘했거나 좋다고 생각하는 정책 / 개선하고 싶거나 추진하고 싶은 정책 • 직무이해 및 전공지식 Q. ㅇㅇ대응방안 집행을 위한 예산 확보방법 등 Q. 직무수행에 필요한 이론적 배경지식 및 이슈 예 세무직: 국세와 지방세의 차이 예 보건직: 코로나19 확진자 수, ㅇㅇ시(군) 보건소 몇 개? 예 사회복지: 저출산 관련 정책, 사회복지 vs 사회복지사, 사회복지법, 사회적 약자 예 일반행정: ㅇㅇ시(군) 재정자립도, 민원인 욕설·폭행 대처방법 예 시설관리: 시스템에어컨 사용·관리법 [직무 ②: 능력검증 및 자기개발] Q. ㅇㅇ직무 수행 시 필요한 자세·역량 Q. 직무강점 / 부족한 점 / 직무전문성 향상을 위해 노력한 점 Q. ㅇㅇ경험 / 전공 / 자격증 / 강점 등이 업무에 어떤 도움이 되는지? Q. 근무하고 싶은 부서→관련 전문지식 및 경험 혹은 아는 사업 및 정책 Q. 관심 정책 2개 중 한 개를 자세히 설명하라. Q. ㅇㅇ정책이 국민 · 사회에 미칠 영향력 또는 국민이 가져갈 이득에 대해 설명하라.

3. 창의·혁신

사고력	[다각도적 관점·사고력] 상황제시 및 문제해결(분석력·판단력) • 업무·정책·현안 개선 Q. 상사의 지시가 내가 해결하고자 하는 문제와 다르다면? Q. 눈에 띄는 ㅇㅇ시 정책→그 정책의 문제점 Q. ㅇㅇ(사회현안·공직이슈) 발생 시 예상되는 문제점과 대책 Q. ㅇㅇ문제 해결을 위한 ㅇㅇ방안 외 또 다른 방안 Q. ㅇㅇ을 구체적으로 실현시킬 방안(공청회, 모니터링 등) Q. 사업추진을 위한 예산 확보방안 등 • (특이)민원 개선 Q. 민원인이 전화로 소리를 지른다면 어떻게 할 것인가? Q. 민원인의 ㅇㅇ부탁은 법·규정도 없고, 기존 사례도 없다. 대응방안은? Q. 주민인식 개선방안

사고력	• 공직이슈 개선 Q. 공직청렴 문제 해결방안 Q. 적극행정 문제점 및 개선방안 등 Q. 공직○○ 이슈 발생 시 예상되는 문제점과 대책 예 공직 내 MZ 퇴사 문제 해결방안
경험	[다각도적 관점·사고력] 경험 Q. 문제를 해결한 경험 / 창의력을 발휘한 경험 Q. 관례를 개선한 경험 Q. 살면서 힘들었던 경험 Q. 목표를 달성했던 경험

4. 윤리·책임

지식	[공직지식 및 견해] • 공직지식: 공직가치 Q. 중요하게 생각하는 공직가치 1~3가지 Q. 공직가치가 국민·사회·공직에 미칠 영향력 Q. 공직가치로 발생할 수 있는 문제점 • 공직지식 Q. ○○의 개념, 중요성, 관련 사례 Q. 공무원의 6대 의무(가장 중요하게 생각하는 의무) / 적극행정 / 이해충돌방지법 Q. 공무원으로서 국민 전체에 대한 봉사자의 의무는 무엇인지? Q. 적극행정의 개념 – 문제점 / 한계점 – 개선방안 Q. 공무원 인재상(2024년 개정) • 공직견해 Q. 공무원 지원동기 Q. 공직자에게 필요한 덕목 / 공직생활 시 필요한 자세 및 태도
역량	[공직역량 검증] 경험 Q. 공직가치→경험 및 ○○(공직가치)역량 향상을 위해 노력한 점 Q. 봉사활동 경험 Q. 다수를 위해 희생한 경험 / 사익보다 공익을 우선한 경험 Q. 청렴성을 발휘한 경험 Q. 관례를 개선한 경험 Q. 다수는 따르지 않았지만 내부 규정 및 원칙을 준수한 경험

CHAPTER 04 2023 지역별 면접난이도 및 기출분석

PART 01

POINT 01 [전 지역] 시·도별 면접난이도 및 빈출질문

01 전 지역 구분

1. 시별 구분

<table>
<tr><th rowspan="3">구분
행정
구역</th><th colspan="3">면접난이도</th><th colspan="4">면접질문 구분</th></tr>
<tr><th rowspan="2">上</th><th rowspan="2">中</th><th rowspan="2">下</th><th rowspan="2">기본질문</th><th colspan="3">심화질문</th></tr>
<tr><th>압박(꼬리)질문</th><th>지역·정책</th><th>직무(이론·실무)</th></tr>
<tr><td rowspan="2">서울</td><td></td><td></td><td>○</td><td>○</td><td>○</td><td>○</td><td>○</td></tr>
<tr><td colspan="7">[질문비중(10)] 공직(2), 조직(2), 지역(4), 직무(2)
• 지역 내 기본기출 외 정책질문 잦고, 실무자로서의 역량검증이 잦은 편
예 서울시 내 예산, 부시장 수, 정책순위 등
예 서울시가 추진해야 할 정책, 저출산 해결방안, 주차문제 해결안
[직렬]
• 직렬난이도는 ‘사회복지 → 일반행정 → 기술직’ 순</td></tr>
<tr><td rowspan="2">인천</td><td></td><td>○</td><td>○</td><td>○</td><td></td><td></td><td>○</td></tr>
<tr><td colspan="7">[질문비중(10)] 공직(6), 조직(1), 지역(2), 직무(1)
• 공직 관련 질문의 비중이 높은 편(일반행정, 사회복지)
예 공무원 낮은 보수, 사기업 vs 공기업, 공정의 정의, 공정과 평등성 중 추구하는 가치, 공무원 부정부패 및 비리문제, MZ세대 vs 기존공무원, MZ세대 공직문제 개선방안 등
[지역]
• 지역은 현안질문으로 출제
예 인천 청년들이 서울, 경기로 유출되는 원인 및 대책
• 일부 사회복지의 경우, 지역 기본질문 및 현안을 집중적으로 질문받음
예 인천시 인구수, 재정, 경제자유구역 개념 및 활성화 방안 등
[직렬]
• 직렬별로 기출에 나오는 수준의 질문이 나왔으며, 기술직 / 운전직의 경우 전공질문 및 직무 관련 법령 1개 정도의 질문이 나옴</td></tr>
<tr><td rowspan="2">대전</td><td>○</td><td></td><td></td><td>○</td><td>○</td><td>○</td><td>○</td></tr>
<tr><td colspan="7">[질문비중(10)] 공직(2), 조직(2), 지역(3), 직무(3)
• 직렬 공통으로 압박(꼬리)질문 많으며, 평정요소별 면접질문 골고루 나오는 편
– 공직(지식, 이슈), 지역(현안, 시사), 직무(전공, 정책, 현안), 개인 인성 등 전체적인 대비 필요
• 압박 유형은 직렬·수험생마다 다르게 진행됨. 같은 일반행정직이더라도 조직역량 검증 위주의 꼬리질문을 받기도 하고, 대전시 기본 및 현안질문을 1 / 2 정도로 받기도 함
예 [일반행정] 조직생활 경험 → 희생경험 → 조직에서 강요한 것 아닌지?
예 [일반행정] 대전시 8월 축제, 재정자립도 및 향상방안, 세종·충청권 도시 협력방안 등</td></tr>
</table>

<table>
<tr><td>대전</td><td colspan="7">• 단, 일반행정을 제외한 직렬의 경우 직무 관련 질문에 대한 압박이 꽤 많음
예 [산림자원] 효율적인 제초방법, 명품 정원도시 사업 → 정원의 정의, 종류 구분, 산사태·산불 비상근무, 수목원 이용률 향상방안 등 직무이해 집중적 질문</td></tr>
<tr><td rowspan="2">세종</td><td></td><td></td><td></td><td></td><td></td><td></td><td></td></tr>
<tr><td colspan="7">–</td></tr>
<tr><td rowspan="2">대구</td><td>○</td><td></td><td></td><td>○</td><td>○</td><td>○</td><td></td></tr>
<tr><td colspan="7">[질문비중(10)] 공직(2), 조직(3), 지역(2), 직무(3)
• 직렬 공통으로 기본질문에 압박(꼬리)질문 있으며, 직렬마다 집중적으로 받는 면접질문의 유형이 다름.
• 대구시 현안의 경우 직렬별 맞춤 변형해서 출제
예 [일반행정] 군위군 대구 편입방안
예 [환경직] 군위군 통합 상황에서 환경적으로 접근할 수 있는 정책
[일반행정]
• 작년과 동일하게 대구시 기본 및 현안질문 위주 or 조직생활 집중질문
예 [일반행정] 관심 있는 대구시 정책 → 각 정책별 후속질문 有, 대구시 장단점, 군위군 대구 편입방안 등
예 [일반행정] 의사소통 갈등 경험, 고집불통 동료 대응방안 등
[그 외 직렬]
• 주로 직무이해를 묻는 현안, 정책 위주의 질문이 많고 조직생활을 검증하는 질문도 종종 받음
– 특히 사회복지의 경우 직렬 현안 관련 이슈를 다양하게 질문함
예 [사회복지] 1인가구, 고독사, 다문화, 폭염 → 취약계층 대응, 장애인 정책 등
예 [환경직] 탄소중립 개념 → 관련 정책, 환경정책 아쉬운 점, 자원순환 사업장 1–5종 구분 기준, 군위군 통합 상황에서 환경적으로 접근할 수 있는 정책 등</td></tr>
<tr><td rowspan="2">부산</td><td></td><td></td><td>○</td><td>○</td><td></td><td></td><td></td></tr>
<tr><td colspan="7">[질문비중(10)] 공직(2), 조직 (2), 지역(3), 직무(3)
• 전체적으로 기본질문이 많으며, 직렬마다 집중적으로 받는 기본질문 유형이 다름
[일반행정] 부산시 기본 및 현안질문 위주, 종종 민원응대 질문 나옴
예 부산시 슬로건, 부산 지원동기, 2030 엑스포, 타 지역 인구 유입방안, 4차 산업 부산 적용방안, 민원인 갑질신고 문제, 민원서류 제출양에 대한 불만족 등
[간호직, 사회복지] 직렬 현안, 정책 개선 등
예 [사회복지] 복지이슈 및 트렌드, 인구절벽, 노인 의료지원, 중산층 복지서비스 필요성, 고령화 대응, 공공서비스 대상자 및 사업내용, 사회복지 현장과 전공 차이점 등
예 [간호직] 사망률 높은 건강문제 1, 2위 및 줄이기 위한 방안, 지역보건법, 부산시 건강지표 중 안 좋은 지표에 대해
[지방세, 의료기술, 기술직(전기, 건축 등)] 전공질문 3~5개 정도의 비중
예 [지방세] 부산시에서 중요한 세목, 세목 관련 뉴스 및 시사, 재산세 불만 문제, 취득세, 공시송달, 연대납세의무자 송달 등
예 [전기직] 배선용 차단기 vs 누전 차단기, 주택분전반(배선, 누전) 차단기 배치, 전기설계 감리 경험 등
예 [건축직] 건폐율, 용적률, 건축면적, 생활형 숙박시설 등</td></tr>
<tr><td rowspan="2">울산</td><td></td><td></td><td></td><td></td><td></td><td></td><td></td></tr>
<tr><td colspan="7">–</td></tr>
<tr><td rowspan="2">광주</td><td></td><td>○</td><td>○</td><td>○</td><td></td><td></td><td>○</td></tr>
<tr><td colspan="7">[질문비중(10)] 공직(3), 조직 (2), 지역(2), 직무(3)
• 전체적으로 기본질문 위주로 난이도가 높지 않으나, 전공질문이 2~5개 정도로 나옴
• 지역 관련 질문비중은 적은 편이며, 기본질문에서 출제됨
• 전체적으로 딱딱한 분위기
예 [일반행정] 인권의 개념, 차별의 개념, 법령과 자치법규에 대해
예 [지방세] 매년 정기적으로 부과·징수하는 지방세목, 4차 산업혁명 활용 사례, 체납징수에 대해</td></tr>
</table>

2. 도별 구분

<table>
<tr><th>구분</th><th colspan="3">면접난이도</th><th colspan="4">면접질문 구분</th></tr>
<tr><th rowspan="2">행정
구역</th><th rowspan="2">上</th><th rowspan="2">中</th><th rowspan="2">下</th><th rowspan="2">기본질문</th><th colspan="3">심화질문</th></tr>
<tr><th>압박(꼬리)질문</th><th>정책심화</th><th>전공질문</th></tr>
<tr><td rowspan="2">경기</td><td>○</td><td>○</td><td></td><td>○</td><td>○</td><td>○</td><td>○</td></tr>
<tr><td colspan="7">[질문비중(10)] 공직(2), 조직(3), 지역(2), 직무(3)
• 경기도의 경우 행정구역마다 난이도 편차가 존재
• 최근 기출을 살펴보면 기본질문으로 지역현황 위주로 나오기보다는 지역현안 및 정책질문, 조직역량검증을 위한 질문이 주로 출제된다.
※ 경기도 자치구별 난이도 분석은 POINT 02 내용 참고</td></tr>
<tr><td rowspan="2">강원</td><td></td><td></td><td>○</td><td>○</td><td>○</td><td></td><td></td></tr>
<tr><td colspan="7">[질문비중(10)] 공직(3), 조직(3), 지역(1), 직무(3)
• 기본질문 위주로 출제되며, 지역현황 및 현안질문은 거의 출제되지 않음
• 기본질문 이후 사실확인을 위한 검증질문이 2~3개 정도의 꼬리질문으로 나오기도 하지만, 난이도는 낮은 편. 하지만 수험생 입장에서는 일종의 압박 분위기로 느껴질 수 있음
예 [기계직] 공직(하는 일 → 순환근무 발령 → 지역적응), 직무(공무원 박봉 → 부서하는 일 → 민원응대 경험 및 역량)
예 [사회복지] 직무(일반행정 vs 사회복지, 사회복지 윤리강령 7가지), 조직(소통에 어려움을 느끼는 유형), 공직(희생 경험, 규칙개선 경험, 지원동기)</td></tr>
<tr><td rowspan="2">충북</td><td></td><td>○</td><td>○</td><td>○</td><td></td><td></td><td>○</td></tr>
<tr><td colspan="7">[질문비중(10)] 공직(2), 조직(4), 지역(2), 직무(2)
• 전체적으로 기본질문이 많고, 면접유형별로 골고루 질문이 나오는 편. 면접유형별로 질문이 순차적으로 이뤄지며, 약 15~18개의 질문을 받는 편
• 23년도는 지역환황 및 현안에 대한 질문은 나오나, 정책에 대한 질문은 거의 출제되지 않음
• 오히려 조직 내 개인역량 및 인성에 관련된 질문이 상대적으로 많은 편
예 [사회복지] 지역(○○군 장단점), 공직(동기, 부당지시), 직무(청년 문제, 중위소득 개념, 최저생계비 산출법)</td></tr>
<tr><td rowspan="2">충남</td><td></td><td>○</td><td>○</td><td>○</td><td></td><td></td><td></td></tr>
<tr><td colspan="7">[질문비중(10)] 공직(2), 조직(4), 지역(2), 직무(2)
• 전체적으로 기본질문이 많고, 면접유형별로 골고루 질문이 나오는 편. 면접유형별로 질문이 순차적으로 이뤄지며, 약 15~18개의 질문을 받는 편.
• 23년도는 지역현황 및 현안에 대한 질문은 나오나 정책에 대한 질문은 거의 출제되지 않음
• 오히려 조직 내 개인역량 및 인성에 관련된 질문이 상대적으로 많은 편
예 [일반행정] 지역(○○인구, 재정자립도, 비전), 공직(MZ이직률, 적극행정), 조직(상사 담배심부름, 부당문제, 동료의 실수, 비선호 근무지, 리더쉽 및 성취 경험), 지역(기후변화, 오송지하차도 참사)</td></tr>
<tr><td rowspan="2">전북</td><td></td><td></td><td>○</td><td>○</td><td></td><td></td><td></td></tr>
<tr><td colspan="7">[질문비중(10)] 공직(2), 조직(2), 지역(3), 직무(3)
• 기본질문 위주로 나오며 ○○시(군) 목표 및 비전 등 지역 현황 기본사항을 꼭 숙지해 가야 한다.
• 특정 직렬의 경우 실무적인 질문이 나오긴 하나, 난이도가 높은 수준으로 출제되지는 않음
예 [보건의료직] 보건의료직 업무, 보건의료직이 쓰는 약물, 심뇌혈관질환 환자 대응법
예 [간호직] 지역사회 간호사의 역할, 대학병원보다 공무원은 전문성이 낮은 것에 대한 의견, 치매노인을 위한 예방책, 노인인구 수 및 퍼센트</td></tr>
</table>

전남		○	○	○			
	[질문비중(10)] 공직(2), 조직(3), 지역(2), 직무(3) • 공직, 전공(이론 및 실무역량), 지역정책 및 현안, 직무관심도 등 질문이 골고루 나오는 편이며, 질문난이도는 높지 않음 예 [토목] 공직(동기), 직무(평판측량, gps측량, 도로현안, 직무시사), 지역(장성군 비전, 문제점)						
경북		○		○			
	[질문비중(10)] 공직(2), 조직(3), 지역·직무(5) • 전체적으로 기본질문이 많으며, 지역현안 및 이슈에 관한 질문을 2~3개 정도 받는 편 • 행정구역이 달라도 중복되는 질문이 많아 정해진 질문을 통해 지원자를 평가하는 편 예 [일반행정] 전공(무효, 취소), 지역(행정통합 장단점, 수도권 집중 문제 개선안, 신공항 대비 경북에서 취해야 할 자세 / 장점) 예 [사회복지] 님비·핌비현상, 정년퇴직에 대한 의견, 대구경북신공항 설립 시 장단점						
경남							
	–						
제주		○		○	○	○	
	[질문비중(10)] 공직(4), 조직(2), 지역·직무(4) • 기본질문에서 압박(꼬리)질문으로 나아가는 편이며, 공직에 관련된 질문을 세부적으로 물어봄 • 직무질문의 경우, 전공보단 지역이슈 및 현황과 연결지어 질문하는 편 예 [사회복지] 공직질문(적극행정 개념 → 이용 경험 → 보호제도), 직무(개선점, 노인 / 장애인 인구 수, 사회복지시설 중에서도 요양시설의 수 등)						

POINT 02 [경기도] 행정구역별 면접난이도 및 빈출질문

01 경기북부

구분	면접난이도		질문유형별 빈출 구분					
행정구역	총평(상 / 중 / 하)	기본질문 / 압박질문	공직	지역	시정	직무	조직	개인
가평군	상 / 중	기본질문	B	A	B	A	A	B
	• 재면접률 높은 지역 • 전체적으로 기본질문으로 지역질문 높은 편(가평군 현황 / 현안, 경기도 지역 이슈에 대한 가평군 입장 등) • 직렬마다 면접난이도 및 분위기 편차 심하며, 세무직 면접난이도 높은 편(면접관 매우 까다로움) 예 [일반행정] 가평군 통계 / 지표 아는대로 → 현안에 대해 아는 대로 → 가평군 관심 있게 본 기사 → 경기남부 / 북부 분리에 대해 가평군이 취해야 할 입장 예 [세무직] 공무원 지원동기 → 공직이어야 하는 이유 → 가평 지원이유 → 경력(은행업무)와 지방직 공무원 일 다른 것에 대한 의견, 지방세 세목 중 가평군에서 증세할 수 있는 세목							

<table>
<tr><td rowspan="2">고양시</td><td>상 / 중</td><td>기본질문</td><td>S</td><td>A</td><td>A</td><td>B</td><td>B</td><td>B</td></tr>
<tr><td colspan="8">• 면접유형별 질문 골고루 나오는 편이며, 상황형 질문이 꽤 많은 편(개수보다 질문 자체의 구체성 높음)
• 질문난이도 높으며, 지역질문 2~3개씩 매년 나오는 편. 면접유형별 압박(꼬리)질문은 1~2개 정도
예 [건축직] 건축직으로서 부족한 부분 → 노력한 점, 고양시 거주 확인, 고양시 꽃박람회로 인한 주차난 대응안, 친구들이 고양시로 놀러오면 데려갈 만한 곳</td></tr>
<tr><td rowspan="2">구리시</td><td>중 / 하</td><td>기본질문</td><td>S</td><td>A</td><td>B</td><td>S</td><td>S</td><td>B</td></tr>
<tr><td colspan="8">• 예상질문 범위 내에서 나오나, 엄숙한 분위기로 수험생들의 긴장도가 높음
• 질문난이도는 낮으며, 주로 경험형 질문 위주, 조직 내 상사와의 관계 및 지원자의 역할 관련 질문
• 지역(현안), 직렬(전공)질문 빈출도 낮은 편이며, 질문을 받더라도 1~2개의 기본질문을 받게 되는 수준
예 [사회복지] 사회복지 지원이유</td></tr>
<tr><td rowspan="2">남양주</td><td>중</td><td>압박질문</td><td>S</td><td>B</td><td>B</td><td>S</td><td>A</td><td>A</td></tr>
<tr><td colspan="8">• 직렬마다 면접난이도 및 분위기 편차 심하며, 직렬별 전공질문 多(사조서나 인성검사 등 기반 압박질문 有)
• 기술직의 경우, 직무(전공, 역량, 관심도 등)질문의 꼬리질문 꽤 많이 받는 편
• 기술직 외 직렬은 면접유형별 질문을 고르게 받으며, 면접난이도는 중간 정도
예 [토목] 토목 경험 → 공무원 지원한 이유 → 공무원으로서 본인의 단점 → 토목 시공에서 중요한 점 → 도로 각층의 순서 → 전문성 함양을 위해 노력한 점
예 [건축] 인허가 업무 시 중요한 자세 → 용도지구별 건폐율 → 안전 기상특보 발표 기준에 대한 이해 → 현직 종사 시 변화시키고 싶은 것</td></tr>
<tr><td rowspan="2">동두천</td><td>중 / 하</td><td>기본질문</td><td>S</td><td>S</td><td>B</td><td>S</td><td>S</td><td>B</td></tr>
<tr><td colspan="8">• 예상질문 범위 내에서 나오며, 면접유형별로 고르게 나오는 편
• 지원 시에 대한 이해 필요(동두천 현황 및 현안질문 2개 정도)
• 정책 및 갈등중재 경험 관련 문제 多
• 전체적으로 편안한 분위기
예 [전산] 갈등 경험, 동두천시 이미지, 맡고 싶은 업무 등</td></tr>
<tr><td rowspan="2">양주시</td><td>중 / 하</td><td>기본질문</td><td>S</td><td>A</td><td>B</td><td>S</td><td>B</td><td>A</td></tr>
<tr><td colspan="8">• 예상질문 범위 내에서 나오며, 직렬별로 전공질문은 2개 정도(전공지식, 전공개념, 실무처리 관련)
• 온화하고 편안한 분위기
예 [일반행정] 공무원의 노동3권, 행정소송 vs 행정심판, 양주시 세계문화유산 아는 것, 양주시 지역현안 1개 및 해결방안, 갑작스러운 상사의 지시</td></tr>
<tr><td rowspan="2">연천군</td><td>중 / 하</td><td>기본질문</td><td>B</td><td>B</td><td>B</td><td>S</td><td>B</td><td></td></tr>
<tr><td colspan="8">• 예상질문 범위 내에서 나오며, 면접유형별 질문은 고르게 나오는 편
• 기술직 전공질문 多, 실무처리능력, 경험으로 설명하는 것 중요
예 [보건] 면허 취득시기, 희망 발령부서, 노인인구가 많은데 보건사업 어떻게 할지, 개선하고 싶은 정책, 갈등 경험, 연천 방문하고 느낀 점, 부정부탁 경험 등</td></tr>
<tr><td rowspan="2">의정부</td><td>중 / 하</td><td>기본질문</td><td>S</td><td>B</td><td>B</td><td>S</td><td>A</td><td></td></tr>
<tr><td colspan="8">• 예상질문 범위 내에서 나오며, 면접난이도는 낮은 편
• 경험 및 실무에서의 상황을 제시해서 대처를 묻는 질문
• 직렬별로 직무(전공), 지역(현안)질문은 1~2개 정도 나옴
예 [지방세] 지방세 업무 → 의정부에 주소를 둘 경우 내야 하는 세금과 시기 → 재산세 납부기한이 지난 민원인을 돕는 방법</td></tr>
</table>

파주시	중	기본질문	S	A	B	S	S	A
	• 예상질문 범위 내에서 나오는 편 • 사전조사서 기반 질문, 전공 경험, 직무이슈(1~2개) 및 실무대응 질문, 사회경험자에게는 사회 경험과 관련된 지역이슈를 묻기도 함 예 [사회복지] 어린이집과 유치원 통합에 대한 의견 및 장단점 예 [건축직] 붕괴사건 관련하여 건물을 허물 경우 손실에 대한 의견 예 [일반행정] 파주시 개발에 대한 의견 (사회경험: 부동산 관련 회사)							
포천시	하	기본질문	A	B	B	S	B	A
	• 질문 유형별로 골고루 나오는 편이며, 질문난이도 낮은 편. 기술직의 경우 전공질문을 안 받기도 함 예 [전기] 공직(희생 경험), 조직(주변의 평가), 지역(동기, 포천시 경험), 직무(전문성 향상 위해 노력한 점)							

02 경기남부

구분	면접난이도		질문 유형별 빈출 구분					
행정 구역	총평 (상 / 중 / 하)	기본질문 / 압박질문	공직	지역	시정	직무	조직	개인
군포시	중 / 하	압박질문	S	B	B	S	B	B
	• 전체적으로 질문 평이한 편이며, 면접질문 유형별로 출제 • 실무능력 평가 및 사전조사서 기반 질문(경험 체크) 예 [전기] 지원동기, 전기직 도움이 되는 경험, 본인과 상관없는 업무 담당 경험, 주변사람들이 본인을 평가하는 것, 봉사활동 경험							
김포시	중 / 하	압박질문	S	A	B	S	S	B
	23년도 채용인원 없었으므로 22년 후기로 대체 • 전체적으로 기본질문에서 출제되며, 1~2개 정도의 압박(꼬리)질문 있는 편 • 공직 지원동기에 대한 관심도가 높아 이에 대한 꼬리질문을 자세히 받기도 함 • 동시에 조직적합서 검증을 위한 1~2개의 경험을 물어보기도 함 예 [일반행정] 지원동기 → 이직이유 → 이직 시 중요하게 생각한 점, 협동 경험 예 [일반행정] 사기업 그만둔 이유 → 공무원 지원동기가 그거 뿐인지, 행정업무에 대해 아는대로							
광명시	중	기본질문	S	S	B	S	A	B
	이슈, 개념, 정책 평가 및 방안, 경험형 • 압박(꼬리)질문이 심한 편이나, 꼬리질문난이도 자체는 높지 않은 편. 다만, 수험생들이 압박감을 느껴 상대적으로 질문을 어렵게 느끼는 편 • 광명시 현황, 전공질문(2~3개), 개념, 정책평가 및 방안, 경험형 질문 예 [일반행정] 4차 산업혁명에 대해 아는대로 → 기술 활용방안, 광명시 홈페이지 들어가 봤는지 → 주요 축제 3가지 봤는지 예 [일반행정] 자치분권 → 자치위원회가 어디에 소속되었는지 → 지방자치에 대해 예 [사회복지] 광명시 아동학대 대응기관 위치, 노인복지법 노인의 정의, 아동복지법 아동의 정의							

<table>
<tr><td rowspan="2">과천시</td><td>중/하</td><td>기본질문</td><td>S</td><td>A</td><td>B</td><td>S</td><td>A</td><td>B</td></tr>
<tr><td colspan="8">• 예상질문 범위 내에서 나오며, 유형별로 1~2개의 질문 나옴. 전체적으로 난이도 낮은 편
• 단, 기술직의 경우 압박(꼬리)질문 나올 수 있음
• 실무처리 문제, 전공지식 및 경험질문
예 [일반행정] 지원동기, 인재상, MZ갈등 해결 경험, 과천시 현안 등
예 [토목직] 자기소개→직무역량→콘트리트에서 중요한 것→콘크리트가 갈라지는 이유</td></tr>
<tr><td rowspan="2">광주시</td><td>중</td><td>기본질문</td><td>A</td><td>B</td><td>B</td><td>S</td><td></td><td>B</td></tr>
<tr><td colspan="8">• 예상질문 범위 내에서 나오나, 직무적합성 검증을 위한 질문이 나오는 편
• 전공지식, 경험형 질문
예 [사회복지] 아동복지 희망 담당 업무→사회복지 업무 담당하며 의심받는다면→사회복지 예산비율→보편적 복지 vs 선별적 복지</td></tr>
<tr><td rowspan="2">부천시</td><td>중</td><td>압박질문</td><td>S</td><td>A</td><td>B</td><td>S</td><td>B</td><td>A</td></tr>
<tr><td colspan="8">• 재면접률 높은 지역
• 공직질문(1~2개), 인재상, 사전조사서 질문, 지역 현안의 경우 2개 정도의 질문받음
• 기본질문은 평이하나, 간혹 사실확인 질문을 하기도 함
예 [일반행정] 지원동기, 중요하게 생각하는 공직가치, 적극행정을 실패한 공무원 중 처벌면제를 받는 경우, 부천시 인구 수, 부천시 인구 감소이유 등
예 [일반행정] 강점·자기소개→인테리어회사에서 담당한 업무→그만둔 이유→회사에서 규칙을 어긴 경험→희망 정책 등</td></tr>
<tr><td rowspan="2">성남시</td><td>중</td><td>기본질문</td><td>S</td><td>A</td><td>B</td><td>S</td><td>A</td><td>B</td></tr>
<tr><td colspan="8">공직이슈, 직무 및 갈등 대처
• 수험생마다 질문 편차가 있으며, 특정 질문유형에 치중될 경우 나머지 질문유형은 기본적인 질문받음
• 공직이슈, 직무 및 갈등대처 등 질문
• 보통 성남시 현안 및 정책질문에 치중되거나 공직이슈 질문에 치중되는 경향 있음
예 [일반행정] 성남시 좋은 점→아쉬운 정책→지원동기
예 [일반행정] 공무원 최저임금보다 낮은데 지원한 이유→공무원 의원면직 증가추세에 대한 원인 및 해결방안</td></tr>
<tr><td rowspan="2">수원시</td><td>상</td><td>압박질문</td><td>S</td><td>S</td><td>A</td><td>S</td><td>S</td><td>A</td></tr>
<tr><td colspan="8">공직지식, 이슈, 압박질문, 전공 관련 개념 및 경험, 갈등해결
• 재면접률 높은 지역
• 면접관 운이 따르긴 하나, 전체적으로 압박(꼬리)질문을 받는 편
• 사실확인 및 지역/직렬 관심 확인을 위한 질문이 잦은 편
• 그 외 질문은 공직지식, 이슈, 전공 관련 개념 및 경험, 갈등해결 경험 질문 위주
예 [일반행정] 자원봉사 경험→활동시기 및 내용, 자발적으로 신청한 건지? 적극행정 개념→사례→적극행정이라고 판단한 기준, 행정동/법정동 차이→수원시 내 행정동/법정동 개수, 역사 관련 전공자→수원화성 총 길이 등</td></tr>
<tr><td rowspan="2">시흥시</td><td>중</td><td>기본/압박</td><td>B</td><td>S</td><td>S</td><td>A</td><td>B</td><td>B</td></tr>
<tr><td colspan="8">22년 후기 대체
• 직렬마다 다르긴 하나 전체적으로 압박(꼬리)질문을 받는 편이며, 사실확인 및 지역/직렬 관심 확인을 질문받기도 함
예 [일반행정] 시흥발전의 장애물, 자기소개, 공무원이 사기업보다 갖춰야 할 점 등</td></tr>
</table>

<table>
<tr><td rowspan="2">안양시</td><td>중</td><td>기본질문</td><td>A</td><td>S</td><td>B</td><td>A</td><td>A</td><td>B</td></tr>
<tr><td colspan="8">• 시정과 인성질문의 비율이 높은 편이며, 이해도를 묻는 질문과 해당 이해도의 기준을 묻는 질문
• 또한 단답형에 대한 꼬리질문이 많은 편으로 예시를 들어 구체적인 답변 필요
예 [일반행정] ㅇㅇ시에 대해, ㅇㅇ시 좋은 점, ㅇㅇ박람회 아는지, 원탁토론회 아는지, 주민자치회에 대해, 이해충돌방지법에 대해 유의해야 할 점, 장단점 등</td></tr>
<tr><td rowspan="2">안산시</td><td>중</td><td>기본질문</td><td>A</td><td></td><td>B</td><td>S</td><td></td><td>B</td></tr>
<tr><td colspan="8">• 질문 자체 난이도는 높지 않으나, 압박(꼬리)질문이 잦아 수험생 입장에서 어렵게 느껴질 수 있음
• 사전조사서 기반 질문, 경험 꼬리질문
• 기술직의 경우 전공질문이 안 나오기도 함
예 [토목] 자기소개 → 어떻게 입증? ㅇㅇ 경험 힘든 점 없었는지 → 그거 말고 없었나?</td></tr>
<tr><td rowspan="2">안성시</td><td>중 / 하</td><td>기본질문</td><td></td><td></td><td></td><td>S</td><td></td><td></td></tr>
<tr><td colspan="8">• 예상질문 범위 내에서 나오며, 전공질문(3~4개), 갈등해결, 그 외 질문은 기본질문이 나오는 편
예 [토목] 장점, 지원동기, 갈등 경험, 전공질문(TBM, 연약지반 개량공법, 절토·성토, 중대재해처벌법</td></tr>
<tr><td rowspan="2">양평군</td><td>중 / 하</td><td>기본질문</td><td>S</td><td>A</td><td>B</td><td>S</td><td>A</td><td>B</td></tr>
<tr><td colspan="8">• 친절하고 편안한 분위기이며, 예상질문 범위 내에서 나옴. 지역 현황에 대한 질문은 적은 편
• 공직이슈, 직무 및 전공질문
예 [보건] 지원동기, 봉사 경험, 보건직 공무원 하는 일, 관심 있는 사업, 건강형평성에 대해</td></tr>
<tr><td rowspan="2">여주시</td><td>하</td><td>기본질문</td><td></td><td>B</td><td>B</td><td>A</td><td>A</td><td>B</td></tr>
<tr><td colspan="8">• 질문유형별로 골고루 나오는 편이며, 질문난이도 낮은 편. 주로 경험형 질문 위주
예 [일반행정] 공직(봉사중요성), 조직(싫어하는 유형), 지역(현안), 직무(자기소개, 전공, 관심정책, 근무 희망 분야)</td></tr>
<tr><td rowspan="2">오산시</td><td>하</td><td>기본질문</td><td>A</td><td></td><td>B</td><td>A</td><td></td><td>B</td></tr>
<tr><td colspan="8">• 전체적으로 질문 평이한 편이며, 면접질문 유형별로 출제
예 [일반행정] 지원동기, 공무원 6대 의무, 본인의 장단점, TF팀장으로서 팀원 한 명이 일을 못할 경우 → 개인 훈련을 해줬는데도 못한다면?</td></tr>
<tr><td rowspan="2">용인시</td><td>중 / 하</td><td>기본질문</td><td>A</td><td>A</td><td>B</td><td>S</td><td>A</td><td>B</td></tr>
<tr><td colspan="8">• 예상질문 범위 내에서 나오며, 면접질문은 골고루 나오는 편
• 공직이슈, 전공, 실무능력, 대처능력 등
• 간혹 용인시 명소 / 지원동기 등 용인시 현황 및 기본질문을 집중적으로 받는 경우도 있음
예 [일반행정] 용인시 명소 → 용인시 정책 및 프로젝트 → 개선점 → 용인시 지원동기</td></tr>
<tr><td rowspan="2">이천시</td><td>중 / 하</td><td>기본 / 압박</td><td>S</td><td>S</td><td>B</td><td>S</td><td>S</td><td>B</td></tr>
<tr><td colspan="8">• 예상질문 범위 내에서 나오며, 면접질문은 골고루 나오는 편. 간혹 이천시 현황 및 기본질문을 집중적으로 받는 지원자도 있음
• 공직지식, 인재상, 전공질문
예 [일반행정] 이천시에 대해, 이천시 주민자치 활성방안, 이천시 발달 저해요인, 이천시 관광지 소개 및 시책, 이천시 관광지 문제점, 이천시 통계 수치에 대해, 이천시 읍 / 면 / 동, 이천시 행정동 / 법정동 개수, 행정동 vs 법정동
예 [보건] 보건직 동기 → 보건직 강점 → 보건직으로서 중요한 태도 → 보건소 / 보건지소 / 보건진료소 / 건강생활지원센터 차이점 / 이천시 내 보건진료소 몇 개인지</td></tr>
</table>

<table>
<tr><td rowspan="2">의왕시</td><td>중/하</td><td>기본질문</td><td>A</td><td></td><td>A</td><td>A</td><td></td><td>A</td></tr>
<tr><td colspan="8">• 예상질문 내에서 나오며, 면접질문은 골고루 나오는 편</td></tr>
<tr><td rowspan="2">평택시</td><td>중/하</td><td>기본질문</td><td>S</td><td></td><td></td><td></td><td></td><td>S</td></tr>
<tr><td colspan="8">• 전체적으로 평이한 질문이 나오나 공직, 조직적합성 확인 질문을 주로 하는 편
예 [일반행정] 지원동기 → ○○ 경험 왜 공직 → 철학 공부했는데 공직 지원이유, 철학 공부하면서 타인 소통에 도움이 되는지, 직무역량 등
예 [일반행정] 자기소개, 지원동기, 희망부서, 성격의 장단점, 갈등해결 경험</td></tr>
<tr><td rowspan="2">하남시</td><td>중</td><td>압박질문</td><td>S</td><td></td><td>B</td><td>S</td><td>A</td><td>S</td></tr>
<tr><td colspan="8">• 전체적으로 편안한 분위기. 질문난이도는 높지 않으나 특정 유형(공직, 조직, 직무 등)에 치우치는 질문을 받기도 함
예 [사회복지] 사회복지 강점 → 전문성 향상방안 → 2급을 1급으로 바꾸지 않은 이유 등
예 [일반행정] 공무원이 무엇인지 → 공무원 비전 → 공무원이 되면 다른 사람들보다 나은 점 → 공무원의 차별화
예 [일반행정] 수험기간 → 면접 경험 → 공부하며 힘들었던 점</td></tr>
<tr><td rowspan="2">화성시</td><td>상</td><td>압박질문</td><td>S</td><td>S</td><td>B</td><td>S</td><td>A</td><td>S</td></tr>
<tr><td colspan="8">• 지역 현황 및 기본질문, 직무정책 및 전공질문 多, 공직이해 등 유형별 면접질문이 골고루 나오는 편이며, 전체적으로 압박(꼬리)질문도 함께 받는 편
예 [건축] 건축직 하는 일 → 건축대장 관리에 대해 → 경관심의 업무는 무엇인지 → 건폐율, 용적률 → 용적률에서 지하가 제외 안 되는 것에 대해
예 [건축] 화성시 전통시장 알거나 이용해 본 경험 → 화성시 인구 → 경기도에서 몇 번째 인구인지 아는지 → 특례시 아는지 → 경기도에 특례시가 몇 개인지</td></tr>
</table>

CHAPTER 05

남들보다 앞서가는 면접꿀팁 TOP 5

POINT 01 블라인드 면접, 말해도 되는 것과 안 되는 것은 무엇인가요?

수험생

공무원 면접시험은 블라인드라고 하던데, 도대체 무엇을 말하면 안 되는 건가요?

소영T

블라인드 면접의 개념부터 허용·불가항목까지 함께 알아볼까요?

01 블라인드 면접: 평등한 기회, 공정한 채용

- 블라인드 면접이란 채용과정에서 편견이 개입되어 불합리한 차별을 야기할 수 있는 항목을 제외하고, 오로지 지원직무능력(실력)만을 평가하는 방식을 의미하는데, 공무원 시험은 2005년부터 응시원서에서 학력란을 폐지하고 블라인드 면접을 도입하였다.
- 출신학교 및 지역 등 불합리한 차별을 야기하는 스펙 중심의 채용은 우수한 공직인력 선발의 기회를 감소시키며, 전문성 확보 측면에 있어 국민으로부터 그 신뢰감을 의심받을 수 있다.
- 블라인드 면접의 가장 큰 장점은 공정성·신뢰성·경쟁력 강화와 사회적 비용의 감소이다.

02 블라인드 면접의 '감점' 항목

면접위원은 수험생에 대해 아는 것이 전혀 없다. 수험생의 학력, 거주지, 자격증 취득 여부 등에 대해서도 알 수 없다. 즉, 수험생에 대한 정보가 백지상태인 셈이다. 그러니 필기시험 점수가 조금 낮더라도 자신감 있게 면접을 보길 바란다. 면접시험의 공정한 평가를 위해 수험생의 정보를 알지 못하니 수험생 또한 면접에서 금기시되는 발언을 해서는 안 된다. 하단의 표를 보며 말해도 되는 내용과 그렇지 않은 내용을 구별해서 답변해 보자.

구분	허용	불가
학력	학과 경영학과를 졸업하여 ~	학교 저는 경희대학교를 재학·졸업하며 ~
경력 및 사회생활	주요산업·근무부서·담당업무·직책 • 마케팅 업무를 맡으며 ~ • 마케팅 부서장으로서 ~ • 금융기관에서 채권업무를 담당하며 ~ • 서비스직에서 아르바이트를 하며 ~ • 카페·베이커리 가게에서 ~	근무기관(기업명) • 우리은행에서 근무하며 ~ • 파리바게트에서 아르바이트하며 ~
자격증	토목기사자격증을 취득하여 ~	–
가족직업	• 지인 중 공직생활을 오래한 ~ • 부모님께서 정직, 도덕의 삶을 강조하였습니다. 그 영향을 받아 ~ → 직접표현 NO! 간접표현 YES! → 부모님의 직업은 공직의 영향을 받은 '가치관'으로 돌려 표현	• 저희 부모님께서 교육부 공무원으로 근무하시는데 ~ • 저희 누나·형·동생이 경찰공무원인데 ~
출신지	수도권에서 생활하며 ~	• 성남시민이며 ~ • 수원시에서 태어나 ~
나이	–	언급불가
종교 및 정치적 견해	제가 봉사단체·동아리에서 벽화봉사를 하며 ~ → 종교단체에서의 봉사활동에 대한 직접적인 언급은 안 되며, 순화하여 표현	제가 ○○교회에서 벽화봉사활동을 했을 때 ~

TIP

▶ 종교 및 정치적 견해 관련

국가공무원법 제59조의2 【종교중립의 의무】 ① 공무원은 종교에 따른 차별 없이 직무를 수행하여야 한다.

제65조 【정치 운동의 금지】 ① 공무원은 정당이나 그 밖의 정치단체의 결성에 관여하거나 이에 가입할 수 없다.
② 공무원은 선거에서 특정 정당 또는 특정인을 지지 또는 반대하기 위한 (다음의) 행위를 하여서는 아니 된다.

▶ 나이 관련

평정표를 살펴보면 주민등록번호를 기재하는 공란이 있다. 작성 시 주민등록번호 앞자리(연도)는 제외하고 작성하기 때문에 면접위원은 지원자의 나이를 알 수 없다.

POINT 02 정책·시책·사업·이슈의 차이점이 무엇인가요?

수험생

면접후기를 보면 면접관이 "지원부처 관련해서 관심 있는 정책 있나요?", "○○과 관련된 사업에 대해 말씀해 보세요." 등의 질문을 하는데요. 정책과 사업의 차이점은 무엇인가요? 또 뉴스를 보다 보면 시책이라는 내용도 언급되는데, 그 차이점이 궁금합니다.

소영T

정책과 사업을 구분하지 못해도 면접에 전혀 지장을 주지 않습니다. 다만, 수험생들이 부처정보를 공부하는 과정에서 정책, 사업, 시책 등 정확한 용어를 정리하면 공부하기가 훨씬 수월하겠죠. :) 제가 그 차이점을 알려드리겠습니다!

01 구분

구분		내용
정책	개념	• 정책은 정부 또는 공공기관이 문제를 해결하거나 목표를 달성하기 위해 결정한 행동 방침 또는 지침이며, 법령·사업·사업계획·결정 등 모두 정책에 포함된 개념이다. 즉, 시책이나 사업을 실시하기 이전 단계로서 시책 및 사업의 목적 또는 목표를 정하고 관련 내용을 체계화한 것을 의미한다. • 예시: 경제정책, 복지정책, 환경정책, 산업정책 등
	세부 개념	• 정책은 국가가 사회적으로 필요한 가치를 전제로 특정한 목표를 이룩하기 위해 정부가 공식적으로 결정한 전략이며, 정책은 한 번 수립하여 집행하는 일시적 과정이 아니라 지속적으로 수정과 보완을 거치는 반복적 과정이다. • 정책은 목적과 수단을 모두 포함하며, 사업의 방향성을 내세워 주는 프레임으로서 잘 보이지 않은 사업의 근거가 될 수 있다. – 정책은 주요 사회이슈에 따라 조정·완화·개선하는 과정을 거침 – 완화된 정책에서 제시한 행동지침에 따라 사업을 계획하고 실천하게 됨
시책		• 일반적으로 '정책을 시행'한다는 의미에서 정책과 별 차이는 없다(정책을 시행한다 = 시책). • 하지만 당면한 정책이라는 의미인 시책의 경우, 현 시국에서 진행하고 있는 정책이나 곧 집행예정인 정책을 의미하기도 하며(신설정책), 정책의 집행시기와 문맥에 따라서 다르게 해석한다.
사업		• 사업은 정책과 목표를 명확히 설정한 후 이를 달성하기 위한 구체적 실현을 나타낸다. 즉, 정책(시책)이 실현된 것을 의미한다. • 사업은 수단 부분만을 추출하여 반영한다. 즉, 사업의 명칭만으로도 사업내용을 추정할 수 있도록 구체적으로 표현된다. • 우리가 흔히 접할 수 있는 정책계획 및 실행의 90% 이상은 사업에 해당되며, 대부분 사람들이 이를 정책 또는 정책사업이라고 표현한다.
이슈		최근 사회적으로 관심을 이끄는 논쟁거리를 의미한다.

02 사례

■ 동물보호

동물보호정책제도	• 동물보호 및 복지 분야의 전문가의견 수렴을 통한 정책기준 마련 • 성숙한 반려동물문화 기반조성 • 동물의 학대방지 등을 위한 동물보호 감시체제 구축 • 동물보호시설 내 돌봄환경 개선을 통한 동물복지 실현 및 인식개선 • 유실, 유기동물과 피해학대동물의 신속한 구조 및 적절한 보호·관리를 통한 동물보호의식 고취
동물보호사업	• 동물복지 향상 및 동물보호 전문역량 강화: 등록제 실행 및 강화 사업 예 동물등록제를 위한 동물 내·외장칩 발행 • 동물복지문화 정착: 반려문화 공간확보를 위한 놀이공간 조성 예 반려동물놀이터 • 길고양이 관리대책 강화: 길고양이 중성화 수술을 통한 적정 개체 수 조절 예 지자체 – 동물병원 협업, 중성화수술 진행 • 반려동물 관련 영업장 지도 및 단속강화: 반려동물 관련 영업장 지도점검 강화(년 1회 이상) • 동물복지 서비스 강화: 돌봄취약가구 반려동물 의료서비스지원 예 취약계층 월 10만원 지원

POINT 03 공무원 사건사고 예민이슈, 공부해야 하나요?

수험생

저는 교육부를 희망하는 지원자입니다. 22년 6월 충북 교육청 공무원의 미성년자 성매매 사건이 있었다던데, 해당 사건에 관한 면접질문을 대비해야 할까요?

소영T

지원자가 희망하는 희망부처 및 동일직류에서 발생한 사건사고와 관련한 이슈를 공부해야 하는지에 대한 질문을 종종 받습니다. 결론을 말씀드리자면, 해당 사건에 관한 '직접적인 질문'은 나오지 않습니다. 다만, 그 사건에 해당하는 주제는 나올 수 있습니다. 예를 들어, 충북교육청 성매매 사건은 공무원의 품위유지의무를 훼손한 사례이므로, '공무원의 품위유지의무 훼손문제에 대해 어떻게 생각하느냐?' 정도의 질문이 나올 수 있습니다.

과거 A지역 시장의 성추행 사건이 크게 이슈화되었던 적이 있다. 당시 A지역 지방직 공무원 면접시험에서 해당 사건을 겨냥한 직접적인 질문은 나오지 않았지만, '고위공무원의 성추행에 대한 의견', '직장 내 성추행 문제 근절방안' 등을 묻는 질문이 꽤 많이 나왔다.

POINT 04 아껴 둔 답변인데, 미리 이야기해도 될까요?

수험생

제가 지원동기에서 말하려고 아껴 둔 답변이 있는데요. 미리 얘기하면 나중에 지원동기 질문이 나올 경우 어떤 이야기를 해야 할까요? 이처럼 제가 원하는 질문이 나왔을 때만 답변하고 싶은데, 방법이 있을까요?

소영 T

무.조.건. 미리 이야기해야 합니다! 저와 수험생이 모의훈련을 진행했던 현장을 살펴보면서 이유를 살펴볼까요?

01 내가 원하던 질문이 나오지 않을 수도 있다.

필자가 수험생에게 제공한 기출패턴 질문의 양은 어마어마하다. 수험생 한 명에게 모든 질문을 하진 않겠지만, 수험생들마다 받는 질문은 모두 다를 것이다. 이처럼 면접질문을 예상하고 답변을 준비했는데 본인이 원하는 질문이 나오지 않을 때가 분명히 있을 것이다. 그렇기 때문에 미리 이야기해야 한다! '지원동기'를 키워드로 다음의 모의면접 상황을 살펴보자.

모의훈련 현장사례

□ 1차 모의훈련

Q. (자기소개 꼬리질문) 사회복지 실습현장에서 느꼈던 문제점이 무엇인가요?
A. (… 주저하며 … 30초 뒤 답변) 사례관리 프로그램에서 어르신들을 만나는 프로그램을 진행했었습니다. 당시 어르신들의 건강상태와 경제적 어려움을 알게 되었습니다. 당시 공적 부조금, 민간단체 지원금을 지원받아 어르신들의 어려움은 해소되었지만 열악한 주거환경으로 인해 여전히 곤란함을 호소하는 모습을 볼 수 있었습니다. 이를 보며 정부에서 지원하는 저소득층 주거서비스 연계 등처럼 어르신들이 현장에서 겪는 문제점을 해결해 주고 싶다는 생각을 하게 되었습니다.

▼

□ 피드백 상황

[T] 답변을 주저했던 이유가 뭔가요?
[A] 해당 사례는 지원동기 내용이기 때문인데요. … 위 내용에 대해 답변을 했는데, 다음 질문으로 지원동기를 물어보시면 어떡하나요?

[T] 해당 내용이 지원동기군요. 답변 후 한 마디 멘트만 덧붙여 대답하시면 됩니다. 예를 들어, "문제상황을 직접 경험했기 때문에 공직생활을 해야 하는 명확한 이유가 생겼습니다.", "이는 제가 공직에 몸담고 싶은 이유이기도 합니다."라는 멘트만 마지막에 넣으시면 되죠!

[A] 그럼 '지원동기'는요?

[T] 지원자 분께서 '이는 제가 공직에 몸담고 싶은 이유이기도 합니다.'라고 말씀하셨으니, 지원동기는 안 물어보시겠죠? 혹여나 '지원동기를 말해보세요.'라는 질문을 받는다고 하더라도 "앞서 제가 말씀드린 것처럼 ~" 하고 간략하게 내용을 풀어 이야기하시면 됩니다.

[A] 오! 그런 방법이 있었네요!

▼

□ 2차 모의훈련

Q. 사회복지 실습현장에서 느꼈던 문제점이 무엇인가요?

A. 사례관리 프로그램에서 어르신들을 만나는 프로그램을 진행했었습니다. 당시 어르신들의 건강상태와 경제적 어려움을 알게 되었습니다. 당시 공적 부조금, 민간단체 지원금을 지원받아 어르신들의 어려움은 해소되었지만, 열악한 주거환경으로 인해 여전히 곤란함을 호소하는 모습을 볼 수 있었습니다. 이를 보며 정부에서 지원하는 저소득층 주거서비스 연계 등처럼 어르신들이 현장에서 겪는 문제점을 해결해 주고 싶다는 생각을 하게 되었습니다. 이처럼 현장에서 문제를 경험했기 때문에 해당 문제를 해결할 수 있는 공직에 몸담고 싶은 마음이 더욱 간절해졌습니다.

위 사례는 필자와 수험생이 함께 모의훈련을 했던 내용을 정리한 자료이다. 면접시험을 앞두고 주의해야 할 한 가지는 "내가 생각하는 질문이 그.대.로. 나오겠지."라고 생각해서는 안 된다는 점이다. 수험생이 생각했던 질문이 나오지 않을 수도 있다! 그럴 때는 일단 답변하고 위 사례처럼 지원동기라는 뉘앙스를 풍겨주면 된다.

02 질문의 의도를 파악하면 원하는 질문이 나온다.

준비한 답변을 아끼지 말아야 할 또 다른 이유는, 수험생이 충분히 답변할 수 있는 질문인데 질문의 의도를 파악하지 못해서 답변하지 못하는 경우가 있기 때문이다. 이를 테면 '꼭 ㅇㅇ부서에 와야 하나요?', '지원자의 전공이랑 다른데 ㅇㅇ직렬·부서에서 일을 잘할 수 있나요?'처럼 준비한 지원동기로 답변할 수 있는 내용임에도, 기존에 생각했던 '지원동기에 대해 말씀해 보세요.', '지원자가 ㅇㅇ직렬·부서에 오고 싶은 이유가 뭔가요?' 등의 질문이 아니기 때문에 답변을 못하는 경우이다. 이러한 경우를 대비해서 준비한 답변을 여러 질문에 활용하는 연습을 반드시 해야 한다.

POINT 05 이미 답변을 했는데, 후속질문의 답변내용과 중복되면 어떡하죠?

수험생

제가 '자기소개'에서 준비한 경험내용은 '힘들었던 경험'과 중복되는 내용인데요.
각각 질문을 받으면 어떻게 해야 하나요?

소영T

스킬적 답변이 필요한 경우네요. 경험의 핵심만 이야기하느냐, 구체적으로 내용을 풀어 답변하느냐의 차이라고 생각하면 됩니다.

모의훈련 현장사례

□ 1차 모의훈련

Q. 지원자분, 자기소개 해 주시겠습니까?
A. 직무강점 2가지로 자기소개 하겠습니다.
첫째, 저는 실무경험이 있는 지원자입니다. 의회에서 기간제 근로경험을 하며 각 상임위원회별로 상이한 주제에 대해 상식을 미리 파악하는 것이 중요하다고 생각하여, 부족한 상식을 보완하기 위해 기관 사이트에서 용어를 미리 검색해 기록의 정확성 향상에 기여했던 적이 있습니다. 둘째, …
Q. 해당 경험을 수행하며 힘들었던 점이 무엇인가요?
A. (…) 아 … 그게 …

▼

□ 피드백 상황

[T] 답변을 주저했던 이유가 뭔가요?
[A] 그게 … 자기소개에서 말했던 첫 번째 경험과 중복돼서요. 아 어떡하죠? 힘들었던 경험을 다른 경험으로 찾아볼까요? 아니면 자기소개 내용을 바꿀까요?
[T] 지금 면접 3일 전인 거 아시죠? 오히려 혼선만 불러일으킬 뿐, 지금은 실제 면접현장에서의 대응력을 기르는 게 중요해요. 방법이 있습니다. 경험의 핵심만 이야기하느냐, 구체적으로 내용을 풀어서 대답하느냐에 차이를 두어 답변하시면 됩니다. 지원자분이 답변한 내용은 '경험소재'가 같을 뿐이지, 해당 경험에서 구체적으로 어떤 점이 어려웠는지 답변은 안 해 주셨잖아요.
[A] 그런데 … 사실 용어를 검색하고 숙지하는 그 반복되는 과정이 참 힘들었거든요 …
[T] 그렇죠, 그럴 수 있어요. 좀 더 구체적으로 이야기해야 해요. 그리고 힘들다는 표현은 꼭 해 주시구요. 예를 들어, 용어를 찾는 게 힘든 건지, 용어를 숙지하는 게 힘든 건지. 또 숙지하는 게 힘들었다면 무엇이 힘들었는지를 자세히 이야기해야 합니다.

▼

□ 2차 모의훈련

Q. 지원자분, 자기소개 해 주시겠습니까?

A. 직무강점 2가지로 자기소개 하겠습니다.
첫째, 저는 실무경험이 있는 지원자입니다. 의회에서 기간제 근로경험을 하며 각 상임위원회별로 상이한 주제에 대해 상식을 미리 파악하는 것이 중요하다고 생각하여, 부족한 상식을 보완하기 위해 기관 사이트에서 용어를 미리 검색해 기록의 정확성 향상에 기여했던 적이 있습니다. 둘째, …

Q. 해당 경험을 수행하며 힘들었던 점이 무엇인가요?

A. 네. 앞서 말씀드렸던 의회에서의 기간제 근로경험 당시, 용어를 검색하고 숙지하는 과정이 힘들었습니다. 도시건설위원회에서 행정감사 기록 때의 경험을 바탕으로 (구체적으로) 말씀드리겠습니다. 당시 상하수도 관련 행정감사가 시행 중이었습니다. (중략) 상하수도 용어는 전문가만 알 수 있는 용어였기 때문에 회의자료를 기록할 때 기록자가 용어에 대한 이해가 없으면 회의에 큰 피해를 줄 수 있다고 생각했습니다. 이를 위해 신문 사이트나 시청에서 해당 용어를 공부하고 미리 숙지했습니다. 전문가들이 자주 사용하는 용어라 용어를 보는 즉시 그 뜻을 이해하는 과정이 생각보다 오래 걸렸지만, 다행히 회의 전까지 용어를 숙지하게 되었고 막힘없이 기록을 할 수 있었습니다.

3단계 합격전략:
정보수집 → 분석 → 정리

CHAPTER 01 [공직] 3단계 합격전략

POINT 01 | 수집: 공직지식 및 정보 확인방법

POINT 02 | 정리: 공직 MCM

CHAPTER 02 [지역 · 직무 · 시책] 3단계 합격전략

POINT 01 | 수집: 주요지식 및 정보 확인방법

POINT 02 | 분석: 직무(부서 · 업무)

POINT 03 | 분석: 시책

POINT 04 | 정리: 지역 · 직무 · 시책 MCM

CHAPTER 03 [2024 평정표: 경험] 3단계 합격전략

POINT 01 | 수집: 평정표 경험

POINT 02 | 분석: 직무적합성 [과거 직무경험]

POINT 03 | 분석: 직무적합성 [미래 직무역량]

POINT 04 | 분석: 조직적합성 [공직 · 소통 · 창의]

CHAPTER 01 [공직] 3단계 합격전략

POINT 01 수집: 공직지식 및 정보 확인방법

01 필수지식

[평정표 기출] 윤리 · 책임

1. 빈출 99% · 활용 99%

공직경험 정리는 CHAPTER 03-POINT 04에서 확인 가능하다.

구분	내용
지식	공직가치(개념, 사례, 문제점 개선방안)
	적극행정(정의, 사례, 한계점 개선방안)
	공무원 의무(6대 의무 · 10대 의무)
	공무원 역할(특징, 장단점, 신뢰도 향상방안)
경험	공직가치 관련 본인의 경험
견해	공직가치의 필요성, 영향(국가, 국민), 공직에 지원하게 된 계기

2. 공직지식

구분	숙지 내용	
공직가치	지식 · 경험 · 견해	키워드(명칭 · 특색)
적극행정	지식	
공무원 의무	지식 · 경험	
공무원 헌장	-	
공무원 행동강령		
청탁금지법(김영란법)		
이해충돌방지법		
소극행정		

TIP

용어 이해하기: 키워드

공직지식의 명칭(용어명)을 나타낸다. 주로 용어명, 기능, 특색만 간단히 정리하여 개별면접 후속질문의 말재료로 활용한다.

공직지식 사용법

- 직접질문: "중요하게 생각하는 공직가치는?", "공무원의 6대 의무에 대해" 등 직접질문 답변으로 활용
- 간접질문: "조직생활을 하는 데 중요하게 생각하는 것?", "타인을 위해 희생한 경험은?" 등 공직지식이 말재료로 활용되는 경우

02 정보 확인방법

구분	준비사항
공직가치	• 공직가치 유형의 이해, 관련 사례 및 경험 준비 • [필수] 공직관(책임감·공정성·투명성), 윤리관(청렴성·공익성) • [정보탐색] 본 교재 참고
적극행정	• 적극행정 사례 준비 [우선순위] 희망부서 • 반드시 서울시 사례여야 할 것 • 서울시 사례 중 희망부서 관련 사례면 더욱 좋음 • 적극행정 사례 중 우수사례부터 탐색(없다면 적극행정 사례) [정보탐색] 지방직 • '적극행정ON' 사이트 또는 '지원 시 / 군 / 구 홈페이지' ※ 사이트에서 찾기 힘든 경우 포털 사이트 검색→'기사' 연도별 적극행정 사례 탐색(최신순으로 확인) 예 경기도 수원시: 수원시 홈페이지 및 적극행정ON 사이트에서 찾기 힘든 경우→G사, N사 포털사이트에서 '수원시 적극행정' 검색 [정보탐색] 서울시 • '적극행정ON' 사이트 또는 '서울시 홈페이지' • 서울시 홈페이지 > 행정 > 감사 / 옴부즈만 > 적극행정자료실 –「서울시 사전컨설팅 및 적극행정 우수사례(사례집)」 –「2023 서울특별시 적극행정 우수사례(상·하반기)」 –「2024 상반기 서울시 적극행정 우수사례 시민투표」 –「서울시 적극행정 현장조치 사례집 [복지]」
공무원 의무	• 공무원 6대 의무에 관한 지식, 사례 및 경험 준비 • [필수] 성실의 의무, 친절공정의 의무, 청렴의 의무 • [정보탐색] 본 교재 참고
공무원 헌장	본 교재 참고
공무원행동강령	
청탁금지법	
이해충돌방지법	

POINT 02 정리: 공직 MCM

01 배경지식(이론·사례·경험)

1. 공직가치 정리

분류	공직 가치	세부 정리	내용
공직관	책임감	행동 준칙	맡은 업무에 대하여 높은 수준의 전문성을 유지하며, 어떠한 압력에도 굴하지 않고 소신 있게 처리한다.
		세부 키워드	전문성, 효율성, 봉사정신, 소명의식
		관련 정책 (제도)	• 적극행정 – 개념: 공무원이 불합리한 규제의 개선 등 공공의 이익을 위하여 창의성과 전문성을 바탕으로 적극적으로 업무를 처리하는 행위 – 장점: 참신한 문제해결방안을 찾을 수 있도록 도움 – 키워드: 미래지향적, 변화지향적, 자기주도적, 공익지향적 • 추가 숙지내용: 소극행정, 적극행정의 한계 및 보안점
		사례	[적극행정 우수사례: 전국 최초 건설일용근로자 사회보험료 지원] • 배경: 열악한 근로환경(저임금, 산업재해)으로 건설업 기피현상 및 숙련인력 부족, 사회보험 가입회피를 위해 단기근로, 비정규직 선호 • 목표: 악순환구조를 선순환구조로 전환 → 가격경쟁이 아닌 기술경쟁 → 건설산업 경쟁력 향상 & 건설근로자의 사회안정망 강화를 통해 청년층을 건설업으로 유도 • 해결과정 – 간담회, 보도자료, 전문가 기고 등 긍정적 여론형성 – 시의원·노조·건설협회·근로자공제회 등 이해당사자 소통 강화 • 성과 – 청년층 유입확보, 생산기반 강화, 공사품질 향상, 안정성 확보 – 서울시 및 투자출연기관에서 5천만원 이상 발주한 건설공사 대상 – 사업자별 월 8일 이상 근로한 경우 국민연금 및 건강보험 본인 부담금에 대해 최대 80% 차등지원 – 6개월간 총 188개 현장 2,225명의 건설일용근로자에게 사회보험료 지원
		경험	공공데이터 청년인턴, 사회적 약자 문제, 재난발생 시 비상구·소화기 위치 알려주는 앱개발 등
	투명성		–
	공정성		–

① 국가관

공직가치	애국심
세부정리	내용(개념 / 주요내용 / 결과)
행동준칙	대한민국의 헌법과 법을 준수하고, 국가와 국기에 담긴 정신과 의미를 수호하며, 우리 역사를 이해하고 전통과 문화를 창조적으로 발전시킨다.
세부키워드	헌법정신, 역사의식, 자긍심, 헌신성, 사명감
경험	• 대한민국 국민으로서 역사학습의 중요성을 인식하여 한국사능력검정시험 응시 → 일본과의 독도 영유권 분쟁, 중국의 동북공정과 관련된 역사 공부 • 지난 3월 1일 개관한 국립 대한민국임시정부기념관 방문 → 책으로만 보던 임정의 활동을 실제로 본 후 현재가 얼마나 치열하게 투쟁한 결과인지 깨달음 → 나라를 되찾는 것뿐만 아니라 어떤 독립국가를 만들 것인가가 주요 당면과제였다는 사실에 깊은 존경심을 느낌 → 입직 후 국가와 국민을 위해 맡은 바를 최선을 다해 수행하겠다는 다짐을 하게 됨

공직가치	민주성
세부정리	내용(개념 / 주요내용 / 결과)
행동준칙	국민이 자유롭게 참여하고 의견을 이야기할 수 있도록 하여 공개행정을 실천한다(국민의 참여와 결정을 존중).
세부키워드	개방성, 공동체의식
관련 정책	[민주주의 서울] 서울시에서 운영하는 공론장으로, 시민들이 직접 참여하고 제안하여 토론함으로써 정책을 도출 • 장점: 시민의견 청취, 시민참여 및 제안 가능, 시민맞춤형 의견수렴 가능 • 단점: 포퓰리즘 우려, 활성화의 어려움, 전문성 부족
사례	• 공청회, 간담회, 국민참여정책 소통 공모전 • 시민제안: 어린이공원 내 팔각당 활용방안 – [배경] 한국동요 100년 체험전시관 건립 제안 – [해결과정] 시민제안, 의제선정단 기획그룹회의 공론화 선정, 온라인 토론(토론참여자 1,462명, 의견 1,626건) – [성과] 서울시는 어린이와 시민 모두가 이용 가능한 복합문화공간 조성 약속(지하 1층: 다목적 시민 대여공간, 지상 1층: 가족 휴식공간, 지상 2층: 어린이 복합체험공간, 지상 3층: 시민 회의공간, 전망공간)
경험	• 대학교 3학년 때 과대표를 맡음 → 당시 코로나19로 인해 전 학기 비대면수업이 결정되면서 향후 학과행사를 하지 못하게 됨 → 학기 초 납부했던 학회비 반환과 관련하여 학우들의 의견을 수렴할 필요가 있었고, 카카오톡 익명 채팅방을 이용하여 3학년 학우들의 다양한 의견을 수렴 • 대학교 합창단 임기 말에 회비감사와 내년 활동방안에 대해 토론 → 단원들이 직접 회비 사용내역을 검토하고, 올해 임원단의 활동내역을 점검 → 또한 내년 활동 개선방안 및 운영방침에 대해 다 같이 의견을 나누는 시간을 가짐 → 44기 임원단으로서 43기 감사 때 이를 꼼꼼하게 적어 두고 임기 때 반영(보통 연주회는 2학기 때 하는데, 1학기 행사부족 건의로 1학기 여름 대학생 연합합창회 참여 등)

PART 02

공직가치	다양성
세부정리	내용(개념 / 주요내용 / 결과)
행동준칙	글로벌시대의 다양한 생각과 문화를 존중하고, 인류의 평화와 공명에 기여한다.
세부키워드	개방성, 공동체의식
관련 정책	[국가공무원법] 국가기관의 장은 대통령령 등으로 정하는 바에 따라 장애인·이공계전공자·저소득층 등에 대한 채용·승진·전보 등 인사관리상의 우대와 실질적인 양성평등을 구현하기 위한 적극적인 정책을 실시할 수 있다.
사례	[균형인사지침] 공직 내 실질적 양성평등의 실현과 사회적 소수집단의 공직임용을 지원하고, 다양한 인재가 공직 내에서 차별 없이 능력을 발휘할 수 있는 근무여건 조성을 위한 인사관리의 기본방향을 제시
경험	• 대학교 2, 3학년 때 상담 실습시간에 다양한 학우들을 상담 → 예컨대 진로를 결정하는 데 가장 중요한 최우선의 가치는 당연히 내가 하고 싶은 일이라고 생각했음 → 그러나 사람들마다 최우선의 가치는 돈, 직업전망 등 다 달랐음 → 이를 통해 다양한 생각과 각자의 다름을 존중하고 이해하는 태도를 배움 • 복지정책론 팀프로젝트 주제선정 회의 → 교수님께서 정해 주신 책 중 하나를 선정하여 서평을 발표하는 것이 주제였음 → 어려운 책을 선정할수록 높은 가산점이 붙는 채점방식 → 두 가지 갈등 발생(어려운 책 or 무난한 책, 역할 나누기) → 모든 팀원들의 의견과 이유를 듣고 의견을 조정하여 두 번째로 가산점이 높은 책을 선택하고, 각자 만족할 만한 역할을 맡을 수 있었음

② 공직관

공직가치	책임감
세부정리	내용(개념 / 주요내용 / 결과)
행동준칙	맡은 업무에 대하여 높은 수준의 전문성을 유지하며, 어떠한 압력에도 굴하지 않고 소신 있게 처리하는 직업의식을 갖는다.
세부키워드	효율성, 전문성, 봉사정신, 소명의식
관련 정책	• K-디지털 트레이닝 훈련 – 기업과 훈련기관이 연계하여 디지털 훈련과정 설계 – 민·관 협력 기반의 청년 일자리문제 해결을 위한 기업주도형 인재양성을 추진 • 중장년 새출발 크레딧 – 기존 대기업의 재취업 지원서비스 제공 의무화 정책 O, 중소기업은 사각지대 존재 – 국민내일배움카드를 통해 중장년 재직자의 경력설계 지원
사례	• 2년 여 전, 지인이 코로나19 프리랜서 지원금 뉴스 시청 → 고노부 홈페이지에 내용이 없어 직접 전화 → 관련 주무관은 진심 어린 사과를 하고, 친절하고 적극적으로 응대 → 다수의 민원전화에도 끝까지 담당 공무원으로서 책임의식을 가지고 효율적으로 응대한 사례 • 2021년 고용노동부 적극행정 우수사례: 국민취업지원제도 대상자 중 신용불량자에게 고용센터 전용계좌를 개설해 구직촉진수당 현금으로 지급 → 고노부 소속 공무원으로서 책임의식을 갖고 제도의 사각지대에 놓인 국민을 보호하고, 국민취업지원제도의 효율성을 높임
경험	• 대학교 3학년 때 학년 과대표 → 조별과제를 위해 조를 짜는 과정에서 외국인 유학생 홀로 조를 짜지 못함 → 과대표로서 책임감을 느껴 조원에게 양해를 구하고 조원으로서 참여시킴 → 계속 소극적으로 참여하는 유학생에게 먼저 다가감 → 나의 노력에 마음을 열고 적극적으로 참여 → 이후 좋은 성적을 받음

경험	• 대학교 2학년 평생교육 프로그램 개발론 수업 당시 3인 1조로 평생교육 프로그램을 개발·발표하는 과제를 하게 됨 → 모의 프로그램이지만 실제 시행예정 프로그램처럼 강사·장소 등을 섭외 → 강사께 연락하여 이름 및 경력 표기 여부 허락을 요청했지만, 강사 거절 → PPT 발표 기한까지 얼마 남지 않은데다가 시험기간(시간촉박)까지 겹침 → 팀과제 완성을 위해 자진해서 강사를 찾아가 다시 설득 → 허락받고 좋은 성적을 얻음

공직가치	공정성
세부정리	내용(개념 / 주요내용 / 결과)
행동준칙	모든 업무는 신중히 검토하고, 내부규정 및 행정절차에 따라 공정하게 처리한다.
세부키워드	준법의식
관련 정책	공무원 6대 의무 중 친절·공정의 의무가 공무원 헌장에 명시되어 있음(공무원은 … 규범과 건전한 상식에 따라 행동한다)
경험	• 대학교 2학년 때 교내 도서관 근로장학생(1층 대표 장학생) → 매달 새로 들어오는 도서와 비디오의 등록업무가 매우 복잡하여 근로장학생들이 기피해서 달마다 돌아가며 담당하는 규정이 있음 → 도서관에 온 선착순으로 하고 싶은 업무를 하자는 의견이 제기되었지만, 기피업무를 하는 사람만 계속해서 하게 된다는 문제발생 → 기존 규정을 지켜 업무를 수행하도록 함 • 교양 필수과목 사회학개론 시험 → 오전·오후반 시험문제가 동일 → 당시 오후반이었고, 동기가 오전반이어서 시험문제를 알려 주겠다고 했으나, 이를 거절하고 공정하게 시험응시

공직가치	투명성
세부정리	내용(개념 / 주요내용 / 결과)
행동준칙	국민의 알권리를 존중하며, 공공정보를 적극적으로 개방하고 공유한다(국민의 알권리 보장).
세부키워드	준법의식
관련 정책	서울정보소통광장 운영(투명한 서울)
사례	공청회, 간담회, 국민참여정책 소통 공모전, 각 부서의 유튜브·블로그에 정책홍보
경험	대학교 3학년 때 과대표를 맡음 → 당시 코로나19로 전 학기 비대면 수업을 결정하면서 향후 학과행사를 하지 못하게 됨 → 학회비 반환과 관련하여 학우들의 다양한 의견을 수렴 → 이미 사용한 학회비를 제외하고 반환하기로 결정 → 대신 학기 초에 사용했던 학회비 내역을 전부 공개하기로 학생회 회의에서 결정

③ 윤리관

공직가치	청렴성
세부정리	내용(개념 / 주요내용 / 결과)
행동준칙	공직자의 청렴이 국민신뢰의 기본임을 이해하며, 어떠한 사적 이익이나 외부 청탁에도 흔들리지 않는다.
세부키워드	준법의식, 적극성, 성실성
관련 정책	• 공무원 6대 의무 중 청렴의 의무가 공무원 헌장에 명시되어 있음(공무원은 … 청렴을 생활화한다) • 부패방지 및 국민권익위원회의 설치와 운영에 관한 법률 • 청탁금지법(부정청탁 및 금품등 수수의 금지에 관한 법률)

사례	• 부정청탁 및 금품등 수수의 금지에 관한 법률 제정: 과거보다 사익추구의 유혹으로부터 공직사회가 청렴성을 유지할 수 있게 됨 • 서울시 청렴사회 민관협의회 – [개념] 지역사회 청렴문화 향상을 위한 서울 소재 65개 시민사회, 기업, 공공기관 등의 민관협의체로, 매년 청렴협약 실천과제를 선정하여 대책 시행 – [사례] 지역사회 청렴문화 조성을 위한 이해충돌방지법 홍보 및 확산대책 시행, 갑질피해신고센터 운영(시장 핫라인: 서울시 홈페이지 응답소 운영)
경험	• 고등학교 2학년 때 선도부 신입부원 면접을 진행 → 친구가 자신의 동생이 지원자라며 합격시켜 줄 것을 요구 → 당시 선도부는 지원자가 100명 가까이 될 만큼 많은 1학년 학생들이 선도부원이 되길 희망함 → 사사로운 친분 때문에 수많은 학생이 면접을 위해 할애한 시간과 노력을 헛되이 할 수 없었기에 면접 여부와 관계없이 동생을 합격시킬 수는 없다고 거절함 • 학회에 처음 들어갔을 때 당시 임원단 회비를 개인적으로 횡령한 사건이 있었음 → 회비는 조직을 위해 쓰여야 하므로, 다음 연도 부학회장이 되어 회비사용 내부지침을 만듦(학회 주행사 위주로 예산편성 + 회비사용 시 전 학회원들의 허락 필요 + 임기 끝날 때 영수증 감사)

공직가치	도덕성
세부정리	내용(개념 / 주요내용 / 결과)
행동준칙	준법정신을 생활화하고, 공중도덕 및 양심을 준수한다.
세부키워드	적극성, 성실성, 준법의식
관련 정책	–
사례	–
경험	• 대학생 시절 캠퍼스 내에서 현금 10만원이 들어 있는 지갑을 주움 → 지갑 내에 있던 학생증 카드와 지갑의 사진을 찍어 SNS 학교 알림 페이지에 제보하여 주인에게 돌려줄 수 있었음 • 코로나19로 인한 방역지침이 강화되던 때 방역지침을 어긴 적 없음(방역패스, 밀접접촉자 자가격리, 마스크 착용 등) → 국가적 위기상황에서 준칙을 지키는 것은 당연하다고 생각함

공직가치	공익성
세부정리	내용(개념 / 주요내용 / 결과)
행동준칙	봉사활동과 기부 등을 통해 생활 속에서 국민에 대한 봉사자로서의 역할을 다한다.
세부키워드	적극성, 성실성
관련 정책	[지방직] • 고령자 고용지원금 신설: 고령화와 생산가능인구 감소에 대비, 60세 이상 근로자 수가 증가하는 사업주에게 인센티브 부여 • 공공기관 및 정부 지자체의 장애인 의무고용률 상향 + 장애인 신규고용 장려금 지원사업 신설(장애인 고용촉진 유도) • 청년 일자리 도약장려금 사업 신설: 중소기업이 취업을 어려워하는 청년을 정규직으로 신규채용 시 지원 → 청년 일자리 창출과 기업부담 감소 • 관공서 공휴일 민간기업 적용확대: 5인 이상 30인 미만 사업장에도 적용 • 플랫폼 종사자 고용보험 적용시행: 단계적으로 확대하는 "전 국민 고용보험" 추진계획의 일부, 퀵서비스·대리운전 기사까지 고용보험 적용 [서울시] • 서울시 따릉이

관련 정책	• 고령자 고용지원금 신설: 고령화와 생산가능인구 감소에 대비하여 60세 이상 근로자 수가 증가하는 사업주에게 인센티브 부여 • 청년 일자리 도약장려금 사업 신설: 중소기업이 취업을 어려워하는 청년을 정규직으로 신규채용 시 지원→청년 일자리 창출과 기업부담 감소
사례	고용노동부 적극행정 우수사례 중 외국인근로자들의 산업재해 안전교육을 위해 국적별·업종별로 구분된 QR코드가 탑재된 교육카드를 제작하고 배포한 사례가 있음→이 QR코드를 찍으면 언제 어디서나 각 나라의 언어로 산업재해 안전교육을 받을 수 있음→산업현장의 외국인근로자 수에 비해 의사소통의 어려움으로 인한 관련 예방교육체계가 부족했으나, 적극성을 발휘해 해결→산업재해 예방이라는 공익을 실현
경험	• 코로나19 관련 교내봉사(수업하는 건물 내 출입학생들 체온측정 및 방문자 출입기록 작성을 위한 안내)→크게 어려운 일은 아니었으나, 건물에 출입하는 많은 학생, 교수, 학교관계자들을 상대로 장시간 근무해야 하므로 힘들었음→그러나 일주일간의 노력이 공공의 이익에 이바지되었다는 점에서 큰 보람을 느낌 • 사회복지관에서 6개월간 주 3회씩 봉사활동 경험→오전에는 독거노인을 위한 도시락 배달, 오후에는 방과 후 초등학생을 교육하고 안전하게 귀가시켜 주는 업무 담당→독거노인의 안위를 고려하여 오후 업무 귀가 시 독거노인 도시락이 그대로 놓여 있는지 재확인하곤 함(의무 아님)→도시락이 복도에 그대로 놓여 있을 때는 독거노인의 상태가 위급할 수 있으므로 복지관에 빠르게 알려야 하기 때문→사회적 약자를 위한 복지시스템을 실질적으로 배우고 이해하게 됨

PART 02

2. 적극행정 정리

예 화성시 2022년 적극행정 우수사례

분류	내용(개념 / 주요내용 / 결과)
정책명	전국 최초 양방향 긴급차량 우선신호 제어시스템
주요내용	• 배경 – 소방차가 화재현장으로 출동하는 경우, 소방망과 신호망의 양방향 연계가 구축되어 있지 않아 정해진 교차로에서만 우선신호를 받는 한계로, 신속한 출동의 어려움 및 신호가 있는 교차로에서의 교통사고 발생위험성 증가 – 「국가 정보보안 기본지침」의 교통신호 제어시스템의 한계 • 주요내용 – 「국가 정보보안 기본지침」의 교통신호 제어시스템 개정 – 신호제어시스템 작동법 개정: 소방대원이 기존에 사용하는 소방 웹패드로 단말기 단일화(소방차가 출동하여 소방 웹패드로 시스템을 작동하면, 신호제어시스템이 사고현장과 자동으로 연계되어 교차로의 신호등이 녹색으로 변경) • 성과 – 골든타임 확보로 시민의 생명과 재산 보호 – 소방자 출동 시 교통사고 발생위험성 저하(평균속도 17.5km / h 향상, 목적지 도착까지 평균 소요시간 6분 45초 단축) • 관련 용어 – 교통신호 제어시스템: 교통이 혼잡한 곳에서 경찰관이 교차로나 횡단보도에 설치된 교통신호 제어기를 이용하여 직접 교통신호를 조작하는 시스템 – 실시간 신호제어시스템: 실시간으로 현장의 교통상황에 가장 적합한 신호시간을 자동으로 조절·운영하는 시스템
의견정리	화성시민의 생명과 재산을 보호하는 실효성 있는 정책사례라고 생각하며, 정책개선을 위해 국정원과의 지속적인 협의 끝에 「국가 정보보안 기본지침」 개정을 이끌어낸 점에서 시민을 생각하는 공무원의 마음가짐과 실무능력의 중요성을 배우게 됨

Check Point 상위 1%의 암기스킬: 공직편

면접준비를 하다 보면 면접 직전까지 암기할 내용이 많아짐에 따라 본질적으로 오랫동안 암기한 내용도 잊어버리는 일이 다반수이다. 효과적으로 다량의 내용을 암기하는 방법에 대해 살펴보도록 하자.

1. 대표주제: 만다라트 기법

암기해야 할 핵심주제를 한 페이지로 정리하는 방법이다. 맨 가운데 사각형에는 대표주제를 작성하고, 가운데 사각형을 둘러싼 8칸의 사각형에는 대표주제와 관련된 핵심주제 키워드를 작성하는 것이다.

[예시 1]

공직가치	적극행정	공무원의무
청탁금지법 (김영란법)	공직지식 [대표주제]	공무원행동강령
이해충돌방지법	소극행정	공무원헌장

[예시 2]

스마트워크	챗GPT	디지털행정
점심시간 휴무제	공직이슈 [대표주제]	MZ공무원 퇴사
학령인구 감소	적극행정	퇴직공무원

2. 핵심주제: 마인드 맵

마인드맵은 '생각의 지도'라는 의미로, 주제와 관련된 다양한 정보를 확장시켜 핵심주제를 한 눈에 파악하는 것이다. 핵심주제에서 파생된 세부주제 키워드를 작성해서 다양한 정보를 빠르게 암기하도록 하자.

[예시 1] 예시 2의 스마트워크 마인드맵 활용 사례

스마트워크	챗GPT	디지털행정
점심시간 휴무제	공직이슈 [대표주제]	MZ공무원 퇴사
학령인구감소	적극행정	퇴직공무원

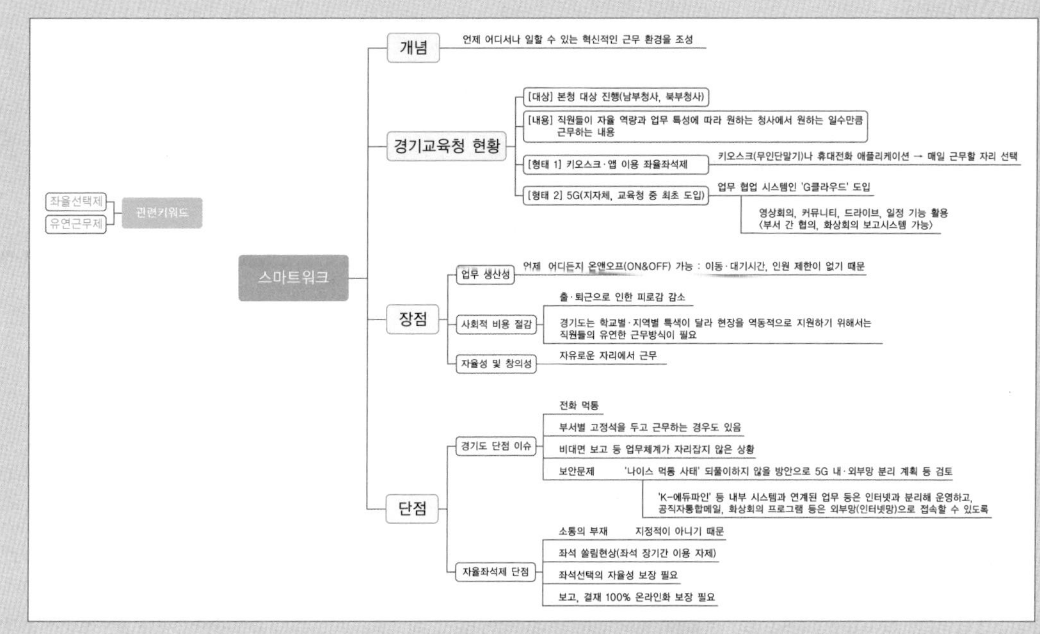

[예시 2] 공무원의무: 청렴의 의무

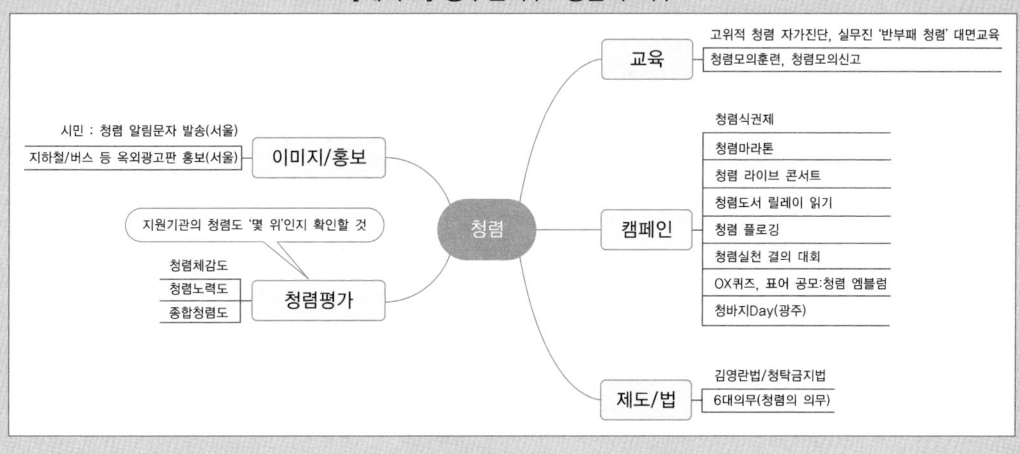

02 행정키워드

행정키워드는 '명칭, 목적(및 기능)'만 간략히 정리해서 암기하도록 하자.

구분	행정키워드 (주요포털 및 제도)	목적 및 기능
국민참여 사이트	적극행정 국민추천 (적극행정ON)	생활 속 어려움을 해결하는 데 기여한 정책 추천
	국민공보(정부24)	중앙부처 및 지자체 공모전 참여
	국민신문고	공공민원창구(제도·정책에 대한 의견 제안, 민원고발 등)
	국민추천제	주변의 참신하고 유능한 인재를 추천하는 선진 인사시스템
	국민정책토론 국민정책제안	정부의 정책결정 및 집행에 있어 국민의견 수렴(정부의 제도·정책에 대한 토론)
적극행정 지원사이트	적극행정 법제지원	적극행정 실천 기여(법령의 입안·정비 등 법제행정 구현)
	사전컨설팅제도	감사기관 컨설팅(제도·규정의 불분명함, 선례가 없는 제도 관련)
	적극행정 위원회	자체 감사기구, 정책수립 및 추진 심의
적극행정 보호사이트	적극행정 감사면책	공익 목적의 정책실현에 대한 면책제도
	적극행정 징계면제	
소극행정 근절사이트	소극행정 신고센터	적당편의, 탁상행정, 복지부동 등 소극행정 엄정조치를 위한 신고제도

CHAPTER 02

[지역 · 직무 · 시책] 3단계 합격전략

PART 02

POINT 01 수집: 주요지식 및 정보 확인방법

01 필수지식

[평정표 기출] 헌신 · 열정

1. 빈출 99% · 활용 99%

직무경험 정리는 CHAPTER 03에서 확인 가능하다.

지식	[지역] 이해 및 현안
	[직무] 희망부서 · 업무이해, 시정, 현안 / 이슈(부처 · 직무), 정책 · 서비스
	[전공] 전공이론 지식, 관련 법규
경험	[경험] 직무 관련 경험, 직무역량
견해	직무에 관심을 갖게 된 계기, 전공과 직무의 관련성, 정책(사업)에 대한 견해, 조직 · 시민에 미칠 영향

2. 필수 준비지식

구분		필수지식(준비내용)
지역 (시 / 군)	이해	• 인구수, 예산, 재정자립도, 행정구역 수 • 민선8기 핵심과제 • 지역축제, 관광명소, 역사, 시조 · 시화 · 시목 • 자랑거리, 문제점 · 개선점, 지역이슈(사례)
	현안	• 문제점 · 개선점, 지역이슈(1개) • 주변지역 또는 상위지역 주요 현안(1개)
	시정	• [생활시정] 생활밀접(체감)형, 주민참여형, 지역문제해결형 • [민관협력] 협력체계 → 제도, 프로그램 및 사례
직무(업무)	부서	• 희망부서 및 부서업무
	시정 현안	• [시정] 개선 필요 정책(1~2개) • [시정] 관심 있는 정책 및 담당 · 추진 희망 정책(1~2개) • [현안] 관련 이슈, 문제 및 개선점(1~2개)
	현황 (기관 / 예산)	• 지역복지센터, 보건수 개수 등 지역기관 개수 확인(해당되는 직렬만) • 직무 / 희망부서 편성 예산

직무(직렬)	정보 / 견해	• 역할(하는 일) • 장단점(좋은 점과 힘든 점)	관련 법령(1~3개)
	역량 / 경험	• 직무강점 • 직무전문성 향상을 위해 노력한 점 • 직무에 도움이 되는 경험 / 직무 관련 경험(○○업무 경험) • 방문 경험 예 ○○시(군)청, 주민센터 등 • 입직 후 전문성 향상을 위한 계획	
	지식	• 전공이론(개념) 및 직무이슈	

02 지식의 범주 & 우선순위

1. 어디서부터 어디까지, 어떻게 공부해야 할까?

면접관은 평가기준에 해당되는 질문을 통해 수험생의 공직적격성을 평가한다. '직무강점', '관심 있는 정책' 등 기본질문으로 평가하기도 하지만, 수험생의 답변에 대한 2차 질문(후속질문·꼬리질문)을 날카롭게 던져 수험생의 직무관심도와 전문성을 평가하기도 한다. 따라서 수험생은 직무지식 및 정책의 전체적인 개요를 살핀 후 주요내용을 깊이 있게 분석하여 면접준비를 해야 한다.

2. 효율적 준비법

① 행정구역 및 희망부서의 방향 확인

개요확인	행정구역(지원지역)의 정책방향 및 희망부서의 주요 업무 확인
핵심내용 숙지	• 행정구역: 신년사·취임사 확인→시(군)의 목표 및 방향 확인 • 희망부서: 희망부서의 업무 관련 정책(사업) 숙지
보충지식	정책자료는 정책의 추진배경 및 사업의 주요내용만 다뤄진 내용으로, 정책(사업) 관련 구체적인 정보 및 장단점을 확인하고 싶다면 관련 포털사이트, 인포그래픽스, 통계자료, 연구자료 등을 별도로 찾아 부족한 지식을 보충할 것

② 우선순위

제도·규정	[필수] 정책(사업) 1. 직무 관련 2. 신설 3. 변화(확대·개정) [선택] 4. 지역 단독 또는 전국 최초
생활체감형	[필수] 생활밀접형 정책·서비스
주민참여형	[필수] 지역주민 소통을 위한 제도, 프로그램 및 사례
지역문제해결형	[필수] 공공의 적극적 개입으로 지역민원 해결 사례
협력체계	[선택] 민관·관관협력 등 외부와 협조한 사업

③ 공부범위

최소기준	[시정] 주요내용 정리 • 개선 필요 정책(2개) • 관심 있는 정책(2개) • 담당·추진 희망 정책(2개) • 관련 이슈(문제점 및 개선점)(2개) • 직렬 및 정책 관련 법령(1~5개) [직무정보] 키워드 정리 • 사업·프로그램(3~5개) • 운영기관 개수, 시민소통 프로그램, 홍보전략
최대기준	• 시(군) 현황 및 현안 • 시(군) 생활밀접형(지역생활 시정 및 행정서비스) • 시(군) 주민참여형(주민소통, 프로그램 등) • 시(군) 지역문제해결형

03 정보 확인방법

1. ○○시(군) 현안 및 부서·직무

구분	내용
홈페이지	[○○시(군) 현안] • ○○시(군) 홈페이지 > 열린시정 > 시정소식, 재정 및 예산정보 • ○○시(군) 홈페이지 > ○○시(군)소개 [부서·정책] • 사이트 내 조직도 > 관심부서 > 업무확인 예 (서울시) 홈페이지 > 서울소개 > 시청안내 > 조직도 • 관련 부서 업무편람
인터뷰	• 현직자 인터뷰(일반인이 알 수 없는 업무 및 개선사항 확인) – 방법: 조직도 내 담당자 전화, 메일, 인터뷰 기사 및 사이트 내 자료 • 시장 / 군수 인터뷰(취임사·신년사) → 시정(군정) 운영방향 주요 키워드 확인 예 2024 서울시 운영방향 일부 – 2024년에는 약자와의 동행을 확대·발전 – 매력도시 서울 대개조 전략(도시공간, 라이프스타일, 산업경제, 교통인프라 등 도시혁신)
플랫폼	보충: 추가적으로 필요한 내용은 블로그, 유튜브 등 확인

2. 정책자료

구분	내용
홈페이지	주요내용 / 정보 확인법 (아래 참조)

주요내용

• [필수] 정책(사업)		
정보	①	• [직무] 직렬, 희망부서 관련 → 정책자료, 통계자료, 현안 / 이슈 – 최신 이슈 확인을 위해 〈사이트 알림·소식, 구독〉 알림 설정할 것 – 직렬 / 직무와 관련된 정책을 확인할 것 → 정책 관련 현황 / 현안 사례 및 내년계획 확인 – 지역기관 설립 여부 확인 예 우리동네키움센터, 우리동네어린이집, 노인복지기관 등
	②	• [시민생활] 생활밀접형(민생 분야) 서비스 및 정책 → 분야별 검토 예 [교통] 따릉이(서울), [경제] 서울페이, 서울지갑, 경기지역화폐 [복지] 서울시 공공생리대, 찾아가는 동주민센터 등

정보 확인법

[직무] 기본정보

• [필수] 정책자료 → 신설·개정, 시 / 군 / 구 핵심방향, 실국 업무계획	
정보	• [연간 시정정책] 2024 ○○시 주요 업무계획, 2024년 이렇게 달라집니다(분야별·부처별), ○○도 더 좋아지는 행정제도, ○○도 달라지는 시책 예 (서울시) 2024 서울시 주요업무계획 예 (경기도) 경기도 더 좋아지는 행정제도 예 (수원시) 2024 시정업무계획 • [부서별 연간정책] 희망부서 주요 업무계획 유사 실국 업무계획, 부서별 주요 업무계획 예 (서울시) 복지: 2024 복지정책실 주요 업무계획, 2024 평생교육국 주요 업무계획 등 • [분기별 생활정책] 2024 상 / 하반기 달라지는 ○○생활 유사 ○○시(군) 달라지는 행정제도, 신년 달라지는 제도 예 (인천시) 더 좋아지는 인천생활, (경기도) 더 좋아지는 행정제도
위치	시(군) 홈페이지 > 정보공개 > 더 좋아지는 행정제도, 업무계획 / 시정소식

• [필수] 보충자료(통계 등) → 주요 핵심정책, 정책동향 (최신순) 확인	
정보	• [통계] ○○시 인포그래픽스, 통계자료(실태자료), ○○시 정보공개포털 • [예산] 홈페이지 > 분야별 정보 > 행정 > 재정·예산·세금 > 한눈에 보는 ○○예산, 연도별 예산서 • [정책] 홈페이지 > 분야별 정보 > 정책, 프로그램, 서비스 확인 • [포털] ○○시 포털사이트(청년포털, 복지포털 등) • [기타] 웹진, e-book, ○○백서, 간행물, 소식지, 카느뉴스 등 예 시정백서 / ○○시보, e-book(행정운영, 문화·관광, 도시계획 등) 예 (서울시) 시정종합월간지: 서울사랑 (서울시) 서울정보소통광장: 시정, 통계, 공공데이터, 재정 등 확인

홈페이지	**정보** • [홈페이지 하단] 포털, 직속기관 사이트, 누리집 등 확인 예 (서울시) 서울시 복지포털, 서울시 외국인포털, 서울시 도시농업포털 등 예 (경기도) 경기민원 24, 복지포털, 청년포털, 관광포털, 건축포털, 데이터드림 등 **위치** 예 인천시 홈페이지 > 정보공개포털 > 행정정보공개 > 간행물 → 인천시종합매거진, 민선8기 일자리대책, 자살종합계획, 도서관의 어제와 오늘, 작은도서관운영매뉴얼, 2024 지능정보화 시행계획 등 직렬에 도움이 되는 다양한 자료확인 가능 • [필수] ○○시(군) 적극행정 사례 **정보** 예 (서울시) 홈페이지 > 분야별 정보 > 행정 > 감사 / 옴부즈만 > 적극행정자료실 [직무] 정책(사업) 문제점 • [필수] 정책(사업)의 문제점 **정보** • 뉴스기사, 칼럼, 논문 • 사실은 이렇습니다 → 현행제도의 문제점 확인, 부서의 노력현황 별도 확인(기사 검색) • [필수] 정책(사업)의 개선점 **정보** • 국민의견 → 국민 참여 사이트: 시민제안 창구 사이트, 주민예산참여제도 등 → 활용: 정책(사업) 개선점, 국민소통 사례 예 경기도(똑톡, 경기제안), 광주시(듣는다, 우체통), 대전(대전시소), 대구(토크대구), 세종(똑똑세종) 등 예 서울시(상상대로 서울, 응답소, 서울시엠보팅, 서울시민이 기대하는 10대 정책) • 전문가 칼럼 → 해결책: 아이디어 일부 활용 및 답변소재 → 관련 질문 예시: 시급히 해결해야 할 문제는? 국민이 원하는 것은 무엇인지? 정부가 신뢰를 얻기 위해 어떤 노력을 해야 하는지? 등 **합격 Guide** 정책 관련 뉴스기사, 칼럼, 논문 등을 찾으면서 현행제도의 문제점을 파악한 후, 해당 문제점에 대해 ○○시(군)에서 현재 노력하고 있는 점을 확인하고, 이후 더 나아가야 할 방향에 대한 의견정리까지 준비해 주세요.
플랫폼 (시 / 군 / 구)	• [○○시(군) 뉴스] 예 (서울시) 내손 안의 서울, (수원시) 수원뉴스 등 • [블로그 / 인스타그램] → 최신 주요정보(정책·뉴스), 언론보도 자료 등 정책현안 파악 → 가독성 떨어지는 홈페이지 자료를 국민맞춤형으로 정리 • [유튜브] 지역 및 직무이슈 확인 • [어플리케이션(앱)] → 생활밀접형 앱과 직무 관련 앱으로 나누어 사용한 후 느낀 점 및 보완점 생각할 것 → 운영예정인 앱의 경우, 내용확인 후 의견 생각해 볼 것 예 (경기도) 경기똑D, 경기도지식, 경기도배달앱, 경기청년몰 등 • [포털] 포털사이트 별도 검색 → 직무정책 이슈 및 구체적 정보(통계자료 등) 확인 → 뉴스: 일반화의 오류 등 확인 및 점검

플랫폼 (시 / 군 / 구)	**합격 Guide** • 쉽고 구체적으로 설명되어 있는 블로그, 카드뉴스를 참고해서 대략적인 키워드를 잡은 후, 홈페이지 자료(주요정책 등)를 통해 세부적인 배경지식을 채워 보세요. • 어플리케이션은 국민이 이용하는 플랫폼이기 때문에 실제 이용한 후 아쉬운 점이나 좋은 점 등을 생각해 보면, 국민의 편의성 관련 내용으로 연결시켜 대답할 수 있습니다.
체험 및 방문	• [방문] 시청·구청, 주민센터, 서울시민청 등 방문: 인터뷰, 간행물, 브로슈어, 팸플릿 등 확인 • [체험] 시청투어 및 시민신청 접수, 메타버스 서울시청 등 체험(전기차충전기 설치부지 신청) • [이용] 서울시 앱 / 서울시민카드 / 서울페이 등 이용
전문뉴스	• 부서·직무 관련 이슈 검색 – 시(군) 홈페이지 – 찾기 힘든 경우, 포털사이트 별도 검색 or 전문뉴스 확인 – 주의사항: 전문뉴스는 공직업무와 관련된 내용이 아닌 해당 직무의 전체적인 사회이슈이므로, 공직업무와 관련된 내용을 찾거나 힌트를 얻는 방향으로 확인해야 함 예 국세신문(세무직), 전기신문(전기직), 토목신문(토목직)
기타	• 직무 관련 법률 및 규정 → 최소 5개(하단 '법령정보' 확인) • 정책 관련 해외사례, 관련 공모전 소개 등 → 키워드 검색 • 전공 관련 서적
배경지식UP 참고 사이트	• 사회현안 및 정책지식 보완 – ○○시(군) 연구원 예 서울연구원 〈정책리포트〉, 〈도시연구〉, 〈연구보고서〉 – 국회입법조사처 > 연구보고서 – 정책연구관리시스템 > 연구검색 > 우수연구, 최근연구 등 – 한국개발연구원 > 연구 > 보고서 – 대학 제휴 논문사이트, 칼럼 등 → 사회 현안문제 및 개선방안의 참고지식으로 활용 가능 예 수돗물 유충 현황과 개선과제, 아동학대 대응체계 과제와 개선방향 등 • 통계자료 – 국가통계포털 > 주제별 통계·기관별 통계 → 필요한 정보 맞춤확인 – 새소식 > 보도자료 > 전체 > 장래 인구추계 → 현황 및 추세 확인 – 2023 사회조사 결과, 국민 삶의 질 보고서 → 사회현황별 통계 • 법령 관련 – 국가법령정보센터 → 주제별 생활법령 정보(직렬별) – 국외입법예고 → 개정법률안 확인

[참고] 서울시 포털사이트

–타 지역의 경우, ○○도(시) 홈페이지 하단 포털사이트 확인 가능

• 도시계획포털: 도시계획업무자료 > 2040 서울도시기본계획안
• 정보공개포털(서울정보소통광장)
• 부동산 정보광장
• 교통정보센터
• 주거포털
• 재정포털
• 법무행정서비스(시민권익 증진)
• 보육포털
• 외국인포털
• 가족포털(패밀리서울)
• 생활체육포털
• 문화포털 / 한옥포털
• 장애인일자리 통합지원센터
• 스마트서울포털
• 열린데이터광장
• 환경교육포털
• 농부(도시농업)포털

- 청년포털(청년몽땅정보통)
- 1인가구포털(씽글벙글 서울)
- 일자리포털
- 복지포털
- 우리동네키움포털

- 농업기술센터
- 햇빛지도(태양광 발전량 관련 포털)
- 평생학습포털
- 안전누리: 시설, 방재 등

[참고] 서울시 어플리케이션

① 서울시 운영 앱

순번	명칭	내용	운영부서
1	서울스마트불편신고	생활 중에 느끼는 각종 불편사항을 스마트폰으로 언제, 어디서나 신고할 수 있는 서비스	공간정보담당관
2	MySeoul (외국인주민지원)	외국인주민에게 서울생활에 필요한 행정정보, 생활정보, 육아정보, 취업정보 등을 제공(11개 언어)	가족다문화담당관
3	서울교통포털	도시고속도로의 소통상황 정보 및 대중교통(버스, 지하철, 경로탐색), 나눔카, 자전거, 주차장, CCTV 실시간 영상 등을 제공	미래첨단교통과
4	서울주차정보	서울시 내 공영주차장 및 민영주차장의 위치, 운영정보, 실시간 주차 가능 정보 등을 제공	주차계획과
5	서울시 엠보팅	정책추진 시 모바일투표로 시민의견 수렴 및 누구나 만들고 참여할 수 있는 모바일투표 서비스	디지털정책담당관
6	내손 안의 서울	시민의 손에서 시민과 함께 만드는 공공기관 최초의 모바일 소통형 플랫폼 서비스	뉴미디어담당관
7	서울일자리포털	구인·구직자들에게 스마트폰을 통한 맞춤형 일자리 정보(채용정보 및 인재정보 등)를 실시간으로 제공	일자리정책과
8	서울시 소비재 정보마당	시각장애인에게 의약품·가전제품 정보를 음성으로 지원	장애인자립지원과
9	서울시 안심이	위치 기반 서비스로서 안심귀가, 데이트폭력 신고, 여성안심 스카우트앱 연동 서비스 제공	1인가구담당관
10	서울시민카드	시·구립 공공시설에서 발급되는 여러 개의 회원카드를 모바일앱에서 통합관리하고, 운영프로그램 등 시설 이용에 필요한 정보도 통합 제공	자치행정과
11	서울안전	일상생활 속에서 재난에 대비할 수 있도록 실시간 재난속보를 신속하게 알리고, 재난유형별 시민행동요령을 제공	안전지원과
12	CPR서포터즈	심정지환자 발생 시 구급대가 출동하기 전 인근의 서포터즈가 심폐소생술을 할 수 있도록 지원	보건의료정책과
13	My－T(마이티)	마이데이터를 활용한 공공교통수단 안심이용 서비스	미래첨단교통과
14	한양도성 유적전시관	관람객이 소지한 모바일기기로 접근 가능한 정보전달 서비스 제공	한양도성도감
15	서울살피미	고독사 위험가구 및 취약계층 주민에 대한 안전확인 및 신속한 위기대응체계 구축	안심돌봄복지과

16	서울지갑	서울시 디지털ID 기반 비대면 행정서비스 제공	디지털정책담당관
17	서울도시건축 비엔날레	서울도시건축비엔날레의 콘텐츠를 온라인으로 감상	건축기획과
18	모바일 아리수	아리수 관련 주요소식, 요금조회, 자가검침 등 민원처리, 단수 및 요금고지 푸시서비스 제공	상수도사업본부 홍보과
19	서울도서관 공식앱	서울도서관 소장자료 검색, 모바일회원증, 전자책, 내 주변 도서관 검색, 통합 도서검색, 도서예약 및 연장, 책방정보 서비스 제공	서울도서관 지식문화과
20	서울시립미술관 전시도슨팅	미술관의 전시작품 및 야외 조각전, 천경자 화백의 생애와 작품세계를 관람할 수 있는 서비스	서울시립미술관 총무과
21	서울한양도성	한양도성 순성길을 따라 백악·낙산·남산(목멱산)·인왕산과 도성이 멸실된 흥인지문·숭례문 등 총 6구간에 대한 멀티미디어 콘텐츠 제공	서울역사박물관 시설과
22	서울대공원	서울대공원, 서울동물원, 테마가든, 캠핑장 등 편의시설 및 주차시설 안내서비스 제공	서울대공원 총무과
23	소방시설 정보알리미	화재수신기 이벤트 조치관리 및 통계, 안전관리자와 검사지 도담당자 간의 소통	서울소방재난본부 예방과
24	모두의 몽촌토성	몽촌토성에서 조사된 백제 한성도읍기의 유구·유물·인물을 콘텐츠로 하는 증강현실(AR) 서비스	한성백제박물관 총무과
25	메타버스서울	세계 도시 최초 공공 메타버스 플랫폼으로, 3차원 가상현실 공간에서 현실과 융합하여 경제, 교육, 세무, 행정 등 다양한 서울시 행정서비스 제공	디지털정책담당관

② 서울 산하기관 운영 앱

순번	명칭	내용	운영부서
1	Visit Seoul (서울여행의 모든 것)	서울 명소, 맛집, 숙박, 교통, 추천코스 등 서울관광의 필수 정보 제공[5개 언어: 한·영·중(간체)·중(번체)·일]	서울관광재단
2	TBS	TBS라디오와 TV를 시청할 수 있고, 실시간 게시판을 통한 시청자와 제작진 간의 쌍방향소통 서비스	서울시미디어재단 TBS
3	서울자전거 따릉이	서울시에서 운영하는 공공자전거(서울자전거 – 따릉이) 전용앱으로, 회원가입 및 이용권 구매, 대여, 반납, 대여소 확인 서비스	서울시설관리공단
4	또타지하철	지하철 내 편의시설 이용정보 등 제공 및 긴급상황 시 빠른 민원신고와 신속한 처리 서비스	서울교통공사
5	서울장애인 콜택시	장애인콜택시이용자를 위한 바로콜, 예약콜, 정기콜 등 인터넷접수 서비스	서울시설관리공단 장애인콜택시 이동지원센터
6	서울의료원 (서울케어)	예약, 수납, 검사결과 확인 등 다양한 진료편의 서비스	서울의료원

③ 2023년 서울시 공공앱 실태점검 평가결과

순번	앱 명칭	기관(부서)명	구분	등급	총점
1	서울시 안심이	1인가구담당관	본청	유지	94
2	서울주차정보	주차계획과	본청		93
3	서울안전	안전지원과	본청		88
4	서울 지갑	디지털정책담당관	본청		87
5	서울시민카드	자치행정과	본청		86
6	CPR서포터즈	보건의료정책과	본청		86
7	내 손안에 서울	뉴미디어담당관	본청		83
8	서울교통포털	미래첨단교통과	본청		83
9	서울 스마트 불편신고	공간정보담당관	본청		82
10	서울시 소비재 정보마당	장애인자립지원과	본청		80
11	모바일 아리수	상수도사업본부 홍보민원과	사업소		95
12	서울도서관 공식앱	서울도서관 지식문화과	사업소		90
13	서울시립미술관 전시 도슨팅	시립미술관 고객홍보과	사업소		89
14	서울대공원	서울대공원 총무과	사업소		88
15	서울 한양도성	서울역사박물관 시설과	사업소		83
16	모두의 몽촌토성	한성백제박물관 총무과	사업소		83
17	또타(지하철안전지킴이)	서울교통공사 IT개발처	투자출연		98
18	Visit Seoul(비짓 서울)	서울관광재단 스마트관광팀	투자출연		97
19	서울자전거 따릉이	서울시설공단 자전거정책과	투자출연		95
20	장애인콜택시	서울시설공단 이동지원센터	투자출연		87
21	TBS	서울시미디어재단 뉴미디어전략팀	투자출연		83
22	My Seoul	가족다문화담당관	본청	개선	79
23	서울일자리 포털	일자리정책과	본청		78
24	서울의료원-서울케어	서울의료원	투자출연		75
25	소방시설정보알리미	예방과	본청	폐기	68
26	서울시 엠보팅	디지털정책담당관	본청		65
27	서울 살피미	안심돌봄복지과	본청		58
28	My-T	미래첨단교통과	본청		38

PART 02

POINT 02 분석: 직무(부서 · 업무)

01 직무분석: 조직도

1. 조직도 확인

희망부처 홈페이지 > 조직도 확인

서울특별시 조직도

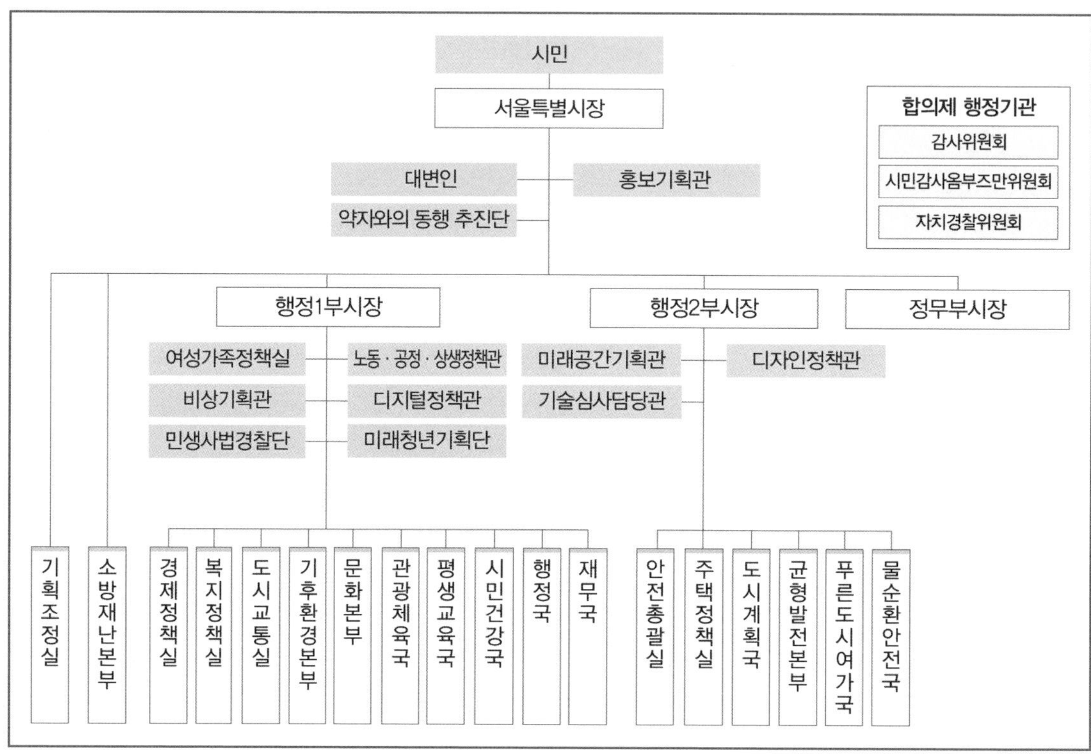

■ 인천광역시 조직도

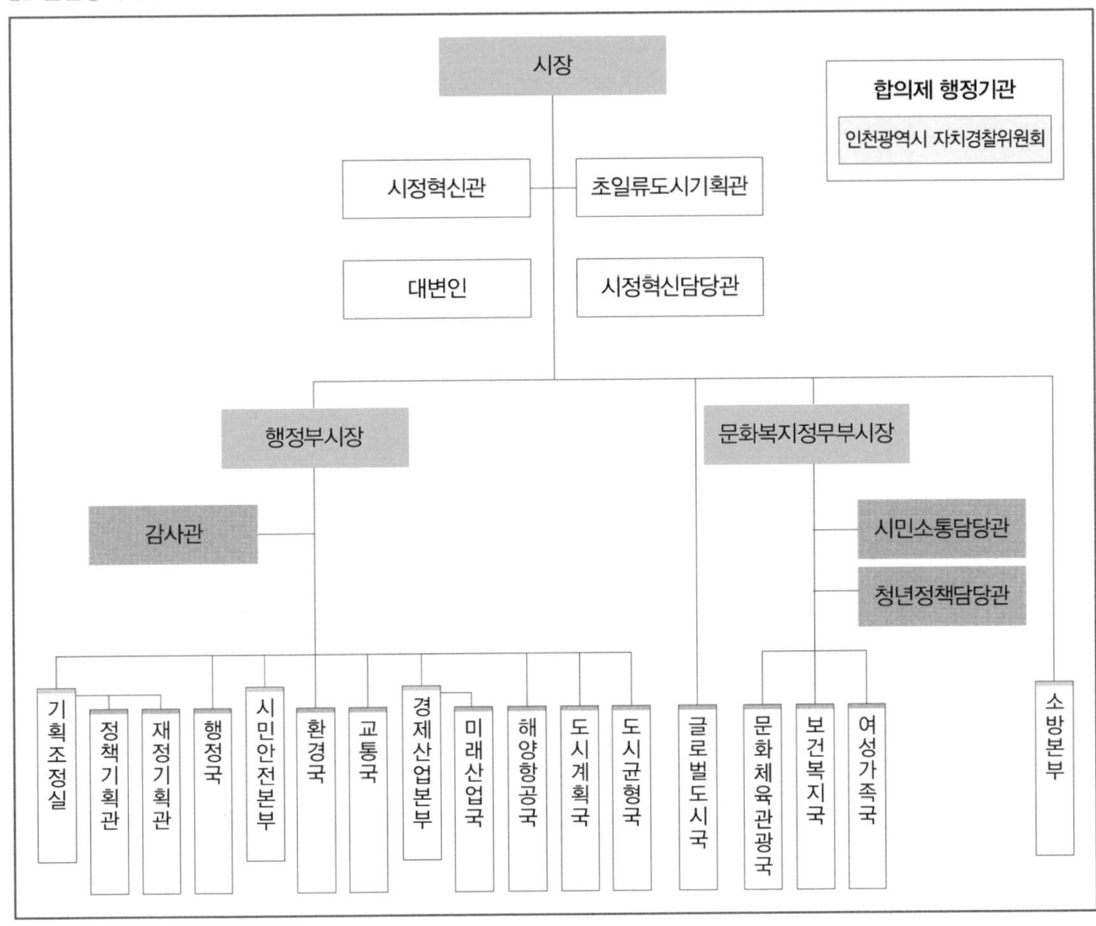

2. 희망 근무부서

서울시	[부서] 서울시 홈페이지 > 조직도 확인 > 희망부서 '관', '국', '실', '본부' 등 선택 [하위부서] 희망 '과'→'팀' 선택 예 관광체육국 > 관광사업과 > 관광정책팀 [업무확인] • 서울시 홈페이지 > 분야별 정보 > 분야 선택 후 정책소개 > 주요 업무계획 • 조직도 내 담당업무 확인 ※ 업무 관련 정책, 운영프로그램, 관심분야 서비스 확인 →정책자료, 블로그·유튜브, 기사, 관련 직무 공무원 인터뷰 기사 등
지방직	[부서] 시(군) 홈페이지 > 조직도 확인 > 희망부서 '관' 또는 '과', '부서', '본부' 선택 [업무확인] 담당업무 확인 > 구체적 업무 확인 > 관련 업무 및 정책 찾기(POINT 01-02 참고) ※ 주요 업무내용 확인→관련 정책 및 운영 프로그램 확인, 블로그·유튜브·해당 직렬 공무원 인터뷰 기사 확인

부서명	이름	담당업무	전화번호
관광체육국 관광정책과 관광정책팀	김○○	• 관광정책팀 현안 업무총괄 • 중장기 관광종합정책 수립총괄	02-2133-280×
	이○○	• 야간관광 활성화 추진(트래블 바이크 코스) • 코로나19 관련 여행업 등 관광업계 긴급지원 추진 • 관광분야 제도개선 등 대정부 협력(국가관광전략회의, 시도관광국장회의 등) • 관광진흥조례(STA) 관련 업무(지역관광협의회 포함) • 관광활성화 종합계획 추진지원	02-2133-282×
	전○○	• 서울관광사업 브랜드 활용 업무총괄(소통기획관, 관광재단) • 야간관광 활성화 추진(열기구 서울야경 체험, 미디어아트 활용 야간관광) • 각종 대내외 기관 간 관광협약(MOU) 관련 업무지원 • 선택적 복지 등 직원 후생복지, 국장실 업무지원	02-2133-280×
	안○○	• 관광체육국 홍보업무 총괄 • 보도계획 및 보도일정 관리, 보도자료 검토 및 작성 • 각종 기고 및 인터뷰, 말씀자료 작성·검토 • 언론 모니터링 및 언론매체(기자단) 홍보기획·관리 • 홍보기획회의, 관광홍보자문단 운영	02-2133-276×
	장○○	• 관광체육국 홍보업무 총괄 • 보도계획 및 보도일정 관리, 보도자료 검토 및 작성 • 각종 기고 및 인터뷰, 말씀자료 작성·검토 • 언론 모니터링 및 언론매체(기자단) 홍보기획·관리 • 홍보기획회의, 관광홍보자문단 운영	02-2133-282×

02 직무분석: 인터뷰

1. 공무원 인터뷰(방문·메일상담·카드뉴스·기사자료)

현직 공무원 (비)대면 인터뷰 [방문·메일상담]	현직자 인터뷰의 가장 큰 장점은 내부의 주요 업무 및 현황, 현장의 어려움 등을 파악할 수 있다는 것이다. 인터뷰 후 추가적으로 필요한 정보는 정책, 시 / 군 / 구 블로그 등을 통해 확인해 보자.
현·퇴직 공무원 인터뷰 [기사자료]	현직 공무원 (비)대면 인터뷰가 불가능하다면 온라인상에서 정보를 찾아보자. 인터뷰 기사, 시 / 군 / 구 웹진, 유튜브·블로그 등에서 다양하게 확인 가능하다. 현직 혹은 퇴직 공무원의 인터뷰를 통해 주로 어떤 업무를 하는지, 업무수행 과정에서 힘든 점은 없는지 등 실질적인 업무상황을 알 수 있다. 뿐만 아니라 부서의 주요 정책 및 프로그램에 대한 구체적인 내용까지도 확인 가능하다.

현직 공무원 인터뷰 내용 ①

(상략)

지 국장은 "서울시는 지역적 차이가 크지 않은데, 경기도는 31개 시·군마다 특성이 달라 그 지역에 맞는 복지정책이 있어야 한다. 정책을 만들기는 어렵지만, 만들고 나면 의미가 크다. 중앙정부에서 시범사업을 할 때 경기도의 참여를 요청하는 것도 이 때문"이라고 말했다.

→[확인 1] 복지정책 수립 시 고려사항(지역별 특성에 맞는 복지정책)

그는 복지정책을 기획하기 전 꼭 현장 얘기를 듣는다. 지 국장은 "시·군이 보다 좋은 정책을 하도록 하는 게 경기도의 역할이다. 현장 얘기가 무엇보다 중요하고 현장에 다녀오면 건의사항의 가능 여부를 떠나 꼭 피드백을 해 신뢰관계를 유지하려고 한다"고 강조했다.

→[확인 2] 복지정책 수립 시 고려사항(현장 목소리)

사회복지직 공무원 생활의 어려움을 누구보다 잘 알기에 지 국장은 후배들한테 항상 '존중'을 강조한다. 팀 내 갈등이 발생하면 개입하기보다는 조언에 집중한다. 아울러 그는 사회복지직 후배들한테는 다양한 경험을, 경기도에는 사회복지직 기회 확장을 요청했다.

지 국장은 "사회복지는 요람에서 무덤까지, 다양한 경험을 해야 시야가 넓어진다. 한 업무에 머물지 말고 다양한 경험을 했으면 좋겠다"며 "사회복지는 다양한 분야에 녹아 있다. 여성, 복지뿐만 아니라 경제도 복지가 있다. 사회복지직 공무원들이 다양한 부서에서 일한다면 더 발전할 수 있을 것"이라고 말했다.

→[확인 3] 사회복지직 공무원에게 필요한 역량

출처 | 경인일보, 신현정 기자 "사회복지직 최초 부이사관 지주연 경기도 여성국장"

현직 공무원 인터뷰 내용 ②

● 박성용: 경기도에서 일어나는 모든 일들을 돋보기로 들여다보겠습니다. 지금 경기도는, 최근 경기도에서 1인가구 지원을 위한 중장기계획을 발표했습니다. 올해 새롭게 시작하는 사업도 있다고 하는데요. 지주연 경기도 여성가족국장과 함께 경기도의 1인가구 지원정책 전반에 대한 이야기 나눠보겠습니다. 안녕하세요. 지주연 국장님?

○ 지주연: 안녕하세요. 지주연입니다.

● 박성용: 최근에 1인가구가 정말 많이 늘었다고 합니다. 경기도는 구체적으로 어느 정도나 됩니까?

○ 지주연: 경기도는 2021년 말 기준으로 1인가구가 154만 가구인데, 이게 전체 가구인구의 29.2퍼센트에요. 그래서 다시 말씀드리면, 10가주 중에 3가구는 1인가구인 셈이고요. 그리고 갑작스럽게 급증했고요. 전국적으로도 경기도에 1인가구가 가장 많이 거주하고 있습니다.

→[확인 1] 경기도 1인가구 현황

→[확인 2] 복지분야 주요 이슈

● 박성용: 그렇군요. 말씀하신대로 전국에서 1인가구가 가장 많이 거주하는 곳이 경기도다. 그러면 구체적으로 정책을 살펴볼까요. 경기도의 1인가구 지원정책의 방향성부터 짚어봤으면 좋겠습니다.

○ 지주연: 그러겠습니다. 1인가구는 성별하고 연령 그리고 지역에 따라서 다양한 구조의 형태를 갖고 있고요. 20대부터 전 세계 주기에 맞춰서 증가하고 있습니다. 그리고 특히 경기도는 31개 시·군이 도시형부터 도농복합형까지 다양하게 있어서요. 청년이나 도시의 특성을 갖고 있는 서울하고 달리, 도시형이냐, 농촌형이냐에 따라 좀 다릅니다. 도시형 지역은 일자리나 학업을 위한 청년층 1인가구가 많이 거주하고요. 농촌형 지역은 잘 아시겠지만 노인 1인가구가 많이 분포하고 있어서 대한민국의 축소판이라고 할 수 있습니다. 그래서 그런 지역의 특성하고 욕구를 반영하는 1인가구 정책발굴이 중요한 숙제인데, 다행히 작년 12월 31일자로 저희가 1인가구 전담팀이 신설이 됐습니다.

→[확인 3] 1인가구 정책기획 시 고려사항(지역별 특성에 맞는 정책추진 필요)
→[확인 4] 1인가구 복지정책을 위한 경기도의 노력사항(1인가구 전담팀 신설)

(중략)

● 박성용: 그러면 기본계획을 바탕으로 해서 올해 새롭게 시작하는 사업 중에 좋은 사례가 있을까요?
○ 지주연: 네. 저희의 대표적인 사업으로 올해부터 시행하는 1인가구를 위한 병원 안심동행사업이 있어요.
● 박성용: 병원 안심동행사업이요.
○ 지주연: 네. 그래서 경기도하고 시·군이 함께 10억 원의 예산을 세워서, 올해 일단은 다섯 개 시·군에서 시범적으로 운영하려고 하는데요. 이 사업을 조금 제가 설명을 드리면, 아플 때 제일 1인가구가 서럽다는 말이 있듯이 …

(중략)

○ 지주연: 네. 그래서 그런 부분을 반영해서, 연령하고 소득과 무관하게 병원동행이 필요하면, 1인가구의 1인당 5천원의 이용료만 내면 이용하실 수 있고요. 또 이용을 하시는 데에 있어서 어떤 분이 오시느냐라는 신뢰감도 있어야 돼서요. 안전한 동행을 위해서 요양보호사자격을 가진 동행인이 집에서 병원, 다시 집까지 동행해드리는 사업이고요. 그런데 저희가 또 1인가구는 아니지만, 노인이나 조성가구처럼 실질적으로 이렇게 함께 도움을 주지 못하는 경우도 있어서 그런 경우도 사실상 1인가구로서 혜택을 받을 수 있도록 시행을 올해 일단 5개 시·군, 2월부터 시행할 예정입니다. 그래서 필요하신 분들 많이 이용해 주시고, 또 당사자는 모르시는 경우도 있으니까 이 방송 들으시는 많은 분들이 주위에 이 서비스가 필요한 분이 계시면 홍보나 안내 꼭 부탁드립니다.
→[확인 5] 경기도의 1인가구를 위한 대표 사업제도

출처 | 정말 뉴스 경기, [지금 경기도는?] 1인가구 위한 '병원 안심동행사업' 시범추진

POINT 03 분석: 시책

01 시책

'2024년 주요 업무계획', '실국별 주요 업무계획', '2024년 달라지는 제도'는 꼭 확인해야 하는 자료이며, 이 중 희망부서와 관련 있는 정책이나 관심 있는 정책은 필수로 숙지해야 한다. 특히 2024년 이렇게 달라집니다, 경기도 더 좋아지는 행정제도 등 달라지는 제도의 경우, 행정구역별로 명칭이 다르니 참고해서 찾아보도록 하자.

1. 2024년 주요 업무계획

경기도, 2024년 도정 업무계획

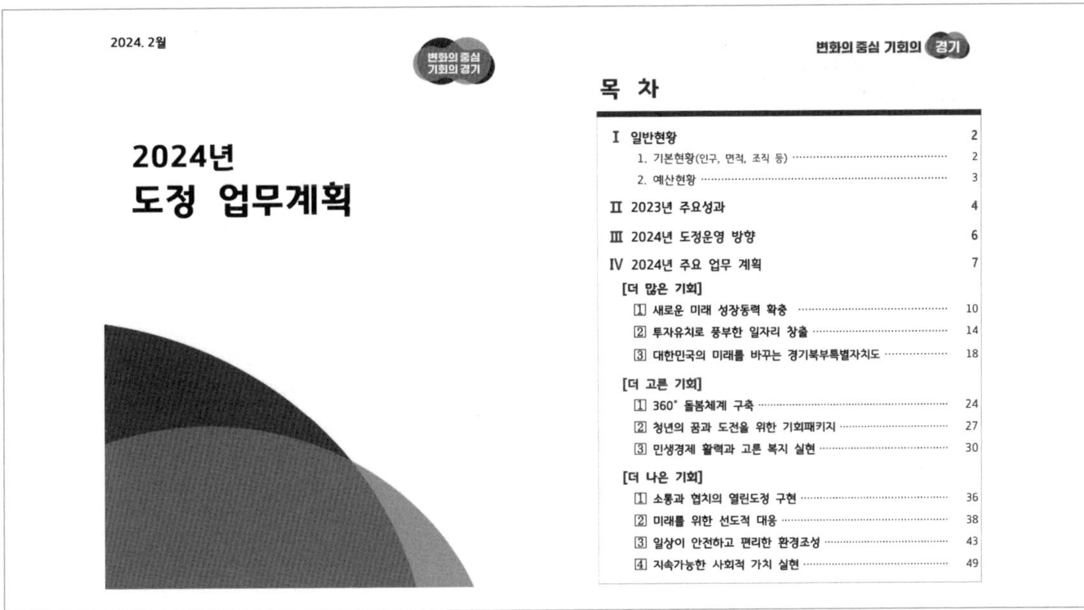
2024. 2월

변화의 중심 기회의 경기

2024년
도정 업무계획

변화의 중심 기회의 경기

목 차

2. 실국별 주요 업무계획

경기도 축산동물복지국, 2024년 주요 업무보고

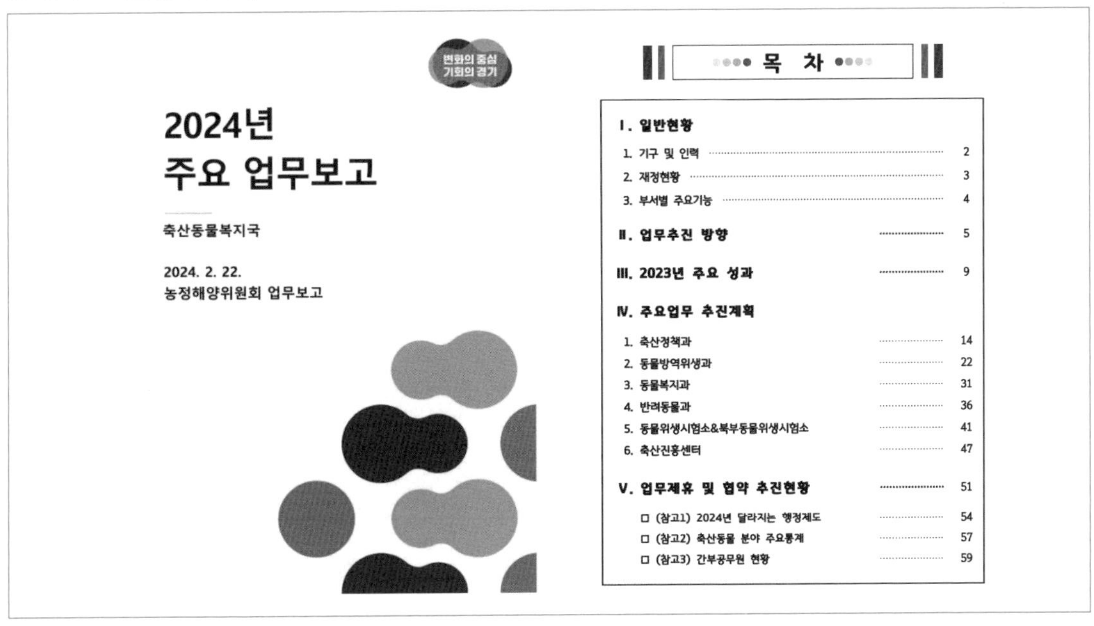
변화의 중심 기회의 경기

2024년
주요 업무보고

축산동물복지국

2024. 2. 22.
농정해양위원회 업무보고

목 차

3. 2024년 달라지는 제도

2023년 경기도 더 좋아지는 행정제도

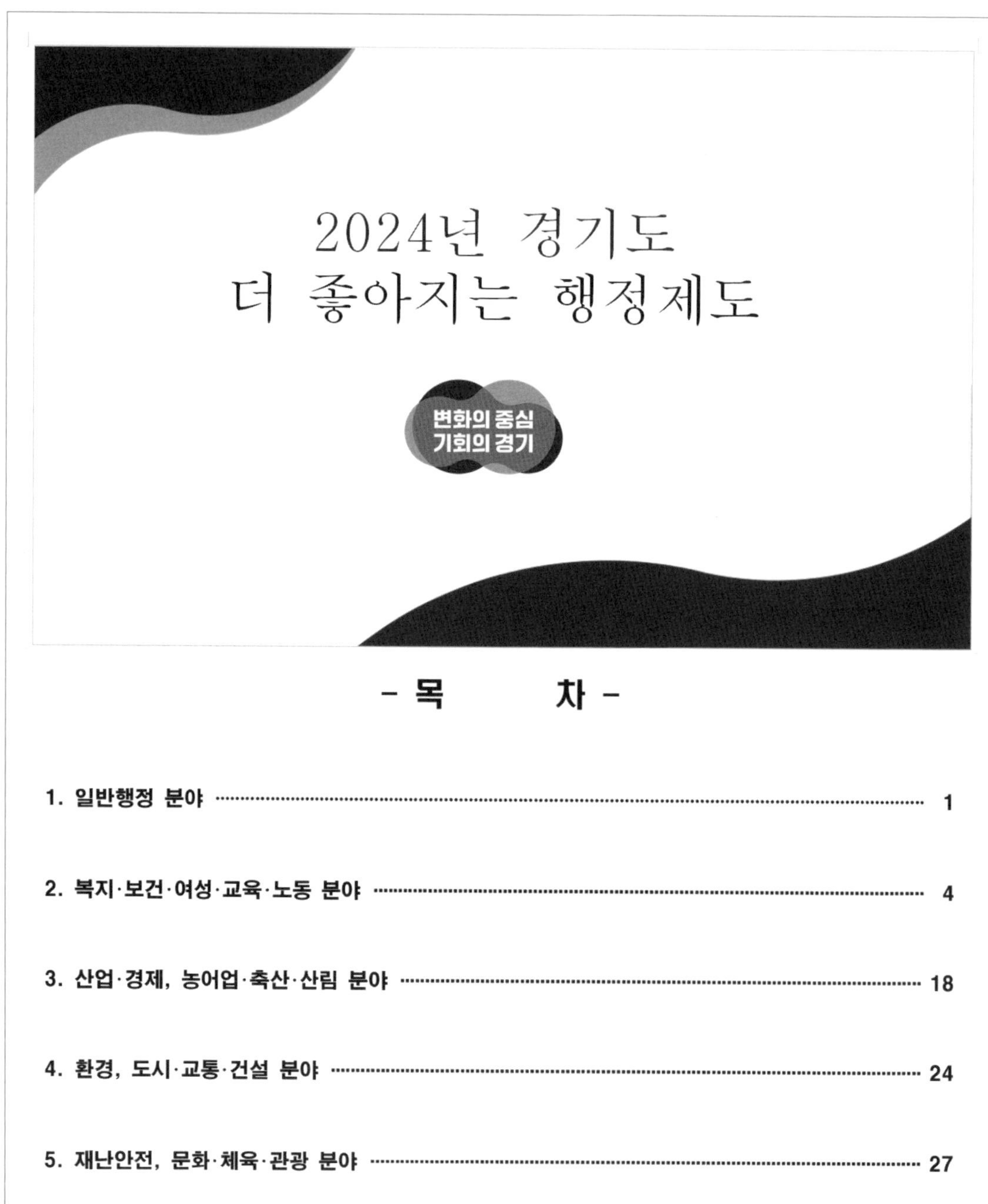

2024년 경기도
더 좋아지는 행정제도

변화의 중심
기회의 경기

- 목 차 -

02 배경지식+

1. 분야별 정보

시(군) 홈페이지에는 '분야별 정보' 카테고리가 있다. 직무분야에는 무엇이 있고, 4차 기술이 적용된 업무가 있는지, 직무 관련 생활밀접형 정책이 있는지 등을 구체적으로 확인하도록 하자.

■ 서울시 홈페이지 > 분야별 정보

■ 경기도 홈페이지 > 분야별 정보 / 정보공개 > 더 좋아지는 행정제도(분야별)

변화의 중심 기회의 경기

뉴스 | 민원 | 정보공개 | 소통 · 참여 | 공유시설 예약 | 분야별 정보 | 경기도 소개

분야별 정보

경기도를 움직이는 정보를 분야별로 알아보실 수 있습니다.

경기도민 복지	아동, 청소년, 청년, 여성, 육아, 어르신, 장애인, 가족 · 다문화, 복지행정, 취약계층
식품 · 건강 · 의료	식품, 건강, 의료, 경기도 의료원, 음식점 위생등급제, 장애인 이용 가능 모범음식점, 안심식당 지원사업
농림 · 축산 · 해양	친환경 급식 사업, 축산물 안전관리, 구제역, 동물보호, 경기농정
교육 · 취업	평생학습, 청년일자리 지원, 여성취업 · 교육, 어르신 취업, 교육협력, 도서관 이용, 일자리 정보
교통 · 건설 · 환경	교통정보, G-Bus, 경기 버스 라운지, 도로, 철도, 경기도 건설본부, 경기도 수자원본부, 경기융합타운, 환경, 환경영향평가, 청정계곡 지킴이
도시 · 주택 · 토지	도시계획, 개발제한구역(GB), 주택, 부동산, 토지정보, 경기건축포털, 디자인 경기, 도시재생
산업 · 경제 · 투자	경제정책, 기술개발 지원, 기업지원, 국제협력, 규제합리화, 에너지 정책, 경기데이터드림, 경기 데이터분석포털, 경기지역경제포털, 투자유치, 경기도 가맹정보제공시스템
문화 · 관광 · 체육	근대문화유산 목록화, 문화예술, 경기문화재단, 관광, 경기관광포털, 체육
소방 · 재난 · 안전	소방민원, 소방안전 교육, 소방안전 방송, 소방서비스, 특별사법경찰단, 민방위 경보, 안전특별점검단, 영조물배상공제, 일본 원전 오염수 방류 경기도 대응, 경기도남부자치경찰위원회, 경기도북부자치경찰위원회, 산업재해 예방 강화
조세 · 법무	조세, 법무, 자치법규, 무료법률상담실, 비영리 법인 · 단체

2. 포털사이트

시 / 군 / 구 홈페이지 내에 별도의 포털사이트가 준비되어 있는 경우가 있다. 직무관련성이 높은 포털사이트에서 그 지역에서 시행하는 제도와 프로그램, 홍보수단 등을 확인하도록 하자.

서울시 청년포털(청년몽땅정보통)

서울청년정책

공지사항

청년정책 개요
- 청년행복 프로젝트
- 미래청년기획단 조직도

청년정책 검색
- 맞춤형 검색
- 중앙정부 및 타 지역 정책
- 정책캘린더
- 청년지원정보

서울청년 고민타파 RG
- 알쥐카드

청년연구자료
- 주제별 검색

청년관련 법령 및 조례
- 청년기본법
- 서울시 청년 관련 조례

자치단체 청년포털
- 자치단체 청년포털

개인정보 처리방침

일자리

취업
- 미래 청년 일자리
- 서울형뉴딜일자리
- 서울형 청년인턴 직무캠프
- 공공기관 채용
- 청년 일자리 매칭 강화 전담 창구

취업지원
- 청년일자리센터
- 서울시 일자리 카페
- 취업날개 서비스(정장대여)
- AI면접체험·역량검사
- 국민취업지원제도
- 여성취업지원서비스
- 장애인취업지원

창업지원
- 서울캠퍼스타운
- 서울시 창업 관련 기관
- 창업지원 도우미
- 지역연계형 청년창업지원
- 청년후계농 선발 및 영농정착 지원
- 서울 청년쿡 비즈니스센터

근로환경
- 서울형 강소기업 선정지원
- 임금체불 피해 신고(아르바이트)
- 노동(근로계약) 상담
- 문화예술인 및 프리랜서 계약 상담

일자리 관련 홈페이지
- 서울일자리포털
- 청년워크넷
- 서울시 기업지원센터
- k-startup 창업지원포털
- 기업마당(중소벤처기업부)

주 거

주택공급
- 역세권 청년주택
- 청년전세임대주택
- 행복주택
- 신혼희망타운
- 매입임대주택
- 공동체·사회주택
- 공공임대(LH공사)
- 공공임대(SH공사)

주거비 지원
- 청년 부동산 중개보수 및 이사비 지원
- 청년 전세보증금반환보증 보증료 지원
- 청년월세 지원
- 청년 임차보증금 이자지원
- 청년안심주택 임대보증금 지원
- 신혼부부 임차보증금 이자지원
- 이사시기 불일치 보증금 대출

대학생 주거 지원
- 희망하우징
- 한지붕세대공감
- 행복기숙사

주거 관련 홈페이지
- 서울주거포털
- SH서울주택도시공사
- LH청약센터
- 서울시 집수리 닷컴

전세가격 상담센터

주거 법률서비스

금융·복지

복지 지원
- 청년수당
- 보호종료아동 자립수당
- 출산육아 지원
- 고립·은둔청년 지원
- 청년부상제대군인
- 청각장애인 문자통역
- 서울형 긴급 복지 지원

청년대중교통비지원
- 청년대중교통비지원

금융자산 형성
- 희망두배 청년통장
- 청년저축계좌
- 청년희망키움통장

금융지원
- 서울 영테크
- 서울금융복지상담센터
- 학자금대출 이자 지원
- 학자금대출 신용 회복

건강지원
- 서울시 청년 마음건강

여성안심서비스
- 여성안심택배
- 여성 폭력피해 긴급지원
- 안심이앱
- 여성인권보호 지원

교통맞춤서비스
- 출퇴근맞춤버스
- 공공자전거 대여(따릉이)
- 올빼미 버스 이용

복지 관련 홈페이지
- 서울복지포털
- 복지로(보건복지부)
- 서민금융진흥원

서울동물복지지원센터

교육·문화

서울시 대학생 장학금
- 서울희망대학장학금
- 서울희망공익인재장학금
- 서울우수인재장학금
- 희망플러스 장학금
- 독립유공자후손 장학금

인생설계
- 청년인생설계학교

교육훈련
- 청년취업사관학교
- 서울시 기술교육원 무료교육

청년예술지원
- 서울청년문화패스
- 청년예술청

문화 관련 홈페이지
- 서울문화포털
- 서울문화재단

교육 관련 홈페이지
- 서울시평생학습포털
- K_MOOC(교육부 공개강좌)
- 국가평생학습포털 늘배움
- KOCW(교육부 대학 공개강의)

참여·공간

이벤트
- 수기공모 이벤트 소개
- 관심정보설정 이벤트

청년참여
- 청년정책네트워크
- 서울미래인재

청년정책제안통
- 청년정책제안통

청년공간·대관
- 서울시청년활동지원센터
- 청년허브 및 대관예약
- 서울청년센터 오랑
- 청년공간 찾아보기
- 서울시공공서비스예약

■ 경기청년포털

3. 정보공개포털 및 간행물

정보공개포털에서 제공하는 지역 간행물은 지역 내에서 이루어지는 다양한 행정정책 시행계획을 자세히 살펴볼 수 있다.

예 (서울시) 정보공개포털: 시정정보, 업무추진비, 정책연구자료, 주요 사업백서, 서울재정, 서울공공데이터, 시민관심정보 등

예 (인천시) 홈페이지 > 정보공개포털 > 행정정보공개 > 간행물

→ 인천시종합매거진, 민선8기 일자리대책, 자살종합계획, 도서관의 어제와 오늘, 작은도서관운영매뉴얼, 2024 지능정보화 시행계획 등 직렬에 도움이 되는 다양한 자료 확인 가능

서울시 간행물: 2024년 달라지는 서울생활, 서울시 민관협력 우수사례집, 2024년 달라지는 교통정책 등

서울시 eBOOK

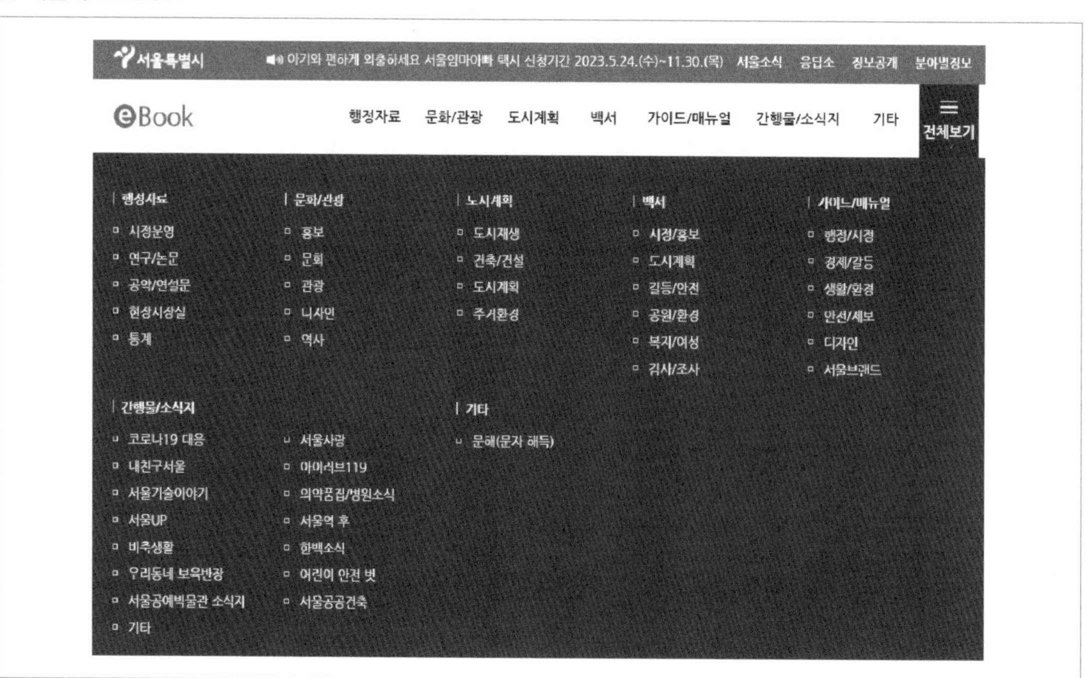

■ 2023년 인천광역시 지능정보화 시행계획

디지털기술이 적용된 정책사례 확인 가능(스마트관광 '인천e지', 디지털트윈 및 메타버스행정 현황, 디지털마을 플랫폼 등)

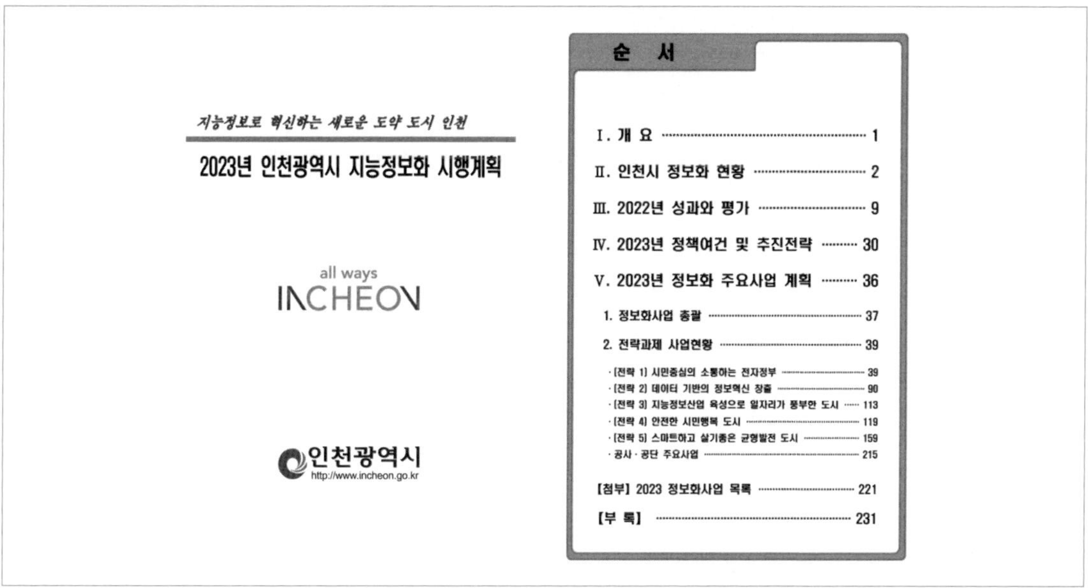

지능정보로 혁신하는 새로운 도약 도시 인천

2023년 인천광역시 지능정보화 시행계획

all ways INCHEON

인천광역시
http://www.incheon.go.kr

순 서

POINT 04 정리: 지역 · 직무 · 시책 MCM

■ 지역 · 직무 · 시책 바로가기

STEP 01	지역(시 · 군)	지역 행정구역 현황, 2024 주력사업, 생활시정, 민관협력	89p
STPE 02	직무 · 시책	부서 현황, 담당 업무 및 관련 정책	94p

STEP 01 지역(시 · 군)

구분		필수지식(준비내용)
지역(시 / 군)	이해	• 인구수, 예산, 재정자립도, 행정구역 수 • 민선8기 핵심과제 • 지역축제, 관광명소, 역사, 시조 · 시화 · 시목 • 자랑거리, 문제점 · 개선점, 지역이슈(사례)
	현안	• 문제점 · 개선점, 지역이슈(1개) • 주변지역 또는 상위지역 주요 현안(1개)
	시정	• [생활시정] 생활밀접(체감)형, 주민참여형, 지역문제해결형 • [민관협력] 협력체계 → 제도, 프로그램 및 사례

01 [지역: 이해] 행정구역(지원지역) 기본현황

• 전라남도 곡성군 사회복지

분류	내용(개념 / 주요내용 / 결과)
비전 / 목표 / 슬로건	ㅁ 목표: 군민이 더 행복한 곡성
신년사 지역발전방향	ㅁ 취임사: '새로운 곡성 100년' / 군수(이상철) • 군민이 행복한 곡성, 매력 있는 곡성: 인구소멸 대응계획 수립 – 원인: 인구감소지역 9개소 중에서도 소멸고위험지역에 해당 – 목표: 민관산학협력단을 구성하여 농천유학과 더불어 지방재취업 등 농촌이주현상으로써 젊은 인구의 유입이 지속 가능한 곡성 조성 – 계획: '청백 스마트빌리지', '청년유토피아', '은어의 귀한' 프로젝트 진행 등 • 활력이 넘치는 곡성 – 원인: 타 시·군과 달리 세 개의 생활권으로 나누어져 있는 실정으로, 균형 잡힌 시각으로 권역별 특성에 맞는 지역성장의 발판 마련 필요 – 목표: 곡성읍권 – 교육, 문화, 관광, 체육, 청년창업, 먹거리 등 중심의 거점 옥과권역 – 스마트팜 등 미래산업의 거점 석곡권역 – 생태 숲 치유, 힐링 등 생태 중심의 거점 – 계획: 지역특산물 온라인 쇼핑몰 입점 지원, 문화관광형 전통시장 육성, 곡성대표 먹거리 체계화 등
인구	ㅁ 인구수: 27,443명(2022.5. 기준) 남성 13,529명 여성 13,914명 ㅁ 노년층(65세 이상): 10,295명(37.51%) 기초연금수급자 수: 8,534(2019년 기준) ㅁ 등록 외국인 수: 451명 ㅁ 등록 장애인 수: 3,210(2021년 기준) ㅁ 국민기초생활수급자 수: 1,144세대(1,679명)(2019년 기준) ㅁ 보호대상아동 발생 및 조치 현황: 33명이 빈곤, 실직, 학대 등 / 5명이 미혼모 아동
행정구역	행정구역 수: 1읍 10면
예산	예산: 457,602백만원(그중 사회복지 91,057백만원, 19.9%)
재정자립도	재정자립도: 8.3%
상징물	군조(청둥오리 – 애향), 군목(느티나무 – 장수), 군화(철쭉 – 풍요·젊음·번영)
지역축제 명소 문화재 등	ㅁ 명소 • 봉두산(봉황 상징), 북쪽으로는 대황강, 동쪽으로는 섬진강, 구산선문 태안사 • 섬진강변 철쭉길, 대황강 출렁다리, 해발 553m 높이의 설산 • 반구정습지, 석곡대황강자연휴식공원(코스모스축제) ㅁ 축제: 곡성세계장미축제, 심청축제, 아이스크림페스티벌(전국 최초)

<table>
<tr><td>기타</td><td>
□ 직무 관련
• 사회복지시설
<table>
<tr><th rowspan="3">아동
복지
시설</th><th rowspan="3">지역
아동
센터</th><th rowspan="3">장애인
복지
시설</th><th rowspan="3">여성
복지
시설</th><th colspan="4">노인복지시설</th></tr>
<tr><th rowspan="2">재가
노인
복지
시설</th><th colspan="2">노인의료복지</th><th rowspan="2">노인
여가
복지
(경로당)</th></tr>
<tr><th>노인
요양
시설</th><th>노인
요양
공동
생활
가정</th></tr>
<tr><td>1</td><td>7</td><td>2</td><td>0</td><td>11</td><td>6</td><td>2</td><td>325</td></tr>
</table>
• 사회복지전담 공무원 수: 88명 / 의회: 7명
□ 수상
• 2021년도 정보공개 종합평가에서 3년 연속 최우수기관
• 2021년도 민원서비스 종합평가 우수기관 '나'등급
</td></tr>
</table>

02 [지역: 이해] 주요정책: 시장 강조사업, 2024 지역 주력사업 등

정책명	내용(개념 / 주요내용 / 결과)
대구 5+1신사업	• 배경: 섬유, 자동차 부품의 하청 중심이었던 대구 산업구조 개편 • 효과 – 고부가가치 일자리 창출 → 지역청년 유출감소, 인구유치 – 신산업 지속적 육성 → 대구경제 활성화 • 영향 – 독자적 산업유치를 통해 중앙정부에 대한 재정적 의존도 낮춤 – 외국자본, 기업투자가 지방으로 분산되어 대한민국의 균형 있는 발전에 기여
대구경북 행정통합	• 배경 – 수도권 집중, 지방소멸 위기상황 – 대구광역시와 경상북도를 합쳐서 더 큰 대구·경북, 더 큰 자치권과 자원 확보 → 지역혁신 • 효과 – 경제: 규모의 경제로 글로벌 경쟁력, 재정여건 개선 – 발전: 대구·경북 균형발전, 통합 신공항 중심 1시간 생활권 – 분권: 권역별 특성화 발전, 자치분권 강화, 새로운 공공서비스 창출 • 부정적인 점 ↔ 긍정적인 점 – 행정수요 증대로 1인당 행정비용 증가 ↔ 20조 이상 예산규모와 지방교부세 특례 – 조직 통폐합으로 주민혼란 발생 및 행정서비스 축소 ↔ 중복행정 최소화 및 예산절감
전남곡성 청년복지 협동조합	• 정책명: 청년 협동조합 '청춘작당'의 100일 살기 프로젝트 • 주요내용 – 곡성군 지원사업 – 월 5만원으로 1년간 거주할 수 있는 청년 주거공간 – 벽화나 마을 보수작업 등을 하며 지역민 연결

전남곡성 청년복지 협동조합	– 귀촌에 앞서 미리 농촌생활을 경험할 수 있도록 하는 프로젝트 – 100일간 4~5명씩 팀을 나누어 농촌매거진 제작 – 농장체험 프로그램 개발 등 프로젝트를 진행하여 결과물을 마을사람들과 공유 • 성과 – 2019년에 30명 참가하여 6명이 곡성에 정착 – I턴(대도시에서 태어난 사람이 농촌으로 이주), 농촌페미니즘, 귀농

03 [지역: 생활시정] 생활밀접(체감)형 · 주민참여형 · 지역문제해결형

• 서울시

정책명	내용(개념 / 주요내용 / 결과)
[행정] 서울시민 카드	ㅁ [생활밀접형] 서울시민카드: 서울도서관, 서울시립미술관, 녹색장난감도서관 등 시립시설과 우리동네도서관, 문화, 체육센터 등의 공공시설 이용 가능 ㅁ 내용 – 서울시민카드 통합 모바일카드(바코드카드)를 통해 여러 시설 회원인증 – 시설이용에 필요한 다양한 정보, 추천시설 정보, 내 위치 기준 이용 가능 공공시설 정보 확인 – 모바일카드 도용방지 위한 기능(움직이는 아이콘)
[행정] 서울시 챗봇	ㅁ [생활밀접형] 서울시 대표 챗봇 서비스 "서울톡": 인공지능 상담사가 서울시에 관한 다양한 행정문의에 답변하고, 시설 · 교육 · 행사 등 공공서비스 예약과 민원접수 보조 ㅁ 서비스 제공범위 • 120상담: 8대 분야 행정정보 500종(현장민원접수 54종 포함) – 교통: 불법주정차 등 교통위반, 자동차 등록, 대중교통, 따릉이 등 – 행정: 각종 증명서류 및 여권 발급, 세금납부, 각 부서 및 산하기관 안내 등 – 복지: 코로나19, 영유아 / 아동 / 청년 / 중장년 / 어르신 등 생애주기별 지원정보 등 – 환경: 소음, 공사장 불편신고, 방역요청, 미세먼지농도 확인 및 정보, 노점상 및 적치물 · 광고물 정비, 흡연, 쓰레기 단속 등 – 문화: 문화행사 / 축제, 고궁 · 한옥, 문화시설, 주변 도서관 안내 등 – 경제: 서울사랑상품권, 친환경농장 신청, 사업자 등록, 일자리 정보 등 – 안전: 건축 · 시설물 안전, 생활안전, 재난대응요령 등 – 주택: 도로 · 보도, 건축물, 부동산, 재개발 · 재건축 등 • 공공서비스 예약: 서울시에서 운영하는 체육시설, 공간시설 등 공공서비스 예약신청 • 도서관 안내: 서울도서관 이용안내, 내 주변 도서관 / 책방 찾기 등 • 온라인 학습: 평생학습포털의 온라인 강좌 약 900종에 대한 무료강의 제공 • 기타: 문화행사, 날씨 등 다양한 나들이 정보와 개별적으로 운영하는 서울시 타 챗봇(상수도 아리수, 따릉이 챗봇 등) 연계
[행정] 서울시 마을법무사	ㅁ [생활밀접형] 서울시 마을법무사 • 우리동네 생활법률 전문(출생에서 상속까지) • 시민들이 생활법률 문제를 쉽고 편리하게 상의하고, 무료로 법률적 조언을 받을 수 있도록 마을마다 배정된 법무사(21년 기준 153개 동주민센터 배치) ㅁ 운영방법 • 공익활동에 관심 있는 법무사와 마을을 1: 1로 연결 • 현황: 서울시 전역 정기 무료법률 상담일 지정운영(서울시 동주민센터 153개에 마을법무사 배정)

[복지] 동행센터	ㅁ [지역문제해결형] 동행센터(찾동→동행센터, 23년 변경) • 내용: 기존 복지서비스 방식을 보편방문에서 선별방문으로 전환 • 배경: 2015년부터 65세 어르신 대상으로 보편방문을 진행하였으나, 코로나19, 사적 공간 등의 이유로 방문거부 사례 증가(보편적 복지 한계), 동시에 복지사각지대의 취약가구 문제 지속적으로 증가→위기가구 선별발굴과 신속지원에 집중하고자 방식 변경 ㅁ 내용 • 위기정보 빅데이터(복지사각지대 발굴시스템 위기정보)로 확보된 정보와 구·동별 여건을 고려한 자체 지표 바탕→위기가구 집중조사·관리→긴급지원·돌봄서비스 필요 가구에 우선지원 후 사후검증 진행 • 돌봄SOS 서비스 지원대상은 기존 중위소득 85%에서 100% 이하로 확대 • 동주민센터 상담역량 강화를 위해 복지담당 전 직원 상담전문관으로 지정
[안전] 반려견 순찰대	ㅁ [주민참여형] 반려견 순찰대: 해치펫트롤(Haechi Petrol: Haechi + Pet + Patrol): 반려견과 함께 산책을 하며 우리 동네를 안전하게 만드는 주민참여형 방범순찰대 ㅁ 내용: 공원 내 우범지역, 무인점포, 둘레길 등 순찰(22년 기준: 범죄예방 112신고 206건과 안전·방범시설물 점검 등 생활안전 위험방지 신고 1,500건 기록)

• 경기도

정책명	내용(개념 / 주요내용 / 결과)
[경제] 경기 지역화폐	ㅁ 주요기능: 지역별 전통시장 및 소상공인의 실질적 매출 증대, 지역경제 선순환 도모를 위해 경기도 31개 시·군에서 발행하고 지역 내에서 사용하는 대안화폐 ㅁ 혜택 • 소비자: "소비자"는 최대 6~10%의 추가 인센티브(또는 할인) 혜택을 받고, 현금영수증 발행과 30% 소득공제 • 가맹점: "가맹점"은 지역 내 소비자 방문 증가로 실질적 매출증대 효과를 볼 수 있고, 신용카드 대비 수수료 0.3%P 절감(가맹수수료 없음)
[교통] 스마트 쉘터	ㅁ 배경: 노후화된 기존 정류소는 미세먼지, 매연 등에 노출되어 있어 시민불편 초래 ㅁ 문제개선: 노후승차대 환경개선, 시민편의를 높이기 위한 최첨단 교통서비스 스마트쉘터 도입 ㅁ 주요내용: IOT 기기가 AI로 제어되어 버스 승하차, 정차 플랫폼 안내 및 정차위치 지정, 스크린도어 개폐, 냉난방기 기기 제어 등 통합관제를 통해 실시간 관리함으로써 계절, 날씨 등의 영향 없이 쾌적한 버스서비스 이용 가능 ㅁ 장점: 편리하고 안전한 교통환경 제공 • 안전시설: CCTV, 지능형 영상시스템, 비상벨 등 • 공기질 정화시설: 대기질 측정, 공기정화 살균기, 외부공기 차단기능의 에어나이프, 대기질 전광판 등 • 버스교통시설 및 편의시설: 버스도착 BIT, 냉난방시설, 스크린도어 등 • 태양광패널의 친환경 에너지 생산을 통한 전력사용 절감 • 교통약자를 위한 시스템 설비: 시각장애인을 위한 음성안내서비스, 장애인 승차대기버튼 안내
[행정] 곡성군 행정서비스	ㅁ 민원서비스 • 이주민, 외국인을 위한 통역서비스, 작성도우미서비스 • 민원서식 QR코드(작성예시를 편리하게 확인) • 행복우산 대여서비스(우산을 무료로 대여) • 무인민원발급기(365일 24시간 운영) • 적극행정 국민신청제: 불명확한 법령으로 해결하지 못한 경우나 거부된 경우, 기초지자체 적극행정위원회에 의견제시를 요청할 수 있도록 하는 제도

[행정] 곡성군 행정서비스	• 아기주민등록증 발급서비스: 출생 후 1년 이내의 아기를 대상으로 하며, 법적 효력은 없으나 아기에 대한 기본정보가 포함되어 있어 병원, 시설 등 방문 시 편리하게 사용 가능 "우리의 삶을 변화시키는 것은 특별하고 엄청난 것이 아니라 작은 배려와 세심한 손길. 군민들께서 체감하실 수 있는 행복 민원서비스 확대" • 곡성군 내부 캠페인: 친절 4S 운동(일어서서 민원인 맞이하기, 환한 미소로 응대하기, 긍정적으로 민원인 대하기, 배웅인사로 마무리하기) □ 4차 첨단기술 적용 행정서비스: IOT@곡성 스마트카드, 스마트 안내판

04 [지역: 민관협력] 지역·기관 협력

정책명	내용(개념 / 주요내용 / 결과)
[기후·환경] 도시숲조성 프로젝트	□ 협력기관: 푸른도시여가국 공원조성과 + 아이들과미래재단 + 메르세데스벤츠 □ 사업목적: 도시의 대기질 개선 및 열섬효과 저감을 위해 서울시 내 훼손 또는 방치된 녹지공간에 다양한 수목을 심는 '도시숲' 조성사업 □ 성과: 22년 10월 구로구 천왕근린공원 내 도시숲 조성완료
[교육·행정] 행복한 학교밖 선생님	□ 협력기관: 서울시50플러스재단 + 행복나래 얼라이언스팀 지역아동센터 □ 사업목적: 50+ 세대의 지혜와 경험을 토대로 비대면 정서지원 프로그램 기획, 운영 및 비대면 학습 멘토링 프로그램 운영 □ 성과: 결식우려아동 60명 대상 총 40회 차 비대면 정서지원 프로그램 운영, 저소득층 학생 14명 대상 1: 1 학습 멘토링 운영 중
[경제·주택] 서울시 청년 밀키트 창업지원사업	□ 협력기관: 서울시농수산식품공사 대외협력팀 + 롯데쇼핑주식회사 롯데마트 □ 사업목적: 서울시농수산식품공사는 재료수급이 용이한 강점을 보유한 가락시장을 운영하는 기관 특성을 바탕으로, 가락시장 기반 서울청년 밀키트 창업지원 사업 구상 □ 내용 • 서울 청년이 밀키트 창업을 준비하고 판로까지 확보할 수 있도록 F&B 분야 전문 교육·컨설팅 기업 및 롯데마트와 협업하여 추진 • 밀키트 비즈니스 이해, 상품화 마케팅, 유통, 개발 등의 교육진행 및 '서울 청년 밀키트 시제품 경진대회 개최' □ 성과: 시제품 경진대회에서 우수한 성적을 거둔 2개 팀의 밀키트 상품이 롯데마트 출시를 목표로 의견조율 중

STEP 02 직무

구분		필수지식(준비내용)
직무(업무)	부서	• 희망부서 및 부서업무
	시정 현안	• [시정] 개선 필요 정책(1~2개) • [시정] 관심 있는 정책 및 담당·추진 희망 정책(1~2개) • [현안] 관련 이슈, 문제 및 개선점(1~2개)
	현황 (기관 / 예산)	• 지역복지센터, 보건수 개수 등 지역기관 개수 확인(해당되는 직렬만) • 직무 / 희망부서 편성 예산

01 [직무: 현황] 직무 예산, 기관 개수 등

• 사회복지

정책지표

분야	지표명	2021	2022	2023	2024
저소득 위기가구	돌봄SOS서비스 제공(건)	43,086	33,500	33,500	34,000
	지역밀착형 복지관 운영(개소)	25	55	72	95
	서울형 긴급복지 지원(가구)	22,170	20,841	21,000	21,500
	노숙인 인문학 프로그램(명)	87	200	300	400
어르신	공공요양시설(실버케어센터) 건립(개소)	36	38	39	39
	어르신 일자리 제공(개)	73,895	76,135	77,867	78,000
	서울형 좋은돌봄 인증 데이케어센터 수(개소)	192	216	226	290
	저소득 어르신 급식지원 인원(명)	29,031	31,000	33,000	33,500
장애인	장애인 일자리 제공(개)	6,936	7,155	7,611	7,800
	장애인 지원주택 공급(호)	158	228	298	390
	장애인 활동지원 서비스(명)	22,832	24,098	24,500	25,000

복지대상자

구분		2019	2020	2021	2022
기초수급자	국민기초	318,127	370,226	403,311	413,055
	서울기초	4,712	5,452	6,737	6,170
어르신 (서울인구 수 대비 비율)		1,478,664 (15.20%)	1,561,139 (16.1%)	1,597,447 (16.8%)	1,658,207 (17.6%)
장애인		394,843	394,190	392,123	391,859
노숙인 (거리 및 시설노숙인 현황)		3,374	3,870	3,365	3,151
쪽방거주자		3,085	2,874	2,483	2,400

시설

구분		소계	종합사회 복지관	노인	장애인	노숙인	자활지원	푸드마켓
계	시설수	7,312	99	6,476	621	47	31	38
	종사자수	91,021	1,967	80,798	7,089	647	410	110
이용 시설	시설수	5,046	99	4,499	365	14	31	38
	종사자수	18,402	1,967	11,027	4,718	170	410	110
생활 시설	시설수	2,266	0	1,977	256	33	0	0
	종사자수	72,619	0	69,771	2,371	477	0	0

• 일반행정직 – 청년복지(주요기관, 포털사이트 정보 정리)

사이트	분류	내용(개념 / 주요내용 / 결과)
경기 청년포털	시민밀접정책 (프로그램)	• 청년공간프로그램, 경기청년 주관, 경기청년 마음상담소 • 분야별 – 일자리·창업: Level–up 창업컨설팅, 맞춤형 채용지원서비스 등 – 교육·자기개발: AI모의면접서비스, 대학생 세계탐방프로젝트 참여자 등 – 주거·복지: 1인 청년가구 이사지원, 1인가구 병원 안심동행사업 등 – 생활·문화: 청년정책공모전, 우리마을실험실 등 – 금융·법률: 경기청년 기회 사다리 금융 등
	홍보방법	• 경기청년 홍보서포터즈 • 경기청년 주간 • 경기청년 소식지 • SNS(인스타그램, 페이스북, 유튜브) 운영
	시민의견 청취	• 청년참여기구 예 청년은 새벽부터 똑딱똑딱, 정신건강 치유프로그램 등 정책개선 및 발전방안 제시 • 청년 거버넌스포럼 예 2021년 거버넌스(동부: 리틀포레스트포럼, 북부: 감성과 청년 사이, 남부: 커네팅더닷, 서부: 청보라) • 청년정책 패널토론
	운영시설	청년공간·센터 운영(약 81개)
	기타	2022년 청년의 날
	의견	• 공동체생활을 통해 청년들의 차이와 다름을 이해하는 활동으로, 개인역량 향상기회 부여 • 사회에 진입하는 청년들이 모여 다양한 사회모순을 발견하고, 더 나은 사회의 비전 발견

02 [직무: 부서 / 시정 / 현안] 관심·추진정책, 담당 업무 분야별 정리

1. [직무] 홍보업무

정책명	분류	내용(개념 / 주요내용 / 결과)
소셜매체 활용한 시민과의 소통활성화	신설·변화·관심	관심
	정책 주요내용	ㅁ 목적 • 유튜브, SNS, 블로그 등 소셜매체를 활용한 시민소통 확대 • 시민의 목소리를 경청하고 각종 시정정보를 신속하게 제공 ㅁ 주요내용 • 소셜매체별 특성에 맞는 콘텐츠 제공으로 시정공감대 확산 • 21년 추진실적 – 유튜브: 청년 1인가구 주제 웹드라마(1인분 하우스) 제작 연재(총 8편, 101만 조회)

소셜매체 활용한 시민과의 소통활성화	정책 주요내용	– 유튜브: 라이브서울, 보이는 팟캐스트, 정책영상 등 주요 시정 실시간 안내(589편 580만회) – 해치TV: 이슈 패러디, 숏콘텐츠, 시민참여 등 호감 및 인지도 제고(60편, 66만 조회) – SNS: 코로나, 한파 등 재난정보 제공 및 소셜트렌드 반영 시정안내(3,925건) – 블로그: 주요 시정, 문화, 생활정보 → 카드뉴스 및 인포그래픽 제공(991건, 533만 조회) □ 22년 추진계획 • 홍보 극대화: 채널별 특성, 최신 트렌드를 반영한 콘텐츠 제작 • '알려줌 서울' 주제 다변화, 유튜브 '쇼츠', 인스타 '릴스'로 방문 유도 • MZ세대 등 SNS 주 이용층 대상 시민참여 기획 확대 • 국경일 캠페인 이벤트 추진 예 제로서울챌린지
	관련 법규	–
	이슈(사건 · 경험)	• 경험: 서울시 인스타그램 → '제로서울챌린지'에 동참 • 이슈: 충주시 유튜브 '충TV'의 경우, 유튜브 주 이용층을 대상으로 재미와 트렌드를 반영한 영상제작 → 다양한 시정홍보에 기여
	의견	• 웹드라마 제작, 서울시 인스타그램 계정 등 서울시는 MZ세대 맞춤 시정홍보를 진행하고 있으며, 유튜브와 해치TV는 인스타그램이나 블로그에 비해 효과가 저조한 편 • EBS의 펭수처럼 서울시의 '해치'도 개성을 가진 캐릭터로 만들어 가고자 함(시정효과 기여 등)

2. [직무] 민원업무

정책명	분류	내용(개념 / 주요내용 / 결과)
지적 보존문서 민원발급 서비스 (토지 관리과)	신설 · 변화 · 관심	21년 전국 최초(민원문제 해결)
	정책 주요내용	□ 내용 • 지적보존문서: 토지 세부정보를 확인하는 문서[(구) 토지, 임야대장, 경계확인, 측량 등을 위한 폐쇄지적도 임야도] • [개선] 지적보존문서 온라인 민원 서비스: 기존 구청에서 팩스민원으로 신청해야 했던 지적보존문서를 온라인으로 발급 가능하게 변경(통상 3시간 소요 → 3분으로 단축, 신속성 향상) • [확대] 저해상도 흑백 → 고해상도 컬러 데이터 변경 발급: 지번, 경계선을 구분하기 힘들었던 과거와는 달리 선명해진 컬러문서로 식별성 향상 • [계획] 지적보존문서 온라인 발급 서비스는 내년(23년) 상반기까지 서울 전역 도주민센터로 확대시행 계획 • [효과] 시 유관부서(자산관리, 도시계획, 시설관리 등)와 적극 공유하여 빅데이터로 활용 가능
	관련 법규	–
	이슈(사건 · 경험)	–
	의견	민원 편의서비스 향상 및 효율적 행정업무 처리의 중요성 체감

3. [직무] 민원업무 우수사례

정책명	분류	내용(개념 / 주요내용 / 결과)
민원서비스 우수사례	신설·변화·관심	관심
	정책 주요내용	• [38세금징수과] 고액체납자에는 철퇴, 생계형 서민체납자에는 복지를: 악성 고액체납자를 끝까지 추적하여 징수하는 한편, 폐업·실직 등으로 경제회생이 어려운 체납자나 납부능력이 없는 고령의 체납자들이 복지사각지대에 방치되지 않도록 이들을 '생계형 서 체납자'로 분류, 기초생활수급 등 복지제도 신청·연계를 지원 • [관악구] 거리노숙인 자립·자활을 위한 고난도 사례관리 지원체계 구축: 거리노숙인이 사회구성원으로서 지역사회에 복귀하고 자립할 수 있도록 지역사회의 다양한 주체들이 네트워크를 형성하여 복지서비스 연계, 의료비 지원, 금융·법률 상담 등 맞춤형 통합서비스를 제공하는 사업 • [성동구] 데이터 기반 생활쓰레기 감소 시스템 구축: 과태료 부과지역, 상습민원 발생지역 등 데이터를 기반으로 '생활쓰레기 데이터 지도'를 구축, 주민과 함께 집중순찰, 재활용정거장 운영 등을 실천하여 전년 대비 쓰레기 무단투기 89% 감소, 재활용 분리배출 23% 향상 등의 성과 • [서대문구] 고독사 예방 및 방지를 위한 똑똑문안서비스: 독거어르신, 장애인, 1인 중·장년가구 등 사회적 고립 가능성이 큰 계층을 대상으로 일정 기간 휴대전화 통화기록이 없으면 자동으로 2~3차에 걸쳐 안부전화 • [신설] 온라인 복지도움 요청(위기가구 지원): 동주민센터를 방문하지 않고도 도움이 필요한 시민이나 위기가구를 발견한 이웃기관이 손쉽게 신청·신고 가능한 온라인 채널 개설(언제 어디서나 신청 가능, 시민편의성 향상, 기존 대면신청 전산화로 신속한 복지지원 가능), 별도의 신청서류 필요로 하지 않음(기존 동주민센터 방문, 전화 없이 서울복지포털 복지도움 요청)
	관련 법규	헌법 제7조 제1항
	이슈(사건·경험)	–
	의견	적극행정과도 연결(공익성, 책임성, 적극성)

4. [직무] 복지: 장애인

정책명	분류	내용(개념 / 주요내용 / 결과)
경계선 지능인 평생교육 지원센터	신설·변화·관심	신설, 전국 최초
	정책 주요내용	• 개념: 지적장애에 해당하지는 않지만 평균지능에 도달하지 못하는 인지능력(IQ 71~84)을 가진 사람으로, '느린학습자'로 일컬어지기도 하며, 낮은 지능으로 인해 학습 및 일상생활에 어려움을 겪는 사람 • 시행배경 – 인지 및 사회적 능력이 비장애인에 비해 낮아 학교생활에서 교육과 대인관계에 어려움을 겪고 학업을 중단하는 사례가 많음 – 교육실패 및 부적절한 사회적응기술로 인해 노동시장 접근이 어려워 자립에 지장 • 효과 – 삶의 만족도 향상 기여 – 경계선지능인의 자립, 사회적응, 사회참여기회 확대

<table>
<tr><td rowspan="4">경계선
지능인
평생교육
지원센터</td><td>정책 주요내용</td><td>• 운영내용
– 자립지원: 교육, 상담, 직업훈련 등을 통해 자립지원, 특히 경계선지능인 당사자와 가족을 위한 심리적·정서적 지원도 병행
– 인식개선: 홍보 및 인식개선
• 대상: 경계선지능인 및 가족</td></tr>
<tr><td>관련 법규</td><td>–</td></tr>
<tr><td>이슈(사건·경험)</td><td>[사건] 인천 모텔 영유아사건, 염전노예 사건, 소액사기 사건 등</td></tr>
<tr><td>의견</td><td>복지사각지대에 놓인 경계선지능인을 위한 첫 정책이지만, 경계선지능인에 관련된 연구자료가 현실적으로 부족한 상황으로, 해당 내용에 대한 자료수집 및 전문가의견을 통해 질 높은 서비스제도 구현을 위해 힘써야 함</td></tr>
<tr><td rowspan="5">청년복지를
위한
취업지원</td><td>신설·변화·관심</td><td>변화(확대)</td></tr>
<tr><td>정책 주요내용</td><td>ㅁ 청년취업사관학교(SeSAC)
• 목적
– 2030 청년구직자 대상으로, 디지털 신기술 분야 실무교육과 취·창업의 연계를 위함
– 실전 청년인재 양성을 통해 청년일자리 미스매칭을 적극적으로 해소하기 위함
• 주요내용
– AI, 빅데이테 / 클라우드, IOT / 로봇, AR / VR, 핀테크 등 4차 산업혁명 가속화에 따른 SW개발자 양성
– 문과생 대상으로 서비스 기획, UI / UX디자인, 디지털마케팅, 웹퍼블리싱 등 DT(디지털 전환)교육 제공 및 취·창업 연계
– 프로그램: SW개발자 양성과정 및 문과생 특화(DT)과정 등 교육프로그램과 잡(JOB)코디 및 창업멘토단 등 취·창업 프로그램 지원
ㅁ AI 면접체험 역량검사 프로그램 – 취준생 AI면접 스마트 가이드
• 주요내용
– 스펙으로 측정 불가한 응시자의 장점과 역량을 파악하여 가장 적합한 직무·직군을 찾을 수 있도록 300개 기업이 사용하는 M사 AI역량검사
– AI면접 결과분석 컨설팅: 희망직무 맞춤형 솔루션 제공
– AI면접 전격분석 특강</td></tr>
<tr><td>관련 법규</td><td>–</td></tr>
<tr><td>이슈(사건·경험)</td><td>• [사례] 청년일자리 매칭강화 전담창구 운영
• [경험] 청년일자리센터 방문 및 이용 경험</td></tr>
<tr><td>의견</td><td>청년일자리 해소 및 미래 전문인력 육성에 힘쓰기 위한 노력 필요</td></tr>
</table>

CHAPTER 03

[2024 평정표: 경험] 3단계 합격전략

POINT 01 수집: 평정표 경험

01 평정표 이해 및 필수경험 준비

2024년 새롭게 변경된 평정표 내용 중 지원자의 '경험'을 평가할 수 있는 항목이 무엇인지 살펴보자. 2024 평정표 관련 경험은 2023 평정표의 하위 평가역량 및 행동지표의 체계도와 빈출 후속질문을 기반으로 분석한 내용이다.

구분	항목	세부	경험
조직	가. 소통·공감	관계	[대인관계] 갈등, 설득, 소통 경험 등 [조직문화] 협동, 구성원 독려, 적응 경험 등
		개인	[개인관리] 스트레스 관리, 힘든 상황을 극복한 경험 등
직무	나. 헌신·열정	헌신	[목표의식] 집단목표 이해 및 달성 경험, 자기개발 경험, 성과를 낸 경험 등 [직무역량: 과거] 직무강점, 노력한 점, 부족한 점, 직무 관련 (유사)경험
		열정	[직무역량: 미래] 전문성 향상을 위한 노력방안, 직무수행 계획
직무·조직	다. 창의·혁신	관점	[사고력] 문제·관례 개선(우선순위, 분석대안별 장단점, 정보파악능력, 파급효과 등) 경험, 창의력을 발휘한 경험 등
공직	라. 윤리·책임	공직	[윤리의식] 희생, 봉사, 공익, 책임, 청렴, 다양성 경험

02 경험의 중요성

- 경험은 지원자의 역량을 판단하는 근거가 된다. 과거 특정 상황에서 했던 행동을 바탕으로 입직 후 유사한 상황이 발생했을 때 수험생의 대응방안을 예측할 수 있기 때문이다. 특히 그 경험이 최근일수록 행동패턴이 반복될 가능성이 크다고 판단한다.
- 경험은 '살면서 힘들었던 적이 언제인지?', '목표수행을 위해 노력했던 경험'처럼 직접질문을 통해 지원자의 역량을 확인하기도 하지만, '공직자로서 중요하게 생각하는 자세', '상사의 위법한 행동을 목격했을 때 어떻게 대처할 것인지?'처럼 답변 속 사례의 경험을 바탕으로 그 역량을 확인하기도 한다.

03 직무경험 준비를 위한 시점 이해

구 분	과거	현재	미래
	직무이해		직무성숙
[과거] 직무경험	직무강점, 노력한 점, 직무(유사) 경험 →		
[미래] 직무역량			직무전문성 향상을 위한 계획 →
직무수행능력	'직무적격성 평가 완벽대응'		

PART 02

04 경험 Q & A

1. 경험의 시기

면접에서 갈등해결 경험에 관한 질문을 받은 경우, 중학교 1학년 때 겪은 에피소드로 답변한다면 면접관이 지원자의 역량을 제대로 파악할 수 있을까? 면접관은 입직 후 지원자의 모습을 예측하기 힘들뿐더러 직무역량이 부족한 지원자로 판단할 수도 있다. 가장 큰 이유는 학생 때 겪는 갈등과 성인이 된 이후에 겪는 갈등의 소재에 큰 차이가 있기 때문이다. 중학생의 경우, 사춘기 때 겪는 친구 간의 갈등이 많은 반면, 성인이 된 이후에는 아르바이트 고객과의 갈등, 팀과제 주제선정 시 겪는 갈등 등 사회생활에서 겪을 법한 갈등을 겪기 때문이다. 이러한 이유로 경험의 시기는 빠를수록 좋고, 최대 3년 이내의 경험을 말하는 것을 추천한다.

2. 경력과 경험의 차이

경력과 경험의 가장 큰 차이는 증빙서류의 유무이다. 경력의 증명에는 4대 보험 등 근무했던 이력을 확인할 수 있는 증빙서류가 필요하다. 반면, 경험은 증빙서류가 없는 활동을 의미하는데 봉사활동, 교내 팀프로젝트 활동, 동아리 활동 등이 이에 속한다.

3. '득'이 아닌 '독'이 되는 경험

① **사적인 경험:** 업무수행에 도움이 되지 않는 개인적인 경험을 의미하는데, 남자친구나 부모님과의 갈등 등이 이에 해당한다. 공무원 면접은 조직활동, 정부사업에 도움이 되는 지원자를 채용하는 과정이므로, 사적인 경험은 직무 및 조직역량을 검증하기 힘들다.

② **종교 및 정치적 견해:** 국가공무원법 제59조의2(종교중립의 의무), 제65조(정치운동의 금지)에 규정되어 있듯 지원자는 면접에서 자신의 종교를 드러내거나 정치적인 견해를 드러내서는 안 된다. 수험생이 봉사활동 경험을 이야기할 때 종교단체에서 진행한 활동이라면, 단체명은 언급하지 않고 봉사활동에서 수행한 역할, 기여한 점 등만 답변하면 된다.

POINT 02 분석: 직무적합성 [과거 직무경험]

01 [과거] 직무경험 분석

1. 의의

[과거] 직무경험은 직무적격성을 파악하는 경험형 과제 및 경험형 과제 후속질문에 대비하기 위한 말재료이다. 특히 경험형 과제 후속질문의 경우, '지원직렬의 전문성을 쌓기 위해 어떤 노력을 했는지?', '지원자의 전공이 직무에 어떠한 도움이 되는지?' 등의 질문을 통해 면접관은 수험생의 직무수행능력을 파악하게 된다. 직무적격성을 평가하기 위한 평정요소는 '헌신·열정'으로 볼 수 있다.

2. 평정표 및 대표기출

평정요소	나. 헌신·열정	[헌신]	○
		[열정]	
세부요소	[과거: 직무역량] 직무강점, 노력한 점, 부족한 점, 직무 관련 (유사)경험		
대표기출	• 직무강점 및 노력한 점 Q. 직무(혹은 희망부처·부서)의 전문성을 쌓기 위해 어떠한 노력을 했나요? Q. 직무이해도를 높이기 위해 어떠한 정책을 공부했는지? Q. 희망직무와 관련된 정부제도를 이용해 본 경험이 있나요? Q. 직무강점에 대해 말씀해 주세요. • 부족한 점 Q. 직무의 부족한 점을 개선하기 위해 어떠한 노력을 했는지? • 직무 관련 (유사)경험 Q. 지금까지의 경험 중에서 공직(희망직무)에 도움이 될 만한 경험은 무엇인지? Q. 지원자의 학과 전공이 직무에 어떠한 도움을 줄 수 있는지? Q. 전문지식을 활용한 경험은? Q. 직무와 관련된 유사경험이 있나요?		
세부요소	[과거: 헌신역량] 집단목표 이해 및 달성 경험, 자기개발 경험, 성과를 낸 경험 등		
대표기출	Q. 목표를 달성하기 위해 노력했던 경험, 성취감을 느꼈던 경험 Q. 부족한 면을 채우기 위해 노력했던 경험		

3. 분석개요

[분석 1] 희망직무	지원자가 희망하는 부처 및 부서의 담당직무를 세부적으로 분석하는 것을 의미한다. 예 (직렬) 일반행정 – (부처) 문화체육관광부 – (부서) 관광정책국(관광정책과)
[분석 2] 수험생의 경험	직무에 필요한 지식·기술·태도와 관련된 지원자의 경험을 분석하는 과정이다. 희망직무와 '동일'한 경험이 없다면, '유사'한 경험을 찾고, 직무에 도움이 될 수 있는 방향을 언급해야 한다.
[분석 3] 매칭: 직무 & 경험	분석한 직무와 지원자의 경험을 최종적으로 매칭하는 과정이다.

4. 직무경험 MAP

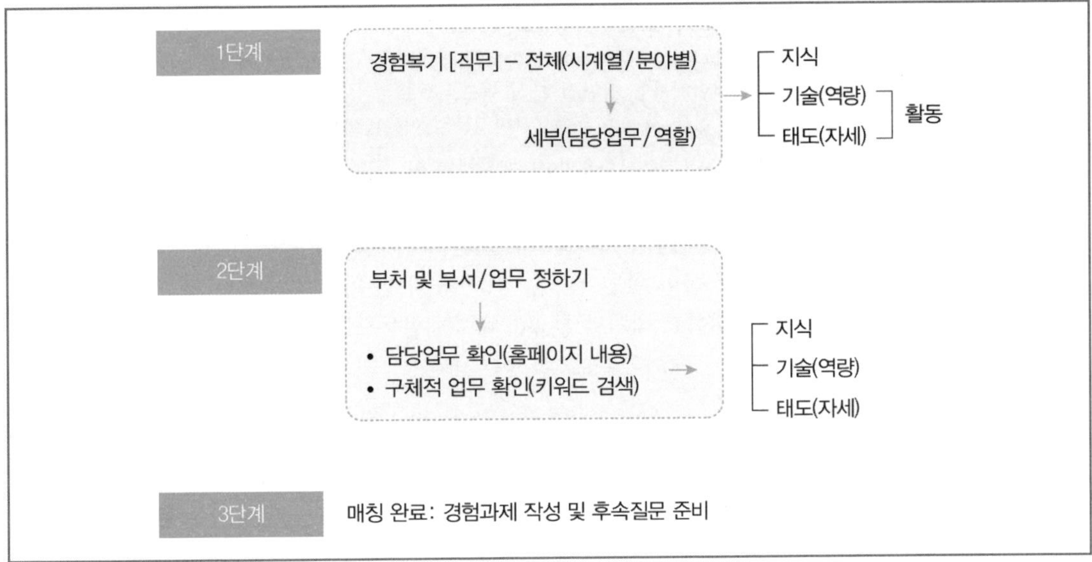

PART 02

02 [분석] 1단계: 경험복기

1. 개요

Step 1	전체(개요)	시계열	• 최신부터 역순으로 분류 – 대학생활: 대학교 3학년 → 2학년 → 1학년 – 학창생활: 대학교 → 고등학교
		분야별	• 대학생활이나 사회생활 등으로 분류 – 대학생활: 학과활동, 봉사활동, 아르바이트 – 사회생활: 취업준비, 아르바이트

▼

Step 2	상세정보	경험의 전체 개요를 복기했다면 각 경험에서 본인이 담당한 역할과 업무내용에 대해 상세하게 분석

2. 단계별 분석방법

Step 1 전체(개요)

① **시계열**: 시계열이란 '초등학교 – 중학교 – 고등학교'처럼 시간의 흐름을 의미한다. 가장 최근의 기억부터 역순으로 당해 어떤 활동을 했는지, 어떤 교육을 받았는지 등 구체적(학교 교육과목, 직무활동, 동아리활동, 팀과제, 아르바이트, 인턴활동 등의 다양한 경험)으로 기억을 복기해 보자. 기억을 복기하며 직무와 조금이라도 관련된 내용이 있으면 별도 표기를 하거나 키워드 정리를 해야 한다.

[예시] 대학생활 – 시계열 경험정리표

3~4학년	[학교교육] 비즈니스문서 작성의 기술 수강 [학교활동] 멘토&멘티활동, 여행동아리 활동(회계 담당), 학교조교(행정자료 정리, 업무보조 담당), 지방자치단체사업 장단점 분석 팀프로젝트 [기타활동] 회계관리 2급 자격증 취득, 커피전문점 아르바이트
1~2학년	[학교교육] 조직행동론, 컴퓨터활용기술, 재무제표 및 검증능력, 경영학개론 수강 [학교활동] 언론동아리 활동(학교행사 등 SNS 홍보, 블로그 작성 담당) [기타활동] 학원 아르바이트(행정보조)

② **분야별**: 분야별이란 시간의 흐름이 아닌 '영역, 장소' 등의 범주로 내용을 분류하는 것을 의미한다. 예를 들어, 대학생활에서도 대학교 내외로 분류하여 교내활동으로는 학교교육, 학과활동, 교내 봉사활동 등을 생각해 볼 수 있고, 교외활동으로는 아르바이트, 직업훈련교육 등을 생각할 수 있다.

[예시] 분야별 경험정리표

교육			경력·경험			
			경력	경험		
학교교육 (전공·교양)	직업·직무 교육(온·오프 라인)	자격증 (언어·직무) 수상경력	인턴·정규· 계약직 연수사항	학교활동 – 동아리 – 경진대회 – 봉사활동	전공활동 – 팀과제 – 프로젝트 – 연구활동	외부활동 – 현장실습 – 아르바이트 – 재능기부
비즈니스문서 작성의 기술	–	회계관리 2급	–	언론동아리 (홍보 및 블로그 담당)	지방자치 단체사업 팀프로젝트	커피전문점
회계원리	–	–	–	여행동아리 (회계 담당)	환경위기 대응 프로젝트	학원 (행정보조)
조직행동론	–	–	–	학교조교 (교내 행정자료 정리, 교수업무 보조)	–	

TIP

- 경력: 금전적 보수를 받고 수행한 활동으로, 경력증명서·고용보험·건강보험자격득실 등 증빙서류 제출이 가능한 활동
- 경험: 금전적 보수를 받지 않고 수행한 활동

Step 2 상세정보

[예시]

대학교 1학년 / 학교 홍보동아리	
홍보	학과별 특성을 이해하여 특색에 맞는 홍보방향 설정, 블로그 및 SNS 주 1회 업로드
예산	홍보진행에 필요한 예산관리 담당
기타	업무분장, 회의진행 등

대학교 2학년 / 학교 OO동아리	
기획	동아리 운영 및 기획(운영별 주제수립, 신입생 모집, 홍보)
예산	예산관리(월별·분기별 예산관리, 예산관리 결과 공유)
관리	팀원관리(갈등관리)

대학교 3학년 / 행정학과 조별과제	
내용	지역사회 인구유출 예방방안
역할 1	[자료수집 및 조사] 국내 '광역시' 기준, 인구유출 통계 조사 담당 → 지방자치단체 통계자료 이용 경험, 통계 프로그램 이용법 배움
역할 2	[문제점 분석] 인구유출 문제점, 사회적 영향력, 인구변화 추이 등 → 국내 행정연구원 논문자료 참고
기타	[태도] 분석력, 적극성, 협동심 등

TIP

경험 세부분석

경험을 복기했는데도 희망하는 직무와 매칭하는 과정이 힘들다면, 자신의 경험을 세부적으로 분석해 볼 것

▼

• 수행능력 분석

경험: 동아리 활동 경험		
역할		팀원 및 회계 담당
담당직무 1	운영 및 기획	[지식·역량] 동아리 운영 및 규정 매뉴얼 이해, 홍보채널 이해 [태도] 규정준수, 적극성, 창의력, 소통능력, 추진력
담당직무 2	예산관리	[지식·역량] 엑셀작업능력, 예산관리방법 이해 및 관리능력 [태도] 윤리성, 공익성, 꼼꼼함
담당직무 3	팀원관리	[지식·역량] 인력관리방안 이해 [태도] 소통능력, 갈등조정능력, 문제해결능력

03 [분석] 2단계: 희망직무

1. 개요

Step 1	희망직무 선택	• 희망부서의 직무리스트 확인 • 직무리스트 중 담당하고 싶은 직무 선택(2~5개)

▼

Step 2	직무분석	선택한 직무수행 시 필요능력(지식·기술·태도) 분석

[사례] 일반행정직 ○○직무

직무확인 (주요 업무)	[직무 1] 정책기획, 사업환경 분석, 신규사업 발굴, 사업계획 수립, 행사지원 관리 [직무 2] 홍보전략 수립, 온라인홍보, 언론홍보, 모니터링 [직무 3] 민원응대
직무분석 필요지식	[직무 1] 제도(사업) 분석법, 정책(사업)계획 수립에 필요한 개념 및 지식, 사회조사 방법론 [직무 2] 홍보전략 수립법, 홍보채널별 특성 이해, 담당사업에 대한 이해 [직무 3] 민원응대 대응규정 관련 지식
필요기술	[직무 1] 제도(사업) 분석기술, 사업계획 수립능력, 기획·보고서 작성기술 [직무 2] 홍보 개발능력, 콘텐츠 제작 및 관리 능력, 언론 모니터링 기술, 상황별 대응능력, 유관부서 협조능력 [직무 3] 서비스 응대능력, 민원 관리능력
필요태도	[직무 1·2] 직무규정 준수태도, 실효성 있는 계획 수립태도, 원활한 소통능력, 적극적 정보수집 자세, 논리적·분석적·객관적 사고, 법령 및 규정을 준수하는 태도, 책임감, 윤리의식 [직무 3] 친절, 공정, 윤리의식, 공익성, 봉사성 등

2. 단계별 분석방법

Step 1 희망직무 선택

① 희망부처 및 부서의 직무리스트 확인

[예시] 문화체육관광부 – 관광정책국 '국내관광진흥과'

부서	국내관광진흥과
직무소개	• 지역 관광콘텐츠 육성 및 활성화에 관한 사항 • 문화·예술·민속·레저·자연·생태 등 관광자원의 관광상품화에 관한 사항 • 템플스테이 등 전통문화 체험 및 지역 전통문화 관광자원화에 관한 사항 • 산업시설 등의 관광자원화 및 도시 내 관광자원 개발 등에 관한 사항 • 문화관광축제의 조사·개발 및 육성에 관한 사항 • 걷기여행길 관리·활성화에 관한 사항
담당자별 담당직무	• 국내관광진흥과 총괄업무 • 템플스테이 • 생태관광 • 반려동물 동반여행 • 지속 가능 관광 • 전통문화 활용 활성화 • 과 서무업무 • 지역 체류관광(생활관광, 야간관광, 워케이션, 관광주민증 및 인구감소지역 관광 대응) • 지역 관광콘텐츠(산업관광, 레저·스포츠관광, 지역명사 문화여행) 및 지역 연계관광 • 내 나라 여행박람회 • 과 예산

담당자별 담당직무	• 문화관광축제 지원 • 과 기획 총괄	• 추천 가 볼 만한 곳, 국내 대표관광지 육성
	• 생활관광, 워케이션 • 산업관광	• 지역 연계관광 활성화(테마 10선) • 내 나라 여행박람회
	• 문화관광축제 지원 • 과 기획	• 추천 가 볼 만한 곳, 한국관광 100선
	• 템플스테이 • 반려동물 동반여행 • 전통문화 활용 활성화	• 생태관광 • 지속 가능 관광 • 과 서무업무

② 직무리스트 중 담당하고 싶은 직무선택(2~5개)

• 담당자를 기준으로 담당직무 전체를 선택하는 경우

담당자별 담당직무	• 템플스테이 • 지속 가능 관광	• 생태관광 • 전통문화 활용 활성화	• 반려동물 동반여행 • 과 서무업무

• 담당직무를 골라 다양하게 선택하는 경우

담당자별 담당직무	• 국내 대표관광지 육성 • 한국관광 100선	• 문화관광축제 지원 • 전통문화 활용 활성화	• 추천 가 볼 만한 곳

Step 2 직무분석

담당하고 싶은 직무를 선택했다면, 해당 직무에 필요한 지식·기술·태도는 무엇인지 생각해 보자. 지식은 직무수행을 위해 필요한 이론적 배경지식, 개념 등을 의미하고, 기술은 지식을 활용하고 해석하는 능력, 즉 구상능력, 진행능력 등 개인의 능력단위를 말하며, 태도는 직무수행 시 담당자가 갖춰야 할 자세를 일컫는다.

[예시] 분석표 – 희망부서 및 직무(업무) 분석

직무확인 (주요 업무)	[직무 1] 전통문화 활용 활성화 [직무 2] 문화관광축제 지원 [직무 3] 추천 가 볼 만한 곳, 국내 대표관광지 육성, 한국관광 100선
필요지식	[직무 1] 전통문화 이해, 전통문화 활성화 사례 [직무 2] 문화관광축제 지원채널 이해, 축제지원 시 안전규정, 축제지원 관련 규정 및 법규 [직무 3] 국내 대표관광지 사례, 사업 활성화를 위한 방법 이해, 관광정책(사업) 수립에 필요한 개념 및 지식, 사업분석법, 한국관광 100선 이해
필요기술	[직무 1] 사업 활성화 계획수립능력, 정보분석능력 [직무 2] 유관기관 협의능력, 정보수집능력, 콘셉트 기획능력, 홍보능력, 언론 및 온라인 모니터링기술, 커뮤니케이션능력 [직무 3] 사업 활성화 계획수립능력, 정보분석능력, 사업 실효성 파악능력
필요태도	[직무 1] 적극적 정보수집 자세, 윤리의식, 꼼꼼함 [직무 2] 법령 및 규정을 준수하는 태도, 원활한 소통능력, 실효성 있는 계획수립 태도, 공익성, 유관기관과의 소통 및 협력능력 [직무 3] 적극적 정보수집 자세, 논리적·분석적·객관적 사고, 윤리의식, 꼼꼼함

04 [분석] 3단계: 직무 & 경험 매칭

1. 매칭

지원자가 희망하는 직무를 분석하고 지원자의 경험을 복기했다면, 직무와 가장 관련성이 높은 경험과 직무를 매칭시켜 보자. 매칭된 경험은 '지원자의 경험이 직무에 어떤 도움이 되는지?', '직무강점은 무엇인지?' 등의 질문에 대한 답변이 된다.

직무		경험
[지식: 직무 3] 관광정책(사업) 수립에 필요한 지식, 사업분석법 [기술: 직무 1·3] 사업 활성화 계획수립능력, 정보분석능력, 사업 실효성 파악능력 [태도: 직무 2·3] 소통 & 협업능력, 적극적 정보수집 자세, 논리적·분석적·객관적 사고	◀▶	[학교활동] 지방자치단체사업 장단점 분석 팀프로젝트
[태도: 직무 3] 윤리의식, 꼼꼼함		[학교활동] 여행동아리 활동
[기술: 직무 2] 홍보능력, 언론 및 온라인 모니터링기술, 커뮤니케이션능력		[학교활동] 언론동아리 활동
[기술: 직무 2] 유관기관 협의능력		[기타활동] 커피전문점 및 학원 아르바이트

2. 비매칭

또한 매칭되지 않은 내용은 지원자의 부족한 역량이므로, 부족한 점을 보완하기 위해 현재 노력하고 있는 점과 미래에 노력할 점을 나누어 준비해야 한다.

[예시] 부족한 역량

현재 노력	[지식: 직무 2] 문화관광축제 유형, 지원채널, 안전규정 등 숙지 [지식: 직무 3] 국내 대표관광지 사례 숙지, 문화체육관광부의 사업 활성화를 위한 노력사례 숙지, 한국관광 100선 확인 [기술: 직무 3] 문화체육관광부의 국내 대표관광지 육성을 위한 방안 중 실효성 높은 사업 숙지
미래 노력	[기술: 직무 2] 문화관광축제 수요확대를 위해 콘셉트 기획능력 자기개발 [기술: 직무 1] 사업 활성화 계획수립을 위해 대학에서 배운 능력 이상의 심층적 분석능력 및 계획능력을 위해 노력

05 MCM 정리

1. [분석 1] 경험복기

경험 1	
경험 2	
경험 3	
경험 4	

2. [분석 2] 희망직무

직무분석 (주요 업무)	
필요지식	
필요기술	
필요태도	

3. [분석 3] 매칭: 직무 & 경험

직무		경험
	◀ ▶	

POINT 03 분석: 직무적합성 [미래 직무역량]

01 [미래] 직무역량 이해

1. 의의

[과거] 직무경험이 수험생의 과거 모습을 통해 직무수행능력을 확인시켜 주기 위한 것이라면, [미래] 직무역량은 입직 후 직무성장을 위한 모습을 보여 주기 위한 말재료이다.

2. 평정표 및 대표기출

평정요소	나. 헌신·열정	[헌신]	
		[열정]	○
세부요소	[미래: 직무역량] 전문성 향상을 위한 노력방안, 직무수행 계획		
대표기출	• 전문성 향상방안 Q. 직무수행에 있어 부족한 점이 무엇이고, 그 점을 어떻게 보완할 것인지? Q. 직무적응을 위해 어떤 노력을 할 것인지? (직무이해, 실무역량 등) Q. 전문성을 강화하기 위해 입직 후 자기계발은 어떻게 할 것인지? Q. 입직 후 목표가 있는지? 혹은 입직 후 5년간의 계획은 무엇인지?		

02 MCM 정리

1. 노력사항(지식·태도를 위한 역량을 강화하기 위해 시도했던 노력)

직무이해를 위한 노력	
실무역량을 위한 노력	
그 외 노력	

2. 입직 후 목표 및 달성계획

목표	
단기적 목표	
기적 목표	

POINT 04 분석: 조직적합성 [공직·소통·창의]

01 조직적합성: 공직·소통·창의

1. 의의

조직적합성이란 구성원과 조직의 적합도를 말하며, 면접관은 이를 검증하기 위한 질문을 하게 된다. 이에 따라 수험생은 조직구성원으로서 담당업무의 적응능력, 주변 구성원과의 관계능력, 공직에 필요한 역량 등을 준비하여 면접관에게 어필할 수 있어야 한다. 특히 조직적합성의 하위요소인 공직·소통·창의는 2024 인재상이자 평정표의 주요 항목이므로, 관련 경험을 필수로 준비해야 한다.

평정표의 '윤리·책임'은 공직경험, '소통·공감'은 조직경험, '창의·혁신'은 창의경험으로 고려하여 말재료를 준비해야 한다.

2. 평정표 및 대표기출

① 공직

평정요소	윤리·책임
	[공직] 희생, 봉사, 공익, 책임, 청렴, 공정 등
대표기출	Q. 타인·조직을 위해 희생했던 경험 Q. 도덕성을 보여 줄 수 있는 지원자의 사례 Q. 봉사활동 경험 Q. 공무원에게 봉사정신이 특별히 요구되는 이유 및 관련 경험 Q. 청렴해서 이익을 봤거나 손해를 본 경험 Q. 규칙과 원칙을 잘 지켰던 경험 Q. 모범적 행위로 다른 사람에게 긍정적 영향을 준 사례 Q. 공직가치 중 자신을 가장 잘 표현할 수 있는 공직가치와 관련 경험

② 소통

평정요소	소통·공감
	[대인관계] 갈등, 설득, 소통 경험 [조직문화] 협동, 구성원 독려, 적응 경험 [개인관리] 스트레스 관리, 힘든 상황을 극복한 경험
대표기출	• [대인관계] 의사소통능력 Q. 본인의 의사소통능력은 10점 만점 중 몇 점인지? 그 이유와 관련 경험은? Q. 설득하기 가장 힘든 유형은 무엇이며, 관련 설득 경험에 대해 말하라. Q. 조직 내 상사, 동료와 갈등이 생겼을 때 갈등해결 경험 Q. 조직 내 갈등이나 문제를 어떻게 해결했고, 어떠한 방법으로 설득했나? Q. 설득하려 해도 상대방이 설득되지 않는 상황에서 문제를 해결한 경험 Q. 남에게 오해를 불러일으킨 사례 및 경험 Q. 후임보다 본인이 나이가 많을 경우, 잘 지낼 수 있는지? 비슷한 경험은? Q. 본인이 원하는 상사의 스타일은? (성과 추구 vs 성과 관심 ×) • [조직문화] 조직이해능력 Q. 공무원 조직생활에 있어 중요한 것은 무엇이라고 생각하는지? 관련 경험은? Q. 혼자 일하는 것 vs 팀원과 일하는 것 중 선호하는 스타일은? Q. 팀이나 조직에 적응하는 본인만의 노하우가 있는지? Q. 타인 혹은 타 조직과 협동해서 일을 처리한 경험 Q. MZ세대와 함께 일해 본 경험, 기성세대와 일해 본 경험 Q. 본인의 실수로 조직에 피해를 줬던 경험 • [개인관리] 긍정성, 본인 이해 등 Q. 평소 스트레스 관리방법 Q. 살면서 가장 힘들었던 경험(학업, 가정사 제외) Q. 주변에서 바라보는 본인의 모습

③ 창의

평정요소	창의·혁신
	[사고력] 문제·관례 개선(우선순위, 분석대안별 장단점, 정보파악능력, 파급효과 등) 경험, 창의력을 발휘한 경험 등
대표기출	• 다각도적 사고력 Q. (조직의 / 예상치 못한 / 규칙이 없던) 문제를 해결했던 경험 Q. 문제를 해결하여 조직에 기여한 경험 Q. 목표달성에 실패했던 사례의 원인 및 해결 경험 Q. 창의성을 발휘했던 경험 Q. 새로운 아이디어를 통해 결과를 낸 경험 Q. 조직관례를 개선한 경험 Q. 자기개발 경험

02 경험분석: 나만의 경험소재 찾기

[과거·미래] 직무경험은 POINT 02~03에서 자세히 다루었기 때문에 해당 내용은 제외하였다.

1. 공직

구분	항목	내용
민주성 다양성	특징	자유로운 의견발언, 의견·문화 경청 및 수용
	키워드	존중, 수용력, 개방성, 공동체의식
	예	• 조별과제 시 다수의견뿐만 아니라 소수의견도 존중했던 경험 • 글로벌 문화행사를 하며, 타국의 문화수용을 했던 경험
공정성	특징	행정절차에 따라 업무를 수행하는 태도
	키워드	원칙 및 규범준수, 준법정신
	예	• 교내 오전·오후 시험주제가 동일하여 미리 주제를 확인할 수 있었지만, 공정한 시험을 위해 묻지 않고 시험을 치른 경험 • 학내 규정상 동아리 청소는 돌아가면서 진행해야 했지만 신입회원에게 몰아주는 관행이 있었는데, 규정을 내세워 이를 올바르게 운영될 수 있도록 이끈 경험
책임감	특징	전문성을 바탕으로 맡은 업무를 끝까지 수행하는 자세
	키워드	책임감, 끈기, 인내, 성실성, 자기개발, 전문성
	예	• 업무 인수인계의 효율성을 위해 사전에 없던 매뉴얼을 직접 제작한 후 인수인계했던 경험 • 예산관리의 경험이 없었지만, 내부 사정상 어쩔 수 없이 예산관리자가 되어 별도로 회계공부를 했던 경험 • 환경적 요소(개인사정, 목표추진 불가 등)에 영향을 받지 않거나 타인에게 피해를 주지 않기 위해 맡은 역할을 끝까지 수행했던 (혹은 그 이상을 해냈던) 경험
청렴성	특징	청탁, 금품수수 등 불법행위를 멀리하는 자세
	키워드	준법정신
	예	• 사사로운 친분을 이유로 면접(동아리, 인턴, 아르바이트 등)을 잘 봐달라고 부탁하는 행위를 사전에 차단한 경험 • 회사 법인카드를 사적인 용도(식사, 카페, 개인용품 등)로 사용하는 행위를 목격한 후, 별도 상담 및 상사에게 보고한 경험
도덕성	특징	공중도덕, 생활법규를 준수하는 자세
	키워드	준법정신, 성실성
	예	• 버스정류장에서 노트북 분실물을 발견한 후 경찰서에 신고한 경험 • 코로나19 방역 실내규정 지침을 착실하게 이행한 경험
공익성	특징	• [공익] 공공의 이익을 우선시하는 자세 • [희생] 단체 및 개인을 위해 대가 없이 도움을 주는 자세 – 시간: 조직·개인에게 시간을 할애해 보탬이 되는 업무수행 – 지식: 지식공유 및 나눔을 통해 가치·역량 향상에 기여 – 육체: 힘을 써야 하는 일에 먼저 나서는 행위
	키워드	공익성, 희생성, 봉사성, 책임감

공익성	예	• 시간 및 육체 – 업무 특성상 돌아가며 한 달 동안 주말근무 진행해야 하는데, 주말근무 담당자의 가족이 입원을 해야 하는 상황이라 대체자가 필요했고, 동료를 대신해 자원하여 2달 연속 주말근무를 강행했던 경험 – 학과 특성상 매 학기 2박 3일 동안의 사전답사가 필요한데, 시험기간과 과제 제출기한이 겹쳐 모두 꺼려할 때 직접 나서 사전답사 업무를 수행한 경험 • 시간: 군입대 후 관심병사 케어에 자진하여 지원했고, 친밀감 향상을 위해 관심병사의 취미인 장기를 배웠을 뿐만 아니라, 휴식시간마다 관심병사의 고민거리를 들어주는 노력을 했던 경험 • 시간 및 지식: 교과지식에 대한 이해도 부족으로 교내 학업성적이 따라주지 않는 동료 및 후배들을 위해 시간을 내어 지식 재능기부를 했던 경험

2. 소통

조직 이해 능력	특징	• 조직문화에 대해 이해하는 능력, 업무수행과 관련해서 내부체제를 이해하는 능력 • 조직의 인재상 및 핵심가치에 부합하는 모습을 설명하면 되므로, 공직가치와 연결해서 답변
	키워드	조직방향성 및 구조 이해, 규칙 및 절차 이해
	예	공직가치 참고
의사 소통 능력	특징	• 의사소통: 목표달성의 효과를 높이기 위한 목적으로 사용되는 수단으로서 타인 및 조직에 대한 관점의 이해 필요 • 대인관계: 팀원 간의 관계를 유지하기 위한 팀워크와 갈등을 완만하게 해결하는 능력으로, 내부적 관계와 외부적 관계인 민원 및 유관부서, 타 부처와의 관계로 분류→갈등을 유발하는 요소 • 감정: 자존심, 시기·질투, 감정조절 불가 • 업무 – 역할분배 및 업무진행(방법·목표·절차·가치·사실)의 상충 – [원인] 잘못된 이해, 부정확한 정보 등 소통문제
	키워드	경청, 팀워크, 리더십, 갈등관리, 협상능력, 서비스능력
	예	• 설득 – 조별과제를 수행하며 팀원을 이해시키거나 설득했던 경험 – 다른 생각을 가진 사람과 업무를 수행하며 경청하고, 자신의 의사도 정확하게 전달했던 경험 – 교내 예산확보를 위해 프레젠테이션을 해서 직원을 설득한 경험 • 갈등 – 감정적으로 행동하는 팀원으로 인한 갈등 – 독단적으로 자신의 주장만 밀고 나가는 팀원의 태도 – 업무 수행방식의 차이로 겪은 갈등(예 업무 수행속도가 더뎌 동료를 이해하지 못하는 등) – 무책임한 팀원의 태도로 인한 갈등(예 성실 vs 비성실) – 대화법(예 직설적 말투)로 인해 오해받은 경험 • 협동 – 교내 학술행사를 진행하며 팀원과 협업했던 경험 – 타 학과생과 함께 리포트 과제를 수행하며 이해관계가 상이하더라도 협력해서 결과를 잘 이뤄냈던 경험 – 공동의 목표달성을 위해 최선을 다했던 경험 – 리더로서 목표를 설정하고 업무를 추진력 있게 수행한 경험 – 위기상황에서 팀원들의 멘탈을 다잡고 문제를 해결한 경험 – 팀원으로서 맡은 역할을 숙지하고, 뒤처지는 동료를 이끈 경험

의사 소통 능력	예	• 서비스 – 고객의 컴플레인을 해결한 경험 – 고객의 컴플레인을 해결한 후 사후대처한 경험 – 고객의 니즈를 미리 파악해서 서비스를 제공한 경험

3. 창의

문제 해결 능력	특징	현재의 상황을 개선하여 효율을 높이거나, 미래에 발생할 수 있는 문제에 미리 대처하는 능력
	키워드	비판적 사고(문제인식·원인분석·해결제안), 논리력, 창의력
	예	• 위기극복 – 해마다 감소하는 동아리 신규회원 수 문제를 해결한 경험 – 아르바이트를 하던 매장에서 매출하락 문제를 해결한 경험 – 6개월 장기 조별과제 발표 직전, 발표자인 팀원의 교통사고로 누군가가 대체해야 하는 상황에서 자진하여 발표한 경험 • 반복문제·내부문제 – 조교생활 시 교수님 간 수업일정의 겹침 문제가 연달아 발생하여 이를 해결한 경험 – 동아리에서 지원하는 공모전에 매번 떨어져서 해결방안을 모색한 경험
자원 관리 능력	특징	인적·시적·물적 등 한정적 자원을 활용하고 운용하는 능력
	키워드	현실성, 우선순위, 분석력(저해, 낭비요소 분석)
	예	• 목표달성을 위해 시간을 효율적으로 계획해 진행한 경험 • 학업, 아르바이트, 자격증 등 동시업무를 효율적으로 진행한 경험 • 동아리 예산을 효율적으로 관리했던 경험 • 팀의 리더로서 팀원의 강·약점을 파악해 효율적인 업무증진에 기여했던 경험 • 문제해결을 위해 인력의 도움을 얻어 문제를 해결한 경험
정보 및 기술 능력	특징	• [정보능력] 정보수집 및 처리능력 • [기술능력] 기존에 배운 지식을 적용하는 능력
	키워드	수집력, 분석력, 관리력, 활용력, 창의력
	예	• 정보능력: 홍보의 효과를 높이기 위해 홍보의 전략적 방법 등 다양한 자료를 수집하고 분석해 좋은 평가를 받은 경험 • 기술능력 – 전공과목 및 직무교육에서 배운 경험을 실제로 적용한 경험 – 인턴생활 시 학교에서 배운 지식을 바탕으로 문제를 해결하거나 올바른 선택을 했던 경험 – 평소 숙지한 상식 및 배경지식을 벤치마킹했던 경험
자기 개발 능력	특징	직무수행에 있어 부족한 점을 인지하여 전문성을 쌓는 능력
	키워드	자기이해, 목표선정, 끈기
	예	• 자신의 부족한 점을 개선하기 위해 노력한 경험 • 목표달성 및 미래를 위해 미리 준비하고 노력한 경험 • 현재 주어진 과업보다 업무수행을 더 잘하기 위해 노력한 경험 • 관계개선을 위해 노력한 경험

기타 (힘들었던 경험)	특징	• [대인관계] 가치관 및 성향 차이로 인한 문제 • [역할한계] 업무과다 등 개인이 수행 가능한 역할한계 문제 • [외부환경] 외부환경의 변화를 스스로 감당해야 하는 경우 TIP • 금지사례: 수험생활, 이성관계 문제 등 사적인 문제 • 금지소재: 감정적 호소 ×, 원인파악 및 해결과정 언급
	키워드	비판적 사고, 문제해결능력, 의지력, 발전가능성
	예	• 대인관계: 본인은 계획적인 스타일이나 함께 일하는 동료는 벼락치기 스타일이어서 잦은 실수가 발생하였고, 리더의 날카로운 말투로 인해 팀 분위기가 저하된 사례 • 역할한계: 학사논문 수행 중 교수님께서 석사 수준의 논문을 요청했던 사례 • 외부환경 – 학창시절 축수선수를 꿈꿨지만 다리 부상으로 꿈을 이루지 못했던 사례 – 신입으로 입사했는데 대리·팀장 모두 퇴사해서 그 역할을 대신 수행해야 했던 사례 – 첫 직장에서 미생물 분석 시 팀원들은 하루에 20건 정도의 시료를 처리했지만, 업무미숙으로 자신은 하루에 10건 정도의 시료를 처리했는데, 팀원들에게 피해를 주지 않기 위해 야근과 특근을 활용해 실험숙련도를 향상했던 사례

03 MCM 정리

1. 공직

민주성 다양성	
공정성	
책임감	
청렴성	
도덕성	
공익성	

2. 소통

의사소통능력 (설득)	
의사소통능력 (갈등)	
의사소통능력 (협동)	
의사소통능력 (서비스)	

3. 창의

문제해결능력	
자원관리능력	
자기개발능력	

Check Point 평정표: 경험 대표기출 모음

<table>
<tr><td>소통·공감</td><td>• [대인관계] 의사소통능력
Q. 본인의 의사소통능력은 10점 만점 중 몇 점인지? 그 이유와 관련 경험은?
Q. 설득하기 가장 힘든 유형은 무엇이며, 관련 설득 경험에 대해 말하라.
Q. 조직 내 상사, 동료와 갈등이 생겼을 때 갈등해결 경험
Q. 조직 내 갈등이나 문제를 어떻게 해결했고, 어떠한 방법으로 설득했나?
Q. 설득하려 해도 상대방이 설득되지 않는 상황에서 문제를 해결한 경험
Q. 남에게 오해를 불러일으킨 사례 및 경험
Q. 후임보다 본인이 나이가 많을 경우, 잘 지낼 수 있는지? 비슷한 경험은?
Q. 본인이 원하는 상사의 스타일은? (성과 추구 vs 성과 관심 ×)
• [조직문화] 조직이해능력
Q. 공무원 조직생활에 있어 중요한 것은 무엇이라고 생각하는지? 관련 경험은?
Q. 혼자 일하는 것 vs 팀원과 일하는 것 중 선호하는 스타일은?
Q. 팀이나 조직에 적응하는 본인만의 노하우가 있는지?
Q. 타인 혹은 타 조직과 협동해서 일을 처리한 경험
Q. MZ세대와 함께 일해 본 경험, 기성세대와 일해 본 경험
Q. 본인의 실수로 조직에 피해를 줬던 경험
• [개인관리] 긍정성, 본인 이해 등
Q. 평소 스트레스 관리방법
Q. 살면서 가장 힘들었던 경험(학업, 가정사 제외)
Q. 주변에서 바라보는 본인의 모습</td></tr>
<tr><td>헌신·열정</td><td>[직무역량: 과거] 직무전문성
• 직무강점 및 노력한 점
Q. 직무(혹은 희망부처·부서)의 전문성을 쌓기 위해 어떠한 노력을 했나요?
Q. 직무이해도를 높이기 위해 어떠한 정책을 공부했는지?
Q. 희망직무와 관련된 정부제도를 이용해 본 경험이 있나요?
Q. 직무강점에 대해 말씀해 주세요.
• 부족한 점
Q. 직무의 부족한 점을 개선하기 위해 어떠한 노력을 했는지?
• 직무 관련 (유사)경험
Q. 지금까지의 경험 중에서 공직(희망직무)에 도움이 될 만한 경험은 무엇인지?
Q. 지원자의 학과 전공이 직무에 어떠한 도움을 줄 수 있는지?
Q. 전문지식을 활용한 경험은?
Q. 직무와 관련된 유사경험이 있나요?
[목표의식] 열정, 태도
Q. 목표를 달성하기 위해 노력했던 경험, 성취감을 느꼈던 경험
Q. 본인의 단점을 극복했던 경험
Q. 부족한 면을 채우기 위해 노력했던 경험
[직무역량: 미래] 직무 발전가능성
• 전문성 향상방안
Q. 직무수행에 있어 부족한 점이 무엇이고, 그 점을 어떻게 보완할 것인지?
Q. 직무적응을 위해 어떤 노력을 할 것인지? (직무이해, 실무역량 등)
Q. 전문성을 강화하기 위해 입직 후 자기계발은 어떻게 할 것인지?
Q. 입직 후 목표가 있는지? 혹은 입직 후 5년간의 계획은 무엇인지?</td></tr>
</table>

창의·혁신	• 다각도적 사고력 Q. (조직의 / 예상치 못한 / 규칙이 없던) 문제를 해결했던 경험 Q. 문제를 해결하여 조직에 기여한 경험 Q. 목표달성에 실패했던 사례의 원인 및 해결 경험 Q. 창의성을 발휘했던 경험 Q. 새로운 아이디어를 통해 결과를 낸 경험 Q. 조직관례를 개선한 경험 Q. 자기개발 경험
윤리·책임	Q. 타인·조직을 위해 희생했던 경험 Q. 도덕성을 보여 줄 수 있는 지원자의 사례 Q. 봉사활동 경험 Q. 공무원에게 봉사정신이 특별히 요구되는 이유 및 관련 경험 Q. 청렴해서 이익을 봤거나 손해를 본 경험 Q. 규칙과 원칙을 잘 지켰던 경험 Q. 모범적 행위로 다른 사람에게 긍정적 영향을 준 사례 Q. 공직가치 중 자신을 가장 잘 표현할 수 있는 공직가치와 관련 경험

2024 공직 · 지역 · 시책

CHAPTER 01 공직지식 자가검진

CHAPTER 02 10대 공직 필수지식

CHAPTER 01

공직지식 자가검진

• 지방직 면접시험을 위해 필수적으로 준비해야 하는 내용으로, 회독 수와 이해도 점검을 체크하며 체계적으로 공부하도록 하자. 비고는 내용별 숙지가 덜 된 부분을 체크하여 다음 회독 때 집중해서 공부하도록 한다. 기타 민원응대처리에 대한 법률 및 시행령, 민원응대규정은 교재에 수록하지 않았으므로, 관련 자료는 김소영 카페에서 확인하길 바란다.

	주제	회독수	이해도 점검	페이지 번호
1	공직가치	① ② ③	상 중 하	123p
2	2024년 공무원 인재상	① ② ③	상 중 하	125p
3	공무원 헌장	① ② ③	상 중 하	125p
4	공무원 행동강령	① ② ③	상 중 하	133p
5	공무원의 의무	① ② ③	상 중 하	150p
6	청탁금지법·김영란법	① ② ③	상 중 하	158p
7	이해충돌방지법	① ② ③	상 중 하	163p
8	적극행정	① ② ③	상 중 하	164p
9	소극행정	① ② ③	상 중 하	169p
10	적극행정 개선사항 및 활성화 방안	① ② ③	상 중 하	170p

CHAPTER 02

10대 공직 필수지식

PART 03

POINT 01 공직가치

01 공직가치 개요

- 공직가치(Public Service Value, 公職價値)란 '공공의 이익에 봉사하기 위해 공적 영역에서 추구해야 하는 바람직한 신념체계와 태도'를 의미하며, 이러한 가치가 내재화된 공무원상이 구현될 때 신뢰받는 유능한 정부와 국민이 행복한 대한민국을 만들 수 있다.
- 공직가치를 통한 공무원상의 구현은 다양한 차원에서 이뤄져야 한다. 공무원은 국가와 사회를 위해 지향해야 할 가치를 갖고 있어야 하고, 직무수행 과정과 윤리적 덕목으로 갖춰야 할 가치도 갖고 있어야 한다. 이러한 공직가치가 내재화될 때 공무원은 각자의 자리에서 공복으로서 소명의식을 갖고 맡은 바 책임을 다할 수 있다.

02 공직가치 역할

- 공직가치는 공무원에게 의사결정의 기준을 제공해 정확한 판단을 유도함으로써 정책 실현 및 업무 관행의 합리화에 영향을 미친다.
- 공직가치는 국민들의 행정에 대한 기대감을 높여 정책수용성 향상에 영향을 주며 결과적으로 행정거래비용을 감소시킴으로써 정부 경제력 제고에 기여한다.
- 공직가치는 공무원의 업무태도와 마음가짐에 영향을 미치고 공무수행의 동기를 부여하며, 공적인 목표를 향한 구성원의 협동적 노력을 유도한다.
- 윤리적 가치는 공무원의 부패를 줄여 신뢰받는 정부를 구현하고 국가경쟁력 제고에 기여한다.
- 공직자가 보여야 하는 도덕과 솔선수범은 사회 전체의 조화와 발전에 영향을 미친다.

03 공직가치

1. 공직가치 행동준칙

분류	공직가치	행동준칙
국가관	애국심	[나라사랑·국민의 자유와 행복·삶의 질 증진] 대한민국의 헌법과 법률을 준수하고 국가와 국기에 담긴 정신과 의미를 수호한다.
	민주성	[국민 참여와 결정 존중] 국민이 자유롭게 참여하고 의견을 이야기할 수 있도록 하여 공개행정을 실천한다.
	다양성	[다양한 생각과 문화 이해 및 존중] 글로벌 시대의 다양한 생각과 문화를 존중하고 인류의 평화와 공명에 기여한다.
공직관	책임감	[전문지식과 투철한 직업의식] 맡은 업무에 대하여 높은 수준의 전문성을 유지하며 어떠한 압력에도 굴하지 않고 소신 있게 처리한다.
	투명성	[적극적 정보 개발·국민의 알 권리 보장] 국민의 알 권리를 존중하며, 공공정보를 적극적으로 개방하고 공유한다.
	공정성	[공평무사한 일처리] 모든 업무는 신중히 검토하고 행정절차에 따라 공정하게 처리한다.
윤리관	청렴성	[사익 추구 지양] 공직자의 청렴이 국민신뢰의 기본임을 이해한다.
	도덕성	[양심과 도덕 준수] 준법정신을 생활화하고 공중도덕을 준수한다.
	공익성	[국민 전체를 위한 봉사] 봉사활동과 기부 등을 통해 생활속에서 국민에 대한 봉사자로서의 역할을 다한다.

2. 공직가치 세부개념

분류	공직가치	세부가치별 개념 정의
국가관	애국심	• 역사의식: 사회의 변화과정을 시간적으로 이해하고 국가와 사회의 발전을 위한 주인의식을 가지려는 자세 • 자긍심: 한 사회의 일원이자 공무원으로서의 맡은 역할과 소임에 스스로의 긍지를 가지려는 마음 • 사명감: 국가와 사회로부터 부여받은 역할과 소임을 최선을 다해 수행하려는 마음 • 헌법정신: 헌법이 지향하는 가치와 이념을 실천하려는 마음가짐 • 헌신성: 국가와 국민을 위해 몸과 마음을 바치려는 자세
	민주성 다양성	• 개방성: 각계각층의 열린 의사소통 및 상호작용을 통해 사회의 변화를 추진하는 자세 • 공동체의식: 공동체의 조화로운 발전을 추구하려는 의식
공직관	책임감	• 전문성: 공직자로서 자신의 업무에 대한 높은 지식을 보유하고 투철한 직업의식을 가짐 • 효율성: 시간과 예산의 낭비를 최소화하여 업무 성과를 높이려는 자세 • 봉사정신: 나 자신보다는 국민을 받들어 열심히 일하려는 자세 • 소명의식: 공직을 천직으로 여기며 일하려는 자세
	투명성 공정성	• 준법의식: 법과 규칙을 준수하는 자세
윤리관	청렴성 도덕성 공익성	• 적극성: 무사안일하지 않고 능동적이고 솔선수범하는 자세로 직무를 수행함 • 성실성: 맡은 바 임무를 성심성의껏 수행함

POINT 02 2024년 공무원 인재상

탁월한 직무 전문성으로 국민 기대에 부응하는 공무원 인재상	
소통·공감	국민 중심, 소통하고 공감하며 배려하는 공무원
헌신·열정	적극적이며 국가에 헌신하는 열정적인 공무원
창의·혁신	창의적 사고로 변화에 대응하고 혁신을 이끄는 공무원
윤리·책임	윤리의식을 갖추고 청렴하며 책임 있게 일하는 공무원

POINT 03 공무원 헌장

2016.1.1.부터 기존 공무원 윤리헌장이 공무원 헌장으로, 공무원 윤리헌장 실천강령은 공무원 헌장 실천강령으로 개정되어 시행되고 있다.

01 공무원 헌장

우리는 자랑스러운 대한민국의 공무원이다.
우리는 헌법이 지향하는 가치를 실현하며 국가에 헌신하고 국민에게 봉사한다.
우리는 국민의 안녕과 행복을 추구하고 조국의 평화 통일과 지속 가능한 발전에 기여한다.
이에 굳은 각오와 다짐으로 다음을 실천한다.

하나, 공익을 우선시하며 투명하고 공정하게 맡은 바 책임을 다한다
하나, 창의성과 전문성을 바탕으로 업무를 적극적으로 수행한다.
하나, 우리 사회의 다양성을 존중하고 국민과 함께 하는 민주 행정을 구현한다.
하나, 청렴을 생활화하고 규범과 건전한 상식에 따라 행동한다

02 공무원 헌장 실천강령

1. 하나, 공익을 우선시하며 투명하고 공정하게 맡은 바 책임을 다한다
   - 부당한 압력을 거부하고 사사로운 이익에 얽매이지 않는다.
   - 정보를 개방하고 공유하여 업무를 투명하게 처리한다.
   - 절차를 성실하게 준수하고 공명정대하게 업무에 임한다.

공익을 우선시하며

- **개념**: 공익(公益)은 '사회 전체의 이익'을 의미하며, 공무원은 공익을 가장 중요한 가치로 고려해야 한다. 공익추구란 특정 개인이나 집단의 이익이 아닌 공공(公共)의 이익을 위한 의사결정과 행위를 의미한다.
- **중요성**: 공무원은 여러 행정가치가 충돌하는 현장에서 의사결정을 내려야 한다. 예를 들어 소요되는 비용과 산출을 고민하며 가장 경제적인 대안을 선택해야 하거나, 경제성은 부족하더라도 최대한 많은 국민에게 혜택을 분배하는 선택을 해야 하는 경우도 있다. 즉, 가치 충돌의 상황에서 균형적인 사고와 판단을 유도하는 중요한 역할의 가치체계이다.
- **법률**: 헌법 제7조 제1항. 공무원은 국민 전체에 대한 봉사자이며, 국민에 대하여 책임을 진다. 모든 공무원들은 국민 전체에 대한 봉사자로서 국민 전체의 이익 실현을 위해 직무에 충실해야 하며 헌법은 국민 전체의 이익 실현을 위해 공무원에게 권한과 책임을 부여한다.

투명하고 공정하게

- 개념
  - 공무원의 투명성이란 국민의 알권리를 존중하고, 국민의 관점에서 정부의 정책결정과 집행과정을 공개하는 한편 국민들이 제공된 정보를 쉽게 이해하고 예측할 수 있도록 노력하는 것이다.
  - 공정(公正)은 '공평하고 올바름'을 의미하며, 모든 국민을 법과 규정에 따라 동일하게 대하는 것을 의미한다. 또한 공무원은 결과는 물론 그 절차의 공정성을 확보하기 위한 노력도 필요하다.
  - 투명성과 공정성의 밀접한 관련이 있는 이유는 공무원으로서 공정하게 처리한 모든 일들이 투명하게 공개될 때 비로소 국민들이 생각하는 공정한 행정과 투명한 정부가 완성되기 때문이다.
- **중요성**: 스마트 사회로 진입하면서 각종 정보매체를 통해 정책의 내용이 쉽게 확산되고 국민의 평가가 즉각적으로 이뤄지기 때문에 행정의 투명성과 공정성을 위한 노력이 절실한 상황이다. 특히 정책이 소수의 사람들에 의해 결정되고 그 내용조차 공개되지 않을 경우 국민은 정책에 대해 반감을 갖게 되고 공직사회 전체를 불신하게 된다.

맡은 바 책임을 다한다

- **개념**: 책임(責任)은 '맡아서 해야 할 임무나 의무'를 의미한다. 이는 법률과 규정을 충실히 준수하는 객관적 의미와 스스로의 역할을 깨닫고 공무원으로서 소임을 다하는 의무도 포함된다.
- **법률**: 헌법 제7조에 공무원은 국민에 대하여 책임을 져야 한다고 명시되어 있다. 대한민국 공무원이라면 공복으로서 국민을 위해 좋은 정책과 제도를 만들고 더 나은 행정서비스를 구현해야 한다.

◇ 공익성·투명성·공정성·책임성의 [행동지침 및 사례]

1. 부당한 압력을 거부하고 사사로운 이익에 얽매이지 않음
   - [사례] 공무원 A는 B가 부모공동명의의 시가 100억 원 상당의 상가를 23억 원 매매로 취득하였다고 신고한 건에 대하여, 담당직원인 C가 조사계로 이송해야 한다고 결재를 올리자, D세무사에게 자금흐름 조사를 받지 않도록 해주겠다고 하면서 금품 100만원을 요구하였다. A는 회의를 한 것처럼 서류를 작성하도록 지시하고, 담당직원에게 서명을 강요하여 증여혐의에 대한 조사를 하지 않도록 조치하였다. 이러한 사실이 적발된 A는 정직 3개월의 징계처분을 받았다.

   출처 | 2015년 공무원징계사례집

2. 정보를 개방하고 공유하여 업무를 투명하게 처리
   - 정보공유는 업무의 효율성과 효과성을 제고하고, 정보공개는 국민 만족도를 높인다.

- [정보공유사례] 식품의약품안전처는 각 부처 및 기관별로 관리, 운영되고 있는 식품안전정보를 연계·통합해 공유, 활용하고, 국민에게 신뢰성 있는 정보를 제공하기 위한 '통합식품안전정보망 구축' 사업을 추진하였다. 동 사업은 4단계로 나누어 추진되며 첫 번째는 식품안전정보의 연계·통합 및 정보의 공동활용을 위한 식품안전정보 표준 체계 마련, 두 번째는 식약처와 지자체 정보를 전국 단위로 연계·통합관리 하기 위한 행정업무통합 시스템 구축, 세 번째는 각 부처별로 산재되어 있는 159종의 식품안전정보를 통합·연계한 정보공동활용 시스템 구축이다. 마지막으로 국민이 식품안전정보를 쉽게 찾아볼 수 있도록 식품안전정보 대국민 포털을 구축하였다. 이를 통해 행정업무 효율화 및 식품안전 관련 정책수립의 효과성 제고, 식품안전에 대한 국민 만족도 향상 등의 효과가 기대된다.

3. 절차를 성실하게 준수하고 공명정대하게 업무에 임함
   - [사례] 공무원 A는 '공무원 승진 역량평가'의 평가위원으로 참여하면서 과거 부하 직원이었던 B를 승진시키기 위해 B가 개별면접을 보기 전에 본인의 휴대전화 문자메세지로 예상 질문을 B의 휴대전화로 전송해 시험문제를 유출하였고, B의 개별면접 당시 A는 B에게 간단한 질문을 하고 답변이 끝나자 '역량평가 평정표'에 평정요소별 평정을 모두 '탁월'로 체크한 후 총점 기재 시 개별면접 전체 응시자 25명 중 최고점인 '89점'을 부여했다는 비위첩보가 접수되었다. 해당기관의 자체조사결과 관련 내용이 사실로 밝혀짐에 따라 A는 정직 1개월의 징계처분을 받았다.

출처 | 공무원징계사례집

PART 03

2. 하나, 창의성과 전문성을 바탕으로 업무를 적극적으로 수행한다.

- 창의적 사고와 도전정신으로 변화와 혁신을 선도한다.
- 주인의식을 가지고 능동적인 자세로 업무에 전념한다.
- 끊임없는 자기계발을 통해 능력과 자질을 높인다.

창의성과 전문성을 바탕으로

- 개념
  - 창의성은 '새로운 것을 생각해내는 특성'을 의미하며, 독창성, 가치, 실현성을 포함하는 개념이다. 공무원의 창의성이란 어떤 문제에 대해 기존과 다른 아이디어를 생각하고, 이를 실행하기 위해 정책화하는 과정을 의미한다.
  - 전문성은 지식과 경험을 바탕으로 자신이 맡은 분야의 일을 수행해 나가는 것을 의미한다. 공무원의 전문성이란 지식과 기술 외에도 문제해결능력, 의사소통능력, 조직 및 통합능력, 자원확보능력, 업무추진력, 홍보능력 등 정책 성과를 제고할 수 있는 역량을 확보하기 위한 노력이 필요하다.
- 중요성
  - 공무원의 창의성이 발휘될 때 공직사회의 경쟁력 또한 높아질 수 있다. 새로운 방식으로 문제를 해결하는 공무원이 많아질수록 급변하는 행정수요에 즉각적인 반응을 할 수 있기 때문이다.
  - 전문성은 공무원이 행정업무를 안정적으로 운영하고, 보다 나은 대안을 마련하는 것과 직접적인 연관성이 있다. 축적된 지식과 경험을 바탕으로 정책 개발 및 관리 능력, 직무 수행능력은 정책성과를 제고하는 데 기여할 수 있다. 즉, 창의성이 어떤 문제에 대해 참신한 해결책을 마련하도록 돕는다면 전문성은 그러한 해결책의 현실적합성을 높이는 역할을 한다.

업무를 적극적으로 수행한다.

- **개념:** 적극성이란 '의욕적이고 능동적으로 활동하는 성질'을 뜻한다. 즉, 임무에 대해 주도적으로 문제를 해결하는 자세를 의미하며 공무원의 성실한 업무처리는 '적극행정'이라는 용어로 표현된다. 이러한 자세는 국민의 불편함을 해소하고 불필요한 규제를 정비할 수 있다는 점에서 정부 경쟁력 제고에 도움이 된다.
- **중요성:** '무사안일', '복지부동'이라는 공무원의 수동적인 업무처리방식은 공직사회 전체를 나약하게 만드는 원인이 된다. 공무원은 국민의 입장에서 더 많은 대안을 탐색하고 실현할 때 국민에게 신뢰감을 주며 국민을 위해 봉사하는 '눈높이 행정'의 밑거름이 될 수 있다.

◇ 청의성 · 전문성 · 적극성의 [행동지침 및 사례]

1. 창의적 사고와 도전정신으로 변화와 혁신을 선도한다.
   - 번뜩이는 아이디어는 상당한 성과를 창출하며, 기존의 고정관념들을 바꿀 수 있다.
   - [사례] ○○○주무관은 공간정보와 행정정보를 융합, 활용하여 "탈루, 누락세원 발굴 시스템"을 전국 최초로 개발하였으며, 지자체 최초로 모든 세입금을 전산화하여 추가 예산, 인력 투입 없이 사각지대에 있던 도로전용로 탈루세원 111억원을 발굴하였다. 해당 사례는 "2014년 지방세외수입 우수사례 경진대회"에서 대상을 수상하였고, 전국 지자체에 확산, 보급되었다.

출처 | 제1회 대한민국 공무원상

2. 주인의식을 가지고 능동적인 자세로 업무에 전념한다.
   - 주도적, 적극적인 자세는 국민 감동을 불러온다.
   - [사례] 외교부 ○○○사무관은 독도 동영상(12개 언어), 홈페이지 등을 제작하여 독도 영토주권에 대한 국제사회 인식제고 및 공공외교 정책 실현에 기여하였다. 또한, 적극적인 홍보 및 강연활동을 통해 정부의 독도 정책 및 독도 영토주권에 대한 대국민 이해도를 증진하였고, 동해 표기에 대한 적극적인 홍보 활동으로 '○○년 2.8%에 불과하던 동해 표기율을 30% 이상 끌어올렸다.

출처 | 제2회 대한민국 공무원상

3. 끊임없는 자기계발을 통해 능력과 자질을 높인다.
   - 공무원의 역량이 강화될수록 우리 정부의 역량도 강화된다.
   - 국립과학수사연구원 ○○과장은 법영상분석 프로그램, 코덱 기반 동영상 복원 프로그램 등의 연구개발로 범죄예방에 기여하였으며, 기존 외신에 의존하던 관련 프로그램을 국산화하여 예산절감에도 기여하였다. 또한 유관기관, 중소기업, 개도국 대상 기술지원에도 많은 노력을 기울였다. ○○과장은 1995년 채용된 이후 독학으로 프로그램 언어를 배워 영상 분석 알고리즘을 개발하였으며, 총 42건의 특허를 출원, 등록하였다.

출처 | 제2회 대한민국 공무원상

3. 하나, 우리 사회의 다양성을 존중하고 국민과 함께 하는 민주 행정을 구현한다.

- 서로 다른 입장과 의견이 있음을 인정하고 배려한다.
- 특혜와 차별을 철폐하고 균등한 기회를 보장한다.
- 자유로운 참여를 통해 국민과 소통하고 협력한다.

우리 사회의 다양성을 존중하고

- **개념:** 다양성(多樣性)은 다른 사람의 의견을 받아들이는 태도부터 다른 문화를 받아들이는 자세로 해석된다. 글로벌 사회로 접어들며 종교, 인종, 지역 등 다양한 배경을 가진 구성원이 함께 살아가고 있다. 정부 운영의 관점에서도 여러 배경을 가진 사람들을 위한 정책을 개발한다는 점에서 고려해야 할 가치이다.
- **중요성:** 사회 구성원이 다양해지는 만큼 요구사항이 증가하고 다양해지고 있으며 서로 간의 차이를 인정하지 못해 사회적 갈등 또한 증가하고 있다. 따라서 정부는 다양성에서 유발된 사회적 요구에 귀를 기울이고 올바른 정책을 수립할 필요가 있다. 다문화 가정 지원정책, 결혼이민자 일자리 확대, 장애인 대상 고용우대정책, 지방인재 채용 등은 이러한 정책의 좋은 사례라고 평가받는다. 단, 다양성을 존중한다고 해서 헌법 가치에 반하거나 공공의 안녕과 질서를 위협하는 주장까지 인정하는 의미는 아니다.

국민과 함께하는 민주행정을 구현한다.

- 개념
  - 민주(民主)는 '주권이 국민에게 있음'을 뜻하며 '국민이 모든 결정의 중심에 있는 것'이라는 의미를 포함하고 있다. 행정적 측면에서 민주주의는 문제해결방식의 하나로서 국민들의 다양한 의견을 종합적으로 수렴하고 이러한 것에 대한 문제해결이 가능하도록 제도적으로 장려하는 것을 의미한다.
  - 행정(行政)은 '정치나 사무를 행함'을 의미하며, 공익 증진 및 공공문제 해결 또는 공공정책을 수립하고 집행하는 활동을 의미한다.
  - 민주행정이란 앞서 언급된 '민주'와 '행정'을 하나의 개념으로 합친 것이며 '국민 모두의 이익과 의사가 반영되는 방향으로 행정행위가 이루어져야 한다'는 것을 의미한다. 특히 이는 정치적 의사결정을 분권화해 부패가능성을 낮추고 대중참여를 제도화하여 시민 개인의 선호와 선택을 존중하며, 경쟁을 통해 공공서비스를 공급해 사회 전체의 능률성을 극대화하는 것을 목표로 한다.
- **중요성:** 민주행정을 실현하는 가장 효과적인 장치는 '시민참여'이다. 오늘날 시민참여 방법은 공청회, 청문회, 자문위원회에 참여하는 활동에서부터 국민감사 청구, 행정쟁송 제기 등도 시민참여로 볼 수 있다. 또한 국민 신문고를 통한 민원제기, 정보공개시스템을 통한 정보공개 청구 등도 넓은 의미에서 시민참여의 형태로 볼 수 있다.

◇ 다양성·민주행정의 [행동지침 및 사례]

1. 서로 다른 입장과 의견이 있음을 인정하고 배려한다.
   - [사례] ○○○ 사무관은 장애인 차별행위 등과 관련된 각종 법령 및 정책 개선을 통해 장애인 권익보호 및 편익증진에 기여하였다. 특히, 장애인에 대한 제1종 운전면허 취득을 일률적으로 제한하는 법령에 대해 개선을 권고하고 경찰청으로부터 일부수용을 도출('15.12.)하였다. 해당 사례는 위원회 내부에서조차 2년 이상 부결되었던 사례였으나, 근거가 되는 연구자료를 본인이 직접 분석하여 개선권고를 이끌어 냈다는 점에서 의미가 크다.

   출처 | 제2회 대한민국 공무원상

2. 특혜와 차별을 철폐하고 균등한 기회를 보장한다.
   - A과장은 고교 후배인 부하직원이 승진 시험공부에 대한 어려움을 토로하자 충분히 공부를 할 수 있도록 3개월의 시험 준비기간을 주어 해당 직원이 업무를 보지 않고 외부에서 사무관 승진시험 준비에 전념할 수 있도록 배려하였다. 이러한 행위는 분명한 특혜로 공무원 행동강령 제6조(특혜의 배제) 위반사항이다.

3. 자유로운 참여를 통해 국민과 소통하고 협력한다
   - 국민의 소리를 듣는 장치가 제대로 마련될 때 민주 행정이 구현된다.
   - [사례] 행정안전부는 정부정책과 관련한 국민들의 의견을 수렴하여 각 부처에 전달함으로써 정책이 현실화될 수 있도록 각종 제안 제도를 운영하고 있다. 대표적인 예는 '온국민소통'이 있으며, 국민들의 정책제안을 받고 국민은 정부에서 실시하는 각종 서비스 정책, 서비스 우수사례 심사에도 직접 참여할 수 있다.

4. 하나, 청렴을 생활화하고 규범과 건전한 상식에 따라 행동한다.
   - 직무의 내외를 불문하고 금품이나 향응을 받지 않는다.
   - 나눔과 봉사를 실천하고 타인의 모범이 되도록 한다.
   - 공무원으로서의 명예와 품위를 소중히 여기고 지킨다.

청렴을 생활화하고

- 개념: 청렴(淸廉)은 '성품과 행실이 높고 맑으며 탐욕이 없음'을 의미한다. 공직사회에서 청렴의 개념은 부패하지 않아야 한다는 소극적 의미와 모든 공무원의 행위와 결과가 떳떳하고 완벽을 추구해야 한다는 넓은 의미까지 해석된다.
- 중요성: 공무원의 부정부패는 개인의 문제에서 그치지 않고 국가와 국민 전체의 문제로 확산되어 국가경쟁력에도 상당한 영향을 미친다. 국가 청렴도 수준이 1인당 교역량, 외국인투자관심도, 1인당 GNP에 영향을 미친다는 연구결과도 있다. 하지만 무엇보다 공무원 부패의 인식 그 자체만으로도 국가와 정부에 대한 국민의 신뢰를 떨어뜨리고 사회통합을 저해할 수 있다는 점이 가장 큰 문제이다.

규범과 건전한 상식에 따라 행동한다

- 개념: 규범(規範)은 '인간이 사회생활을 하는 데 있어 구성원으로서 지켜야 할 행동규칙'을 의미하며 정도에 따라 관습, 도덕적 관습, 법의 3가지 단계로 나뉘어진다. 따라서 규범에 근거한 행동은 사회적 관습과 규칙에 어긋나지 않아야 한다는 의미이다.
- 중요성: 공무원이 규칙과 개념을 지키지 않으면 위법상황이 발생하고, 정도가 심하지 않더라도 공무원의 명예와 품위에 나쁜 영향을 미칠 수 있다. 또한 공무원은 공인(公人)이라는 신분적 특수성이 있는 만큼, 규범을 준수하고 건전한 상식에 따라 행동하는 사회적 책임의 영역까지도 확장된다. 즉, 나눔과 봉사활동을 수행할 때 국민들에게 귀감이 될 수 있다.

◇ 청렴성·규범준수·건전한 상식 [행동지침 및 사례]

1. 직무의 내외를 불문하고 금품이나 향응을 받지 않는다.
   - 공무원의 부패는 국민 신뢰와 국가경쟁력에 악영향을 미친다.
   - [사례] 공무원 A는 '통합정보시스템 3단계 구축사업'에 대한 감독, 검사 업무를 담당하면서, 기업 직원으로부터 375,000원 상당의 접대를 받는 등 총 6회에 걸쳐 2,124,000원의 향응 등을 수수한 사실이 있다. 이러한 사실이 적발되어 A는 정직 3개월 및 징계부기금 2배의 징계처분을 받았다.

     출처 | 2015년 공무원 징계사례집
2. 나눔과 봉사를 실천하고 타인의 모범이 되도록 한다.
   - 공무원의 나눔과 봉사는 국민 감동과 공감을 이끌어 낸다.

- [사례] A주무관은 혈액암으로 고통받는 환우들을 위해 골수 기증을 결심하고 조혈모세포 기증 희망자 명부에 등록하여 골수 제공을 위한 수술을 마쳤다. A주무관은 평소에도 어려운 주민들을 위해 봉사활동을 하는 등 주민과 직원들로부터 많은 칭찬을 받아왔다.

3. 공무원으로서의 명예와 품의를 소중히 여기고 지킨다.
   - 공무원의 의무는 일상생활까지 연결된다.
   - [사례] 공무원 A는 자택에서 처와 딸을 폭행하고, 처가 현관출입문을 열어 주지 않자 복도 유리창을 파손하였다. 이러한 해우이에 대하여 A는 공무원의 품위유지 의무 위반을 이유로 감봉 1개월의 징계처분을 받았다.

출처 | 공무원 현장 해설서

03 알아 두면 도움되는 참고 문헌

1. 공무원 징계 사례집

『공무원 징계사례집–반듯한 공무원, 신뢰받는 정부』는 공무원과 일반 국민들의 징계제도에 대한 이해도를 높이고 공무원에게는 반면교사(反面教師)가 될 수 있는 자료집이다.

본 책자는 징계제도 소개, 징계 관련 질의 및 답변, 징계 통계 등 다양한 징계 사례를 수록하여 공무원들이 스스로 경계하고 부정부패를 근절할 수 있는 환경을 조성하기 위해 만들어졌다.

2. 공무원헌장해설서

공직가치가 공무원에게 내재화되어 실천으로 연결되기 위해서는 공무원 헌장에 대한 올바른 이해가 선행되어야 하므로, 공무원 헌장에 포함되어 있는 가치들에 대한 개념과 공직사회에 대한 의미가 설명되어 있는 자료이다.

3. 나는 함께 일하고 싶은 사람인가

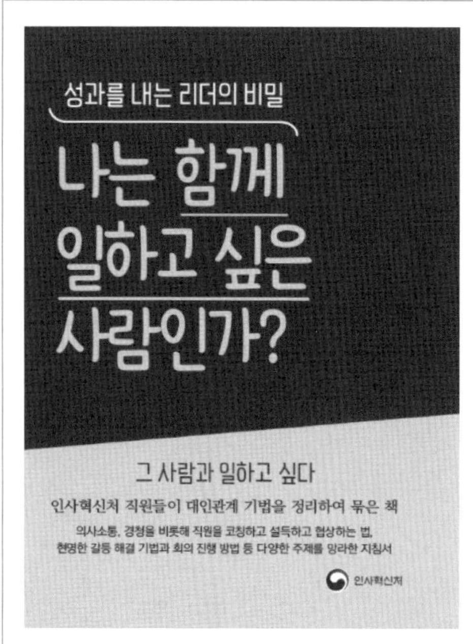

직장생활 속 경청, 설득, 협상 등 대인관계 필수역량을 익혀 정부조직에서 함께 일하고 싶은 사람이 되고, 그 덕분에 조직의 생산성이 높아져 출근하고 싶은 직장, 행복한 일터를 만들어 가는 데 도움이 되는 조직실용서이다.

POINT 04 공무원 행동강령

01 공무원 행동강령의 이해

1. 개념

공직자가 직무수행과정에서 당면하는 갈등상황에서 추구해야 하는 바람직한 가치기준 및 행위기준에 관련된 규정이다.

2. 법적근거

- 「부패방지 및 국민권익위원회의 설치와 운영에 관한 법률」
  - 제7조(공직자의 청렴의무), 제8조(공직자 행동강령), 제12조(기능)
- 「부패방지 및 국민권익위원회의 설치와 운영에 관한 법률 시행령」
  - 제4조(공직자 행동강령), 제9조(행동강령의 시행·운영 등), 제10조(행동강령 위반행위의 신고·처리 등)

3. 필요성

공무원은 국민 전체에 대한 봉사자로서 일반 국민보다 더욱 높은 도덕성이 요구된다. 특히 공무원에게는 누구보다 기대되는 바람직한 행동에 대한 명확한 기준의 제시가 필요하며 이러한 기준에 관련된 내용이 공무원 행동강령이다.

1. 공무원의 역할과 중요성의 증대
2. 공무원의 상징성과 "축소(절제)된 사생활의 원칙"의 적용
3. 공무원의 바람직한 행동의 방향과 원칙의 제시
4. 부패 발생 사전 예방
5. 공무원의 윤리성과 정부의 신뢰성 제고
6. 거래비용 절감과 저비용 고효율의 시스템 구축

02 공무원 행동강령의 주요내용(대통령령 제32661호)

공정한 직무수행, 부당이득 수수금지, 건전한 공직풍토 조성의 3개 분야 16개 조항으로 구성

분야	조항
공정한 직무수행 (제 2장)	공정한 직무 수행을 해치는 지시에 대한 처리
	특혜의 배제
	예산의 목적 외 사용금지
	정치인의 부당한 요구에 대한 처리
	인사청탁 등의 금지

공정한 직무수행 저해지시에 대한 처리 ★★★

1. 도입배경 및 의의

- 공무원이 업무를 처리함에 있어, 상급자의 부당한 업무 지시에 대한 거부 등 그 처리절차를 규정함으로써 공정한 업무 수행의 기반 마련
- 공무원은 헌법과 법령 등을 준수하고, 타인의 부당한 이익을 위하여 공정한 직무수행을 현저하게 해치는 지시를 하였을 때 소명한 후 따르지 아니할 수 있음

2. 참고법률

- 공무원행동강령 제2장 제4조
- 공직자 행동강령 운영지침 제8조

3. 처리절차 ★★★

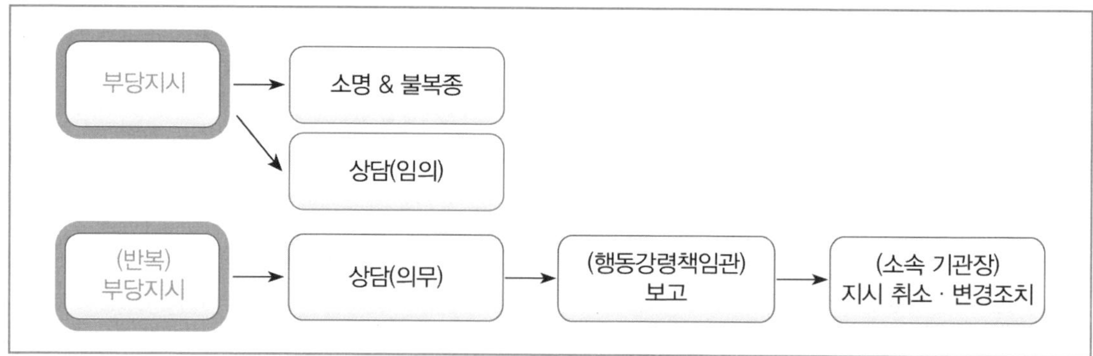

상급자가 자기 또는 타인의 부당한 이익[1]을 위하여 공정한 직무수행을 현저하게 해치는 지시(부당한 지시)를 하였을 경우

- [하급자] 상급자에게 거부 사유를 소명하고 지시 거부 또는 행동강령책임관과 상담
  [지시 거부] 지시를 거부하였음에도 같은 지시가 반복될 경우, 즉시 행동강령 책임감과 상담해야 함
- [행동강령책임관] 상담 요청을 받은 행동강령책임관은 지시 내용을 확인 후 지시를 취소하거나 변경할 필요가 있다고 인정되는 경우 소속 기관의 장에게 보고
- [소속 기관의 장] 필요시 지시를 취소·변경하는 등 적절한 조치 수행

4. 위반사례

- 고가의 장비를 구입하면서 납품업체의 부탁을 받고, 부하 검사공무원에게 하자품에 대하여 합격 처리토록 부당지시
- 대형 건물 건축사업을 승인함에 있어 교통영향평가 결과를 무시하고 부하 공무원에게 사업승인 해 주도록 부당지시

---

1 부당한 이익: 원인 없이 취득한 이득 또는 궁박한 상태를 이용하여 취득한 이득 등을 의미하며, 금전적 이득뿐만 아니라 무형의 이득도 포함

• 수학여행 업체 선정 시 관련 규정을 지키지 않고 특정 여행업체와 계약하도록 부당지시

부당지시의 판단기준(고용노동부훈련 제 409호)	
1. 판단기준	가. 법령, 행정규칙(훈련·예규·고시·지침 등)에 위반되는 지시인지 여부 나. 업무의 본래 취지에 맞지 않은 지시인지 여부 다. 공공기관에 재산상 손해를 입힐 수 있는 지시인지 여부 마. 지위 또는 권한을 남용하는 지시인지 여부 바. 자율성이 보장된 것임에도 행위를 강요하는 지시인지 여부 사. 그 밖에 현저히 불합리한 행위를 강제하는 지시인지 여부
2. 부당지시 유형 (★★★)	가. 규정위반 내용 또는 본래의 취지에 맞지 않는 방향 지시 나. 신고사건 등 민원처리에 개입하여 부당하게 방향 지시 다. 신고사건 처리 시 필요 이상으로 상위자를 출석 요구토록 지시 라. 점검 등 계획수립 시 합리적 이유 없이 특정업체를 포함 또는 제외 지시 마. 관용차 등 공용물을 휴일 등에 사적 용도로 사용하는 지시 바. 물품구매 등 각종 계약 시 정당한 이유 없이 특정업체를 선정하는 지시 사. 업무추진비 등 예산을 사적용도로 집행토록 지시 아. 인사에 있어 지연·혈연·학연·직연 등 비합리적인 연고성·편파적 운영 지시 자. 근무성적 평가를 이유로 협박성 회유 또는 부당한 지시 차. 직원에게 직무관련자를 통하여 골프부킹, 콘도예약 등 지시 카. 직무관련자에게 취업을 청탁하도록 지시 타. 개인적 경조사를 직무관련자에게 알리도록 지시 파. 사업장 등에 자신의 외부강의를 주선하도록 지시

5. Q&A

Q1 행동강령책임관은 필요시 부당지시와 관련된 내용을 기관장에게 보고토록 하고 있는데, 이는 비밀 유지 및 신분 보장 의무와 어긋나지 않는지?

→ 행동강령책임관과의 상담이 위반행위 신고에는 해당하지 않으나, 상담의 경우에도 상담자가 불이익을 받지 않도록 위반행위 신고자에 준하여 비밀보장을 해야 함

※ 「공무원 행동강령」 제23조 3항, 행동강령책임관은 행동강령과 관련한 상담 내용에 대한 비밀준수 의무가 있으므로, 상담자의 신분을 언급함으로써 상담에 따른 불이익을 받게 하였다면 이는 행동강령 위반으로 징계대상이 됨

Q2 행동강령에 위반된다 할지라도 상급자가 지시하는 경우 부하직원은 현실적으로 거부하기 어려운데, 이에 따를 경우 처벌 대상이 되는지?

→ 상급자의 지시이더라도 불복종 사유를 소명하지 않은 채 행동강령에 위반되는 행위를 하면 부당한 지시를 한 상급자뿐만 아니라 지시에 따른 부하직원도 책임을 져야 함

Q3 상급자의 부당한 지시를 행동강령책임관에게 상담·신고할 경우, 행동강령책임관은 상담·신고의 접수를 거부할 수 있는지?

→ 거부할 수 없으며, 행동강령책임관은 상담 및 신고를 처리할 의무가 있음. 이를 거부할 경우, 「공무원 행동강령」 제23조(행동강령책임관의 지정) 위반임.

특혜의 배제

1. 도입배경 및 의의

- 합리적·객관적 기준이 아닌 연고를 바탕으로 한 공정경쟁 저해 등으로 국가행정 및 공직사회 구성원의 신뢰를 저해하는 행위 예방
- 공무수행 중 지연·혈연·학연·종교 등을 이유로 특정인에 특혜 및 차별 금지

2. 참고법률

공무원 행동강령 제2장 제6조

3. 내용해설

- '특혜'의 의미
  - '특혜'란 법령 등 합리적 근거 없이 특정인을 다른 사람이나 집단과 차별하여 우월적 지위를 부여하거나 공정한 경쟁을 저해하는 일체의 행위를 의미
  - 직무수행 상대방이 지연·혈연·학연·종교 등의 관계에 있다는 이유만으로는 특혜라고 볼 수 없으며, 다른 경쟁자와 비교하여 또는 관련 법령 등이 정하는 요건에 위반하여 통상적인 범위를 벗어나는 경제적·사회적 이익 등을 주어야 함
- 위반행위 성립: 지연·혈연·학연·종교 등을 기초로 청탁이나 은연 중의 압력 또는 개입 등을 할 수 있는 정도의 친분관계가 존재하여 직무수행에 부당한 영향을 미칠 수 있는지가 판단의 근거가 됨. 이때 통상적으로 생각하는 고향의 범위(군 단위 또는 시·도 단위)가 중요한 것이 아니라, 지연을 기초로 하여 정실개입의 개연성 있는 정도의 관계가 존속하고 이와 같은 관계가 부당하게 직무수행에 영향을 미쳤는지가 판단의 근거가 됨

4. 위반사례

- 임시직 공무원 채용 시 법적인 절차 없이 지인이나 가족을 채용한 경우
- 정부부처 공무원이 위탁업체 및 하위기관에 부탁하여 가족을 취업시킨 경우
- 학교장이 비공개 특별채용 계획을 수립하여 단독으로 응시한 자신의 자녀를 과학실험 보조원으로 채용
- 모 기관 운영국장이 기관장의 고교 동창인 교수에게 5천만원 상당의 수의계약 용역 발주
- 기초지자체 과장이 ㅇㅇ지역 언론사 관계자 甲의 청탁을 받고, 甲과 연관성이 있는 연구원 乙이 주관하는 교육 프로그램에 고액의 위탁 교육비 지출

5. Q&A

Q1 기관 내 종교모임이 특정 종교인과의 오찬 모임을 마련하고 기관장에게도 참석을 요청해 왔는데, 기관장이 해당 오찬 모임에 참석할 경우 행동강령 위반인지?

→「공무원 행동강령」 제6조는 공무원이 직무를 수행할 때 지연·종교 등을 이유로 특정인에게 특혜를 주거나 차별하는 행위를 금지하는 규정이므로, 사례와 같이 직무와 무관한 경우는 해당되지 않음

예산의 목적 외 사용 금지

1. 도입배경 및 의의

- 공무활동을 위한 예산을 부당하게 사용하는 것을 금지함으로써 예산 낭비를 방지하고, 예산의 편법·부당 사용을 위한 허위 공문서 작성·업무 내용 왜곡 등의 부당행위를 사전에 차단하여 직무 공정성 제고
- 여비, 업무추진비 등 공무활동을 위한 예산을 목적 이외의 용도로 사용금지

2. 참고법률

공무원 행동강령 제2장 제7조

3. 내용해설

공무원은 여비, 업무추진비, 인건비, 수당, 사업비 등 공무활동을 위한 예산을 목적 외의 용도로 사용하여 소속 기관에 재산상 손해를 입혀서는 아니되며, 예산의 목적 외 사용과 소속기관에 대한 재산상 손해가 동시에 충족되어야 함

- [예산의 목적 외 사용] 예산의 목적이 반영되어 편성된 예산안이 세출예산에 계상된 내용·용도와 다르게 집행한 것을 의미. 허위·과다 청구 등 거짓 또는 부정한 방법으로 예산을 수령하거나 사용하는 행위도 포함됨
- [재산상 손해] 소속 기관의 재산적 이익 또는 가치를 감소 또는 상실시키는 행위를 의미

4. 관련 규정 및 제도 ★☆☆

◇ 클린카드 제도

- 공공기관에서 공식적인 직무수행과 관련이 적은 단란주점, 골프장 등 특정 가맹점에서 사용이 제한되는 법인카드(업무추진비)를 사용토록 하는 제도
- 업무추진비는 클린카드 사용이 원칙임. 즉, 클린카드인 법인카드는 예산의 목적에 맞게 사용 가능한 곳에서만 사용할 수 있으며, 단란주점 등 사용이 금지된 장소에서 사용하거나 휴일에 사적으로 사용하는 행위는 공무 활동을 위한 예산을 목적 외로 사용하는 것으로 행동강령 위반 사유가 됨
- 의무적 제한 업종(클린카드 사용 불가)
  - 유흥업종: 룸싸롱, 단란주점, 가라오케, 가요주점, 클럽, 스탠드바, 카바레 등
  - 위생업종: 미용실, 피부미용실, 사우나, 안마시술소, 스포츠마사지, 네일아트 등
  - 레저업종: 골프장, 골프연습장, 스크린골프장, 노래방, 당구장, 헬스클럽, PC방, 스키장 등
  - 사행업종: 카지노, 오락실, 복권방
  - 기타업종: 성인용품점, 총포류 판매점

정치인의 부당한 요구에 대한 처리

1. 도입배경 및 의의

- 공무원이 직무수행 중 정치인이나 정당 등으로부터 부당한 요구를 받거나 청탁을 받은 경우의 처리절차를 규정하여 직무 공정성 확보
- 타 부처 공무원, 정치인 등이 부당한 직무 수행 강요 시 소속 기관의 장에게 보고 또는 행동강령책임관과 상담

2. 참고법률

- 공무원 행동강령 제2장 제8조
- 공직자 행동강령 운영지침 제13조

3. 위반사례

정치인, 정당 등으로부터 부당한 직무 수행을 요구받거나 청탁을 받은 경우

인사 청탁 등의 금지 ★★★

1. 도입배경 및 의의

- 공무원이 직위를 이용하여 인사에 부당한 영향력을 행사하는 행위를 금지함으로써 직무수행의 공정성을 확보하고, 인사 청탁과 연계된 금품 수수 및 이권 개입 등의 부당행위 방지
- 자신의 임용·승진·전보 등 인사에 부당한 영향을 미치기 위한 청탁의 금지(예외: 근무시간 중 단순한 인사고충상담)

2. 참고법률

- 공무원 행동강령 제2장 제8조
- 공직자 행동강령 운영지침 제13조

3. 내용해설

- 금지행위
  - 공무원이 자신의 인사에 부당한 영향을 미치기 위하여 중간매개자인 타인을 통해 인사업무 담당자에게 청탁을 하는 행위, 자신의 지위를 이용하여 다른 공무원의 인사에 부당하게 개입하는 행위
  - '인사'의 범위: 임용·승진·전보는 물론 포상·징계·시험 등에 관한 사항 포함
  - '직위의 이용': 영향력을 행사할 수 있는 직위에 있는 자가 정당한 절차에 의하지 않고 다른 공무원의 인사에 부당하게 개입하는 행위를 의미

4. 위반사례

- 포상, 징계 등에 있어 청탁하는 경우, 포상 유도를 위해 개입하는 경우
- 모 군청 공무원 A가 자신의 5급으로의 승진을 정치인 B에게 부탁하고 B가 군수에게 A승진을 청탁
- 모 시청 국장 C가 7급 직원 D의 부탁을 받고 총무과장 E에게 D의 승진을 청탁

5. Q&A

Q1 자신의 인사와 관련하여 상급자에게 '상담하는 행위'가 행동강령 위반인지?

→ 청탁이 아닌 단순 인사 상담을 본인이 직접 상급자에게 하는 것은 행동강령 위반이 아님. 다만, 공정한 직무 수행을 해치는 청탁에 해당하는 경우 「공무원 행동강령」 제11조(알선·청탁 등의 금지) 위반임

Q2 부서장이 소속 직원에 대한 인사문제를 인사담당자에게 상담하는 것이 행동강령 위반인지?

→ 청탁이나 부당한 개입의 의도 없이 단순히 소속 직원의 인사 관련 상담을 부서장이 인사담당자에게 하는 것은 행동강령 위반이 아님.

분야	조항
부당이득 수수금지 (제3장)	이권개입 등의 금지
	직위의 사적 이용 금지
	알선 및 청탁 등의 금지
	직무 관련 정보를 이용한 거래 등의 제한
	사적 노무 요구 금지
	직무권한 등을 행사한 부당행위 금지
	금품 등의 수수 금지
	감독기관의 부당한 요구 금지

이권개입 등의 금지

1. 도입배경 및 의의

공무원이 직무상 우월한 지위를 이용하여 자신 또는 타인의 부당한 이익을 도모하는 행위를 금지함으로써 공정한 공직사회 풍토 조성

2. 참고법률

공무원 행동강령 제3장 제10조

3. 내용해설

- 지위의 직접 이용: 타인이 아닌 본인에 의해 직위가 직접적으로 이용된 경우를 의미
- 이익: 경제적 이익 외에 금전으로 가액을 산정할 수 없는 것도 포함(특정인에게 유리한 상황, 사회적 명성, 우호적 평판 등)
- 위반행위 성립: 공무원이 자신 또는 타인의 부당한 이익을 도모했는지 여부에 따라 판단되며, 어떠한 이익 등이 실제 발생하였는지 여부가 위반 성립을 좌우하는 것은 아님

4. 위반사례

- 연구과장이 직무 관련 장비업체를 운영하는 동생의 업체에서 연구 장비를 구입하도록 이권 개입하는 경우
- 모 시청 공원녹지과장이 직무 관련 조경업체에 부탁하여 자신의 동생이 운영하는 업체로부터 조경장비를 구입해 주도록 이권 개입
- 모 군청 환경관리과장이 관할 구역 내 골프장에 전화하여 자신의 지위를 거론하며 자신의 친구가 주말 특정 시간에 부킹할 수 있도록 해 줌

직위의 사적 이용 금지

1. 도입배경 및 의의

공무원이 소속기관의 명칭이나 직위를 직무와 무관하게 사용함으로써 자신 또는 타인의 사적 이익을 도모하고, 일반 국민으로 하여금 특정인(단체)이 공신력을 부여받은 것처럼 오해할 수 있도록 하는 행위 금지

2. 참고법률

공무원 행동강령 제3장 제10조의2

3. 내용해설

- 사적 이익: 법령이 보호하려는 법익 및 공익과 관련 없는 모든 이익을 의미하며 경제적 이익은 물론 금전으로 가액을 산정할 수 없는 것도 포함. 또한 사적 이익이 반드시 불법적인 이익이어야 할 것을 요구하지도 않음
- 위반요건: 4개 요건 모두 충족 시 위반행위 성립
  - 직무 범위 외
  - (본인 또는 타인의) 사적 이익 도모
  - 공표·게시 등의 방법
  - 기관 명칭 또는 직위 이용

4. 위반사례

- 자신의 배우자가 운영하는 사업을 홍보하기 위해 인터넷 블록, 광고 등에 자신의 기관 명칭과 직위를 표시하는 행위
- 사적 친분관계에 있는 제3자가 공무원의 직무와 무관한 내용의 출판물을 발행하자 공무원이 소속된 기관의 명칭과 직위를 표시한 추천서, 인사말 등을 기재하여 홍보에 활용하는 행위

5. 허용사례(미해당)

- 금융기관, 인터넷 사이트 등 가입 시 자신의 소속기관 명칭과 직위를 기입하는 행위
- 경조사 축·부의금 봉투, 화환에 자신의 소속기관 명칭과 직위를 기입하는 행위
- 타 기관 및 관련 단체에서 소속 기관의 업무와 관련 있는 행사를 개최할 때 화분, 화환을 보내는 행위

알선·청탁 등의 금지 ★★★

1. 도입배경 및 의의

- 공직사회 내의 의사결정을 왜곡하고, 공정한 업무수행을 저해하는 요인으로 작용하는 알선·청탁 등을 금지함으로써 건전한 공직풍토 조성에 기여
- 공무원의 알선·청탁 등 금지 상대방을 '공직자가 아닌 자'까지 확대하여 공직자에 대한 청탁과 함께 민간분야에 대한 부정청탁까지 포괄적으로 규제할 필요
- 청탁금지법 시행('16.09.28.)으로 공직자에 대한 부정청탁은 금지되었으나 공직자의 민간에 대한 부정청탁은 관리 사각지대로 존재

2. 참고법률

- 공무원 행동강령 제3장 제11조
- 「부패방지 및 국민권익위원회의 설치와 운영에 관한 법률」 제2조, 제3호

3. 내용해설

- 위반 여부 판단
  - 공정한 직무수행을 저해하는 알선·청탁을 함으로써 위반행위가 성립하며, 알선·청탁의 대가로 뇌물(재산적 가치가 없는 이익도 포함)이나 재물(재산적 가치가 있는 이익)을 수수하지 않았더라도 행동강령 위반
  - 또한 알선·청탁한 사항의 실현 여부와 관계없이 행동강령 위반행위 성립

청탁금지법상 '부정청탁 금지'와의 차이
• 청탁금지법은 모든 청탁이 아니라 인·허가 등 14개 부패 빈발분야의 직무와 관련하여 법령을 위반하거나 지위·권한을 벗어나 처리하도록 하는 부정청탁행위만을 규율대상으로 지정 • 행동강령에서는 법령 위반뿐만 아니라 내부기준 위반 등을 포함하여 자기 또는 타인의 부당한 이익을 위해 공정한 직무수행을 해치는 일체의 알선·청탁 등을 금지

PART 03

4. 부정청탁 사례

유형	부정청탁 사례
1호 (금전출연)	• 재원 마련 위해 사기업에 금전적 요청, 출연 요구 • 기업에 비용을 부담케 하는 준조세 관행(미소금융, 미르재단) • 부실기업에 대한 대출 요구
2호 (인사·징계)	• 민간기업 사장(임원 등) 퇴진·교체 요구 등 인사 간섭 • 회사 고문(자문) 자리 요구 • 민간기업에 특정인 채용 및 보직 변경 요구
3호 (업무상 비밀)	• 미공개 기업정보(공시 전의 경영실적, 사업계획 등) 유출 • 경영정보, 영업비밀, 기술정보 제공 요청하여 경쟁사의 조직, 인력 정보 등 유출
4호 (계약행위)	• 사기업에 특정업체와 계약 체결 요구 • 특정업체 납품 요구, 일감 배정 요구 • 특정업체의 광고, 협찬 요구(특정업체 선정, 특혜 부여) • 특정기업 기술 이용 요구(소프트웨어 개발) • 거래업체 선정 시 통상 거쳐야 하는 제품시험과 입찰 등 절차를 거치지 않고 특정업체와 수의계약으로 계약 체결 • 특정업자와 공모하여 예정가격을 미리 알려 줌으로써 그 특정업자가 공정한 자유경쟁 없이 공사를 낙찰받을 수 있게 함
5호 (거래행위)	• 계약 조건 변경 • 대출금리 인하 요구 • 항공석 좌석 편의, 골프장 예약, 병원 입찰 예약 • 협력사와의 납기기한 연장 및 입고가 인상
6호 (평가·판정)	입학특혜 및 학사 혜택(성적 평가 등) 부여
7호 (수상·포상)	• 특정인의 작품을 민간기업이 시행하는 공모에 선정되도록 청탁 • 장학생 선정하여 장학금 지급
8호 (감사·조사)	법인의 재산 상황을 감사한 결과를 조작, 위법사실 은폐

5. Q&A

Q1 경찰청 직원이 무면허운전으로 조사를 받고 있는 친구를 위하여 사건의 담당자인 동료직원에게 선처해 줄 것을 청탁하고 친구로부터 이에 대한 대가를 받지 않은 사례

→ 타인의 부당한 이익을 위하여 다른 공무원의 공정한 직무수행을 해치는 알선·청탁을 하였다면, 알선·청탁 대가를 수수하였는지 여부와 관계없이 행동강령 위반

Q2 기관장이 인사 차 찾아온 고향 후배와 환담 중 청사시설 보수 업무 담당국장을 불러 고향후배에게 보수계획을 브리핑하도록 한 후 "후배의 민생해결을 위해 일을 맡겨보라"고 하였음. 현재 동 사업의 시행사 선정 작업이 진행 중이어서 기관장의 고향후배가 동 사업을 맡게 될지 여부는 미정인데, 행동강령 위반인지?

→ 타인의 부당한 이익을 위하여 다른 공무원의 공정한 직무수행을 해치는 알선·청탁을 하였다면, 알선·청탁 대가를 수수하였는지 여부와 관계없이 행동강령 위반

직무 관련 정보를 이용한 거래 등의 제한 ★★★

1. 도입배경 및 의의

공무원이 직무 수행 중 알게 된 정보를 사적으로 이용하여 본인 또는 타인의 재산적 이익을 도모하는 부정행위 방지

2. 참고법률

공무원 행동강령 제3장 제12조

3. 내용해설

- 직무수행 중 알게 된 정보: 정보의 귀속이나 출처가 어디인지를 불문하고 직무수행 과정에서 알게 된 일체의 정보(해당 직무를 수행하지 않으면 접근이 차단되어 한정된 관계자가 독점하고 있는 상태의 정보를 의미하며, 정보의 접근 및 열람에 있어 공무원이 일반인보다 우월적 지위에 있어야 할 것임)

직무 관련 정보를 이용한 거래 등의 검토가 필요한 기관
• 주식 등 유가증권 거래 규재: 금융위원회, 기획재정부, 산업통상자원부, 중소벤처기업부, 특허청, 국세청, 금융감독원, 각급 기관의 기금 운용부서 등 • 부동산 거래(투자) 규제: 국토교통부, 농림축산식품부, 지방자치단체(도시계획, 도시개발, 건설 담당부서 등), 한국토지주택공사 등

4. 위반사례

- 공무원이 코스닥 미등록기업을 조사하면서 직무상 취득한 정보를 이용하여 다량의 주식을 취득한 후 거액의 차익 실현
- 세무담당 공무원이 세무조사를 하면서 알게 된 기업 정보를 이용해 주식에 투자
- 도시개발 담당 공무원이 도시계획 수립과정에서 얻은 정보를 가족 및 친인척 명의로 계획구역의 부동산을 취득해 차익을 얻는 경우
- 건설행정부서 담당 공무원이 그린벨트 해제정보를 사전에 이용해 토지를 매입 후 매각하여 차익을 얻는 경우

사적 노무 요구 금지 ★★☆

1. 도입배경 및 의의

- 공사 구분 없이 직무관련자나 부하직원 등 직무관련공무원의 노동력을 사적으로 사용하는 전근대적 관행 일부 잔존
- 상사의 업무와 무관한 사적 노동력 제공 요구가 부적절하다는 인식이 공직사회 내 형성
- 공무원이 우월적 지위를 이용하여 직무관련자나 직무관련공무원의 노동력을 사적으로 사용하는 행위 규율 필요
- 공무원이 직무관련자 또는 직무관련공무원으로부터 사적인 노무를 제공받거나 요구 또는 약속하는 행위 금지

2. 참고법률

공무원 행동강령 제3장 제13조의2

3. 내용해설

- 공무원이 직무관련자 또는 직무관련공무원으로부터 사적인 노무를 제공받거나 요구 또는 약속하는 행위 금지
  - 금지 대상을 명확히 하기 위하여 공무원이 자신의 직무권한을 행사하거나 직위·직책 등에서 유래하는 사실상 영향력을 행사하여 사적인 노무를 제공받거나 요구·약속하는 경우로 구체화
- 예외적으로 다른 법령 또는 사회상규에 따라 허용되는 경우 적용 제외

4. 위반사례

- 청소업체 관리업무 담당 공무원이 업체 미화원들로부터 자신이 입주할 아파트 청소 편의를 제공받음
- 모 군청 간부공무원은 기관 행사인 1박 2일 과정의 워크숍 진행과정에서 심야시간에 부하 직원에게 라면을 끓여오도록 지시
- 중앙부처의 일선기관 상급자가 자신의 세탁물을 하급자로 하여금 세탁소에 맡기고 찾아오도록 지시

직무권한 등을 행사한 부당행위의 금지(갑질 금지 의무 규정) ★★★

1. 도입배경 및 의의

- 공직사회에서 공무원 상하간, 상급기관과 하급기관 간, 공무원과 민간인(직무관련자) 간에 다양하게 발생하고 있는 '갑질'행위에 대한 사회적 비판과 개선요구가 높아짐에 따라 공공분야의 갑질 사전 예방 및 적발 처벌을 위한 제도적 기반 마련 필요
- 공무원 행동강령에 일반적 갑질 개념 및 금지 의무 규정을 신설하여 시행함으로써 공공분야 갑질로부터 선도적으로 근절하고, 그 노력과 성과를 민간으로 확산
- 자신의 직무권한을 행사하거나 지위·직책 등에서 유래되는 사실상의 영향력을 이용하여 부당하게 자신의 이익을 추구하거나, 직무관련자, 직무관련공무원, 하급기관 등에게 부당하게 불이익을 주는 행위 금지

2. 참고법률

공무원 행동강령 제3장 제13조의3

3. 내용해설

- '갑질'의 개념 규정: 자신의 직무 권한을 행사하거나 지위·직책 등에서 유래되는 사실상의 영향력을 이용하여 부당하게 자신의 이익을 추구하거나, 직무관련자, 직무관련공무원, 하급기관 등에게 부당하게 불이익을 주는 행위
- 금지되는 '갑질' 행위의 유형 구체화: 공무원이 소속된 조직 내부에서 또는 조직 외부(공무원 vs 민간인, 공무원 vs 소속·산하 기관)와의 관계에서 발생할 수 있는 '갑질'을 5개 유형으로 구체화하여 금지

금지되는 갑질행위(제13조의3) 각 호

금지유형	금지행위
민원인에 대한 갑질 (외부 직무관련자)	담당 공무원이 인·허가 등 신청인에게 불이익을 주거나, 제3자에게 이익 또는 불이익을 주기 위하여 부당하게 그 신청 등의 접수를 지연하거나 거부하는 행위
기관 내 직원 간의 갑질 (조직 내부)	직무관련공무원에게 ① 직무와 관련 없는 부당한 지시·요구를 하거나, ② 직무의 범위를 벗어나 부당한 지시·요구를 하는 행위
외부 개인/기관·단체에 대한 갑질 (외부 직무관련자)	물품·용역·공사 등 계약과 관련하여 직무관련자에게 공무원 자신이 소속된 기관의 업무 또는 부담의 이행을 전가하거나, 자신이 소속된 기관이 집행해야 할 업무를 부당하게 지연하는 행위
소속·산하기관에 대한 갑질 (상/하 공공기관 간)	공무원 자신이 소속된 기관의 소속기관 또는 산하기관에 자신이 소속된 기관의 업무를 부당하게 전가하거나, 그 업무에 관한 비용이나 인력을 부담하도록 부당하게 전가하는 행위
조직 내·외부, 개인/기관·단체에 대한 포괄적 갑질 (보충적 금지)	직무관련자, 직무관련공무원, 공무원 자신이 소속된 기관의 소속기관 또는 산하기관의 권리·권한을 부당하게 제한하거나, 의무가 없는 일을 부당하게 요구하는 행위

4. 위반사례

- ○○부 A부서는 업무 관련 산하기관 B, C에게 인력 지원을 요구, 각각 1명씩 총 2명의 인력을 비공식 파견 형태로 지원받아 이들에게 A부서의 업무를 수행하도록 함
- D시는 관내 E업체와 공사 계약을 하면서 담당 공무원의 착오로 누락된 부대시설비 등 1,600만원을 E업체가 부담하도록 떠넘김
- ○○기관장은 부하직원들에게 특정 단체 가입신청서 작성 및 제출을 지시하는 등 특정 단체 가입을 요구함
- ◇◇청 간부는 부하 직원들에게 술값을 대신 내도록 하고 술자리 후 자신의 승용차를 직원이 집까지 대리운전 하도록 한 경우

5. Q&A

Q1 **공무원 조직 내에서 벌어질 수 있는 폭행, 폭언 등 인격 모독 행위가 공무원 행동강령상 금지되는 갑질행위에 포함되는지?**

→ 조직 내에서의 폭행, 폭언 등 인격 모독 행위가 단순하게 공무원 행동강령상 금지되는 갑질행위라고 단정할 수는 없음. 폭행, 폭언 등 인격 모독 행위가 벌어진 원인, 구체적 상황 등에 대한 검토가 우선적으로 필요하며, 인격 모독 행위가 행동강령상 금지되는 5가지 유형의 갑질 금지와 관련하여 벌어진 것인지를 면밀히 검토하여 신고대상이 되는지를 결정할 것임

Q2 조직 내 갑질을 신고한 공무원에 대한 조직 내 왕따, 따돌림 등에 대한 보호조치가 있는지?

→ 부패방지권익위법 제67조(준용규정)에 따라 공직자 행동강령을 위반한 행위를 신고하는 경우에 대해서도 부패방지권익위법 제62조의2(불이익 조치 등의 금지)부터 제66조(책임의 감면 등)까지의 규정을 준용하고 있음. 따라서 조직 내의 행동강령상 갑질을 신고한 공무원은 부패방지권익위법에 따라 신분보장, 불이익 처분 일시 정지, 신변보호 등의 보호치를 받을 수 있음.

금품 등의 수수 금지 ★★★

1. 도입배경 및 의의

공무원이 금품 등을 수수하는 관행을 근절하고, 공적 직무를 이용한 부당한 이익 취득을 차단하여 청렴의식을 제고함과 아울러 공정한 직무수행을 보장하여 공직사회에 대한 국민 신뢰 확보

2. 참고법률

- 공무원 행동강령 제15조
- 공무원 행동강령 제16조

3. 내용해설

- '수수 금지 금품등'의 주요내용
  - 공무원이 직무 관련 여부 및 기부·후원·증여 등 그 명목에 관계없이 동일인으로부터 1회에 100만원 또는 매 회계연도에 300만원을 초과하는 금품등을 받거나 요구 또는 약속하는 행위 금지
  - 공무원이 직무와 관련하여 대가성 여부를 불문하고 1회에 100만원 이하의 금품등을 받거나 요구 또는 약속하는 행위를 금지
  - 공무원은 자신의 배우자나 직계 존속·비속이 자신의 직무와 관련하여 공무원이 받는 것이 금지되는 금품등(수수 금지 금품등)을 받거나 요구 또는 제공받기로 약속하지 아니하도록 하여야 함
  - 공무원은 다른 공무원 또는 그 공무원의 배우자나 직계 존속·비속에게 수수 금지 금품 등을 제공하거나 그 제공의 약속 또는 의사표시를 해서는 아니 됨
- '수수 금지 금품등'의 예외사유: 공무원의 일상적인 사회생활을 보장하고 과도한 제한 소지를 방지하기 위한 예외사유
  - 중앙행정기관의 장 등 또는 상급자가 제공하는 금품등: 중앙행정기관의 장등이 소속 공무원이나 파견 공무원에게 지급하는 금품등 또는 상급자가 위로·격려·포상 등의 목적으로 하급자에게 제공하는 금품등(상급자와 하급자는 직무상 명령에 복종해야 하는 관계이므로 같은 기관 소속 공무원 사이에서만 성립 가능)
  - 사교·의례 등 목적으로 제공되는 음식물·선물·경조사비 등: 중앙행정기관의 장 등이 정하는 가액 범위 안의 금품등
  - 채무의 이행 등 정당한 권원에 의하여 제공되는 금품등: 사적 거래(증여는 제외)로 인한 채무의 이행 등 정당한 권원(權原)에 의하여 제공되는 금풍등
  - 친족이 제공하는 금품: 공무원의 친족(「민법」 제777조에 따른 친족)이 제공하는 금품
  - 단체의 기준이나 장기적·지속적 친분관계에 따른 금품

PART 03

– 공식적인 행사에서 통상적·일률적으로 제공되는 금품(교통, 숙박, 음식물)
– 기념품·홍보용품 등이나 경영·추첨을 통하여 받는 상품(불특정 다수에게 배포하는 목적)
– 사회상규에 따라 허용되는 금품: 법질서 전체의 정신이나 배후에 놓여 있는 사회윤리 내지 사회통념에 비추어 용인될 수 있는 금품

예 외교관례상 선물을 거절하는 것이 결례가 되는 경우, 원활한 외교업무 수행을 위해 소속기관 장이 정한 최소한의 선물, 원활한 직무수행을 위해 제공되는 간단한 음식물 또는 교통편의로서 다음 각 목에 어느 하나에 해당하는 경우(장시간의 업무 협의 중 구내식당에서 식사 또는 간단한 외부식사, 지도·감독기관 방문 시 의례상 제공되는 음료, 대중교통 이용이 불가능하여 불가피하게 이동하는 경우 등)

4. 위반사례

- 교장 24명가량이 모 금강산 전문 여행사로부터 학생들의 수학여행 사전답사 명목으로 금강산 무료관광을 한 경우
- 공무원이 직무 관련 업체의 법인카드를 넘겨받아 과 회식, 직원 야근식대 등으로 사용한 경우

5. Q&A

◇ 금품등 수수 금지

Q1 학생들을 대상으로 모 사단법인이 주관하는 해외문화체험행사와 관련하여, 계약업체에서 관례적으로 일정 수의 학생당 교사 1명에게 무료로 교통 및 숙박을 제공하는 경우 행동강령 위반인지?

→ 계약 대상 업체로부터 정당한 사유 없이 무료로 교통 및 숙박을 제공받는 행위는 행동강령 위반임

Q2 성수기 콘도 예약을 하지 못하는 상황에서 가족 여행을 위하여 산하단체 직원을 통해 전망 좋은 콘도를 예약한 경우 이것도 금품등의 수수 금지 위반인지?

→ 콘도 예약을 하지 못하는 상황에서 직무관련자에게 전망 좋은 콘도 예약을 부탁하여 이용하였다면 이는 편의제공을 받은 것으로 볼 수 있어 비록 콘도요금을 자비로 부담하였다 하더라도 행동강령 위반임

◇ 수수 금지 금품등의 예외사유: 음식물

Q1 공무원이 직무와 관련된 자로부터 3만원의 저녁식사를 접대받고, 주변 카페로 자리를 옮겨 6천원 상당의 커피를 제공받은 경우는?

→ 식사접대행위와 음료접대행위가 시간적·장소적으로 근접성이 있으므로 1회로 평가 가능하며, 이 경우 접대받은 음식물의 합산 가액이 3만원을 초과하여 예외사유에 해당되지 않으므로 행동강령 위반임

Q2 결혼식에 참석한 하객에게 가액기준(3만원)을 초과하는 음식물을 제공할 수 있는지?

→ 경조사에 참석한 하객에게 식사를 제공하는 것은 우리 사회의 전통 관습이고 불특정 다수인에게 제공하는 것이므로, 3만원을 초과하는 식사도 사회상규에 따라 허용되는 금품등에 해당함

Q3 국공립대학에서 연구개발을 함께 하기 위해 A사 관계자에게 5만원 상당의 식대를 제공하였는데, 이에 대한 보답으로 이후 A사가 국공립대학 관계자에게 5만원 상당의 식사 제공 가능한지?

→ 국공립대학 관계자가 연구개발사업을 함께 할 예정에 있는 A사 관계자로부터 월활한 직무수행 등의 목적으로 제공되는 가액범위(3만원)를 초과하는 식사를 제공받는 것은 행동강령 위반임. 원활한 직무수행 등을 위한 식사인지 여부는 연구개발사업의 성격, 공동사업자 선정주체 등 제반 사항을 종합적으로 검토하여 판단해야 할 것임

◇ 수수 금지 금품등의 예외사유: 선물

Q1 7만원 상당의 선물을 받은 경우 선물의 가액기준(5만원)을 초과한 2만원만 반환하면 되는지?

→ 가액범위를 초과하는 선물을 받은 경우 선물 전부가 수수 금지 금품등에 해당하므로 받은 선물 전부를 반환해야 함

Q2 업무협조가 필요한 부처 및 부서 방문 시 소액의 음료수를 들고 갈 수 있는지?

→ 원활한 직무수행, 사교 / 의례 목적으로 제공되는 5만원 이하의 선물은 수수 금지 금품등의 예외사유에 해당되어 허용됨

Q3 중학교 1반 학생 30명의 학부모들이 각 2만원씩 각출하여 마련한 60만원 상당의 선물을 담임교사가 받을 수 있는지?

→ 학생 지도, 평가 등의 업무를 담당하는 담임교사와 학생, 학무보 간에는 직무관련성이 인정될 수 있음. 담임교사와 학부모 간에는 원활한 직무수행 또는 사교 / 의례 등의 목적이 인정된다고 보기 어려우므로 선물을 받을 수 없음

Q4 스승의 날 찾아온 졸업생으로부터 35만원 상당의 화장품 선물세트를 받았는데 돌려줘야 하는지?

→ 교사와 직무관련성이 인정될 수 있는 자는 재학생, 학부모 등이며, 졸업생은 특별한 사정이 없다면 직무관련성이 인정되지 않을 것으로 보임. 따라서 직무 관련성이 없는 졸업생이 스승의 날에 단순히 감사의 뜻으로 제공하는 선물(1회 100만원 이하)은 받을 수 있을 것임

감독기관의 부당한 요구 금지

1. 도입배경 및 의의

감독·감사·조사·평가를 하는 기관에 소속된 공무원은 자신이 소속된 기관의 출장·행사·연수 등과 관련하여 감독·감사·조사·평가를 받는 기관에 부당한 요구 금지

2. 참고법률

- 공무원 행동강령 제3장 제14조의2
- 공무원 행동강령 제20조

3. 위반사례

- A자치단체가 개최하는 ○○행사와 관련하여 물품 등의 지원요청을 받은 B산하기관은 예산의 목적·용도에 맞지 않게 요구 물품을 구매하여 지원한 경우
- ○○업무를 수행하는 공공기관이 해당 업무와 관련된 국제 세미나에 참석하면서 감독부처의 요청을 받고 감독부처 소속 공무원을 포함한 출장단을 구성하여 여비를 지원한 경우 등

분야	조항
건전한 공직문화 풍토 조성 (제4장)	외부강의 등의 사례금 수수 제한
	경조사의 통지와 경조금품의 수수제한 등

외부강의 등의 사례금 수수 제한

1. 도입배경 및 의의

- 외부강의 등을 매개로 한 고액의 사례금 수수는 뇌물로 악용되어 정책결정을 왜곡시키고, 민간 유착요인으로 작용하는 등 공직사회에 대한 국민의 불신을 야기
- 외부강의 등을 명목으로 외부기관 및 단체에 금전을 요구하거나 유착되는 등의 부패를 차단하고, 지나친 외부강의 등으로 직무수행을 소홀히 하거나 고액의 강의료를 수수하는 등의 부조리를 방지하기 위해 외부강의 등의 사례금 수수 제한

2. 참고법률

- 공무원 행동강령 제4장 제15조
- 공무원 행동강령 운영지침 제17조, 제18조

3. 내용해설

- 외부강의 등의 범위: '외부강의 등'이란 공무원이 자신의 직무와 관련되거나 그 지위·직책 등에서 유래되는 사실상의 영향력을 통하여 요청받은 교육·홍보·토론회·세미나·공청회 또는 그 밖의 회의 등에서 한 강의·강연·기고 등을 의미

'외부강의 등'에 해당하지 않는 경우
• 소속 기관 장의 사전 겸직허가를 받고 학교에 출강 • 사회자와의 개별 방송 인터뷰에 응하는 경우 • 서면심사·서면자문 등에 응하는 경우 • 시험출제위원으로 위촉되어 시험출제 업무를 하는 경우 • 각종 법령에 의한 위원회 위원으로 위촉되어 회의에 참가 • 각종 연주회, 전시회 등에서 연주, 공연, 전시 등 행위

4. 위반사례

- 행정 공무원이 매월 10회 이상 학원에 출강한 후 미신고하는 경우
- 시청 도시계발계획국장이 A협회 연수회 강사로 출강하여 50만원 상당의 강의료를 받고 미신고한 경우

경조사의 통지 제한

1. 도입배경 및 의의

직무관련자에게 경조사 통지 금지 등 건전한 경조사 문화의 정착을 위하여 솔선수범

2. 참고법률

공무원 행동강령 제4장 제17조

3. 위반사례

- A시청의 국장이 자녀 결혼 청첩장에 축의금을 위한 계좌번호를 명시하여 직무관련업체에 통지하는 경우, 혹은 직무관련업체로부터 축의금 300만원을 수수한 경우
- 초등학교 L교사는 학무모들에게 자신의 결혼식 청첩장을 보내고, 학생들에게 학부모를 대동하고 참석하도록 독려
- 상급자의 모친상을 직무관련단체인 관내 모든 건축사들에게 FAX로 통지

분야	조항
위반 시의 조치 (제5장)	위반 여부에 대한 상담
	위반행위의 신고 및 확인
	징계 등
	수수 금지 금품등의 신고 및 처리

PART 03

위반 여부에 대한 상담

1. 도입배경 및 의의

- 공무원이 알선·청탁 여부, 선물 수수 가능 여부 등이 분명하지 않은 경우, 행동강령책임관과 상담한 후 처리토록 함으로써 행동강령 위반소지를 사전에 차단하여 부패위험으로부터 공직자를 보호
- 행동강령책임관은 상담내용, 상담결과를 기록·관리

2. 참고법률

- 공무원 행동강령 제5장 제18조
- 공직자 행동강령 운영지침 제24조

3. Q&A

Q1 행동강령 위반 여부가 불문명한 경우에는 어떻게 하는지?

→ 공무원은 알선·청탁, 금품 수수 등에 대하여 행동강령 위반 여부가 불문명한 경우에는 소속 기관의 행동강령책임관(보통 감사 또는 윤리업무 담당부서의 장)과 상담한 후 처리하여야 하며, 국민권익위원회 홈페이지 행동강령 위반 신고상담코너를 이용하거나 국민권익위원회 110콜센터로 상담 가능함

위반 행위의 신고 및 확인

참고법률

- 공무원 행동강령 제5장 제19조
- 공직자 행동강령 운영지침 제21조, 제27조, 제31조

징계 등

참고법률

- 공무원 행동강령 제5장 제20조
- 공직자 행동강령 운영지침 제28조

수수 금지 금품등의 신고 및 처리

참고법률

- 공무원 행동강령 제5장 제21조
- 공직자 행동강령 운영지침 제19조, 제26조

출처 | 2023년 공무원 행동강령 업무편람

POINT 05 공무원의 의무

01 공무원의 의무

공무원은 국가기관의 담당자로서 국가에 대하여 봉사하는 것을 그 임무로 하므로 이에 대응하는 특별한 의무를 부담한다(「헌법」 제7조 제1항·「국가공무원법」 제1조, 제55~66조).

<table>
<tr><th>번호</th><th>공무원 의무</th><th colspan="4">공무원 의무 분류 체계</th></tr>
<tr><td>1</td><td>성실의 의무</td><td rowspan="6">공무원
6대 의무</td><td rowspan="7">공무원
7대 의무</td><td rowspan="7"></td><td rowspan="13">공무원
13대 의무</td></tr>
<tr><td>2</td><td>복종의 의무</td></tr>
<tr><td>3</td><td>친절·공정의 의무</td></tr>
<tr><td>4</td><td>비밀 엄수의 의무</td></tr>
<tr><td>5</td><td>청렴의 의무</td></tr>
<tr><td>6</td><td>품위 유지의 의무</td></tr>
<tr><td>7</td><td>종교 중립의 의무</td><td rowspan="7"></td></tr>
<tr><td>8</td><td>직장 이탈 금지</td><td rowspan="6"></td><td rowspan="4">공무원
4대 금지의무</td></tr>
<tr><td>9</td><td>영리 업무 및 겸직 금지</td></tr>
<tr><td>10</td><td>정치 운동의 금지</td></tr>
<tr><td>11</td><td>집단 행위의 금지</td></tr>
<tr><td>12</td><td>선서의 의무</td><td rowspan="2"></td></tr>
<tr><td>13</td><td>영예 등 수령 규제</td></tr>
</table>

02 공무원 6대 의무

1. 공무원 6대 의무

번호	의무 및 법규	내용	위반사항
1	성실의 의무 (「국가공무원법」 제56조·「지방공무원법」 제48조)	모든 공무원은 법령을 준수하며 직무를 성실히 수행하여야 한다.	• 부작위, 직무태만 또는 회계질서 문란 • 소극행정 • 부정청탁 및 부정청탁에 따른 직무 수행 • 갑질행위, 성비위 관련 또는 갑질행위를 은폐하거나 필요한 조치를 하지 않은 경우 – 예산, 기금, 국고금, 보조금, 국유재산, 물품 등의 횡령, 배임, 절도, 사기 등
2	복종의 의무 (「국가공무원법」 제57조·「지방공무원법」 제49조 본문)	• 공무원은 직무를 수행함에 있어서 소속 상관의 직무상 명령에 복종하여야 한다. • 다만 이에 대한 의견을 진술할 수 있다(지방공무원법 제49조).	지시사항 불이행으로 업무 추진에 중대한 차질을 준 경우
3	친절·공정의 의무 (「국가공무원법」 제59조·「지방공무원법」 제51조)	공무원은 국민, 주민 전체의 봉사자로서 친절하고 공정하게 집무하여야 한다.	–
4	비밀 엄수의 의무 (「국가공무원법」 제60조·「지방공무원법」 제52조).	공무원은 재직 중은 몰론 퇴직 후에도 직무상 알게 된 비밀을 엄수하여야 한다.	• 개인정보 부정이용 및 무단유출 • 비공개 자료 등 중요 공문서 무단 유출 • 비밀 분실 또는 해킹 등에 의한 비밀 침해 및 비밀 유기 무단방지 • – 그 밖의 보안관계 법령 위반
5	청렴의 의무 (「국가공무원법」 제61조·「지방공무원법」 제53조).	공무원은 직무와 관련하여 직접 또는 간접을 불문하고 사례·증여 또는 향응을 수수할 수 없으며, 직무상의 관계 여하를 불문하고 그 소속 상관에게 증여하거나 소속 공무원으로부터 증여를 받아서는 아니된다	• 직무 관련 여부 및 그 명목과 관계없이 동일인으로부터 1회 100만원 또는 매 회계연도 300만원을 초과하여 금품 등 수수 • 직무와 간련하여 대가성 여부를 불문하고 1회 100만원 이하의 금품등 수수 ※ 금품 등 수수액 100만원 미만일 경우 최소 "감봉" 100만원 이상일 경우 최소 "강등" 처분
6	품위 유지의 의무 (「국가공무원법」 제63조·「지방공무원법」 제55조 제1항 제2호)	• 공무원은 직무의 내외를 불문하고 그 품위를 손상하는 행위를 하여서는 아니 된다(국가공무원법 제63조·지방공무원법 제55조). • 공무원이 이상과 같은 의무에 위반한 때에는 징계 사유에 해당되어 징계 처분을 받게 된다(국가공무원법 제78조 제1항·지방공무원법 제69조 제1항 제2호).	성폭력, 성희롱, 성매매, 음주운전, 불건전한 이성교재, 도박, 폭행, 사기, 마약투여 등

PART 03

2. 복무 징계 관련 예규

◇ 복종의 의무 위반

1. 직무상 명령의 요건

- 특별한 규정이 있는 경우 외에는 구술이나 문서 등 어느 형식에 의하여도 무방하나 직무명령은 일정한 요건을 갖추어야 함

직무상 명령의 요건
• 정당한 권한을 가진 소속 상관이 발(發)하여야 하고, • 부하의 직무 범위 내에 관한 명령이어야 하며, • 그 형식이 법정 절차를 구비하여야 하고, • 그 내용이 적법한 것이어야 함

- 정당한 권한을 가진 소속 상관이 발(發)한 것일 것
  - '소속 상관'이란 그 기관의 장 또는 보조기관인지의 여부에 관계없이 당해 공무원의 직무에 관하여 실질적인 지휘·감독권을 가진 자[2]를 말함
- 하급자의 직무범위 내에 속한 사항일 것
  - 직무상의 명령이 유효하게 성립하기 위해서는 하급자의 직무범위 내에 속하는 사항에 대하여 발하는 명령이어야 함
- 법정의 형식과 절차가 있으면 이를 갖추어야 함
  - 직무명령은 다양한 절차 및 형식이 존재하나, 관련 법령에서 별도의 절차 및 형식을 규정하고 있는 경우 이를 준수하여야 함
- 그 내용이 적법한 것이어야 할 것
  - 상관은 위법한 행위를 명령할 직권이 없으므로 그 명령은 합법적이어야 함

2. 위법한 명령에 대한 복종의무 발생 여부

- 직무상 명령의 요건 중 어느 하나에라도 흠이 있는 경우에는 직무상 명령에 해당되지 않고 복종의무가 발생하지 않음
- 이 경우 부하는 상관의 명령에 대하여 의견을 진술할 수 있고, 상관의 위법한 명령에 따라 범죄행위를 한 경우에는 상관의 명령에 따랐다고 하여 부하가 한 범죄행위가 위법하지 않다고 할 수 없음. 상관의 명령이 위법할 때에는 직무상의 지시명령이라 할 수 없으므로 이에 따라야 할 의무는 없음

관련 판례(대법원 2013.11.28. 선고 2011도5329 판결)

공무원이 그 직무를 수행함에 있어 상관은 하관에 대하여 범죄행위 등 위법한 행위를 하도록 명령할 직권이 없는 것이며, 또한 하관은 소속상관의 적법한 명령에 복종할 의무는 있으나 위와 같이 명백히 위법 내지 불법한 명령인 때에는 이는 벌써 직무상의 지시명령이라 할 수 없으므로 이에 따라야 할 의무가 없음

---

2 기관의 장뿐만 아니라 보조기관인 상관과 기타 지휘·감독권을 가지는 상급자 포함
※ 상급기관이 하급기관에 대하여 훈령이나 직무명령을 발한 경우, 하급기관은 그 훈령에 따라야 하므로 상급기관의 장이 하급기관에 대한 소속 상관이 됨

관련 판례(대법원 1988.2.23. 선고 87도2358 판결)

공무원이 그 직무를 수행함에 있어 상관은 하관에 대하여 범죄행위 등 위법한 행위를 하도록 명령할 직권이 없는 것이고, 하관은 소속 상관의 적법한 명령에 복종할 의무는 있으나 그 명령이 참고인으로 소환된 사람에게 가혹행위를 가하라는 등과 같이 명백한 위법 내지 불법한 명령인 때에는 이는 벌써 직무상의 지시명령이라 할 수 없으므로 이에 따라야 할 의무는 없음

3. 복종의무 위반 판단시 고려사항

공무원의 어떤 행위가 소속 상관의 직무상 명령에 위반된 것인지 판단하기 위해서는 해당 관청이 행하는 공무의 종류, 당해 직무상 명령이 발하여진 동기, 상황, 추구하는 공익의 내용, 당해 직무의 성질, 담당 공무원의 재량 또는 판단여지의 존부 등을 종합적으로 고려하여야 함

◇ 비밀 엄수의 위반

1. 목적

• 정부의 중요정책이 사전에 상용 정보통신서비스와 개인소유 정보통신매체를 통해 외부로 유출된 사고 발생을 계기로 공무원의 비밀 엄수의 의무* 위반 사건 처리 기준을 마련, 공직기강을 확립하고 공무원의 책임성 강화에 기여하고자 함

＊「국가공무원법」 제60조(비밀 엄수의 의무) 공무원은 재직 중은 물론 퇴직 후에도 직무상 알게 된 비밀을 엄수하여야 한다.

2. "비밀 엄수의 의무" 위반

• 「국가공무원법」상 "비밀"

– 형식적 비밀은 각급 기관에서 그 중요성과 가치의 정도에 따라 Ⅰ급 비밀, Ⅱ급 비밀, Ⅲ급 비밀로 구분함(보안업무규정 제4조)

– 국가공무원법상 "비밀"이라 함은 ① 법령에 따라 비밀로 지정된 사항, ② 정책 수립이나 사업 집행에 관련된 사항으로서 외부에 공개될 경우 정책 수립이나 사업 집행에 지장을 주거나 특정인에게 부당한 이익을 줄 수 있는 사항, ③ 개인의 신상이나 재산에 관한 사항으로서 외부에 공개될 경우 특정인의 권리나 이익을 침해할 수 있는 사항, ④ 그 밖에 국민의 권익 보호 또는 행정목적 달성을 위하여 비밀로 보호할 필요가 있는 사항(공무원 복무규정 제4조의2)임

– 국가 공무의 민주적, 능률적 운영을 확보하기 위하여 실질적으로 비밀로서 보호할 가치가 있는지, 즉 그것이 통상의 지식과 경험을 가진 다수인에게 알려지지 아니한 비밀성을 가지고 있는지 또한 정부나 국민의 이익 또는 행정목적 달성을 위하여 비밀로서 보호할 필요성이 있는지 등이 객관적으로 검토되어야 할 것임

– 공무원이 지켜야 할 비밀은 공무원의 직무상 소관범위에 속하는 비밀사항뿐만 아니라 공무원이 직무를 수행하는 과정에서 직·간접으로 알게 된 모든 비밀적인 업무 내용, 즉 행정내부에서 생산된 것은 물론 행정객체인 개인과 법인의 비밀적인 사항까지를 포함

– 상용 전자우편이나 민간SNS의 경우에는 단기간 내에 광범위한 사람들에게 급속하게 전파될 수 있는 특징이 있어 공무원이 업무자료를 송·수신할 경우에는 정부에서 공식적으로 인정하는 방법으로만 하여야 하므로, 전자우편·메신저 사용시 공무와 사적 사항을 명확하게 구분하여야 할 것임

PART 03

3. 퇴직공무원

- 공무원은 재직 중은 물론 퇴직 후에도 직무상 알게 된 비밀을 엄수하여야 함(국가공무원법 제60조)
- 행정기관의 장은 공무원이었던 자가 퇴직 후 비밀을 누설할 경우 징계책임을 물을 수는 없으나, 형사책임을 물을 수 있고 [형법 제126조(피의사실 공표), 제127조(공무상 비밀의 누설)], 공무원 재임용도 거부할 수 있으므로 「공무원 직무관련 범죄 고발 지침」(국무총리 훈령)에 따라 고발하여야 할 것임

4. 이해충돌

- 공직자는 공직을 이용하여 사적 이익을 추구하거나 개인이나 기관·단체에 부정한 특혜를 주어서는 아니 되며, 재직 중 취득한 정보를 부당하게 사적으로 이용하거나 타인으로 하여금 부당하게 사용하게 한 경우(공직자윤리법 제2조의2)에는 '성실 의무' 위반 및 '비밀 엄수의 의무' 위반에 해당됨
- 공직자는 업무처리 중 알게 된 비밀을 이용하여 재물 또는 재산상의 이익을 취득하거나 제3자로 하여금 취득하게 한 경우(부패방지 및 국민권익위원회의 설치와 운영에 관한 법률 제7조의2)에도 '성실 의무' 위반 및 '비밀 엄수의 의무' 위반에 해당됨
- 직무와 관련된 비밀을 누설하거나 직무와 관련한 정보를 이용한 경우에는 부당한 이득 여부와 상관없이 '비밀 엄수의 의무' 위반 징계기준을 적용하여야 함

03 공무원 7대 의무: 공무원 6대 의무 + 종교 중립의 의무

번호	의무 및 법규	내용
7	종교 중립의 의무(「국가공무원법」 제59조의 2)	• 공무원은 종교에 따른 차별 없이 직무를 수행하여야 한다. • 공무원은 소속 상관이 제1항에 위배되는 직무상 명령을 한 경우에는 이에 따르지 아니할 수 있다.

04 공무원 4대 금지 의무

1. 공무원 4대 금지 의무

번호	의무 및 법규	내용
8	직장 이탈 금지 (「국가공무원법」 제58조)	공무원은 소속 상관의 허가 또는 정당한 사유가 없으면 직장을 이탈하지 못한다.
9	영리 업무 및 겸직 금지 (「국가공무원법」 제64조)	• 공무원은 공무 외에 영리를 목적으로 하는 업무에 종사하지 못하며 소속 기관장의 허가 없이 다른 직무를 겸할 수 없다. • 금지되는 업무로는 직무능률의 저해, 공무에 부당한 영향, 국가이익 침해, 정부의 불명예 등을 초래할 염려 있는 업무등이 해당한다.

10	정치 운동의 금지 (「국가공무원법」 제65조)	• 공무원은 정당이나 그 밖의 정치단체의 결성에 관여하거나 이에 가입할 수 없다. • 공무원은 선거에서 특정 정당 또는 특정인을 지지 또는 반대하기 위한 다음의 행위를 하여서는 아니 된다.
11	집단 행위의 금지 (「국가공무원법」 제66조)	공무원은 노동운동이나 그 밖에 공무 외의 일을 위한 집단 행위를 하여서는 아니 된다. 다만, 사실상 노무에 종사하는 공무원*은 예외로 한다. * 정보통신부 및 철도청 소속의 협업기관과 국립의료원의 작업현장에서 노무에 종사하는 기능직과 고용직 공무원

2. 복무 징계 관련 예규

◇ 영리업무 금지

1. 영리업무의 개념
   - 영리업무란 계속적으로 재산상의 이득을 취하는 행위를 말함
     - 계속성이 없는 일시적인 행위로 계속적인 수입이 발생하는 경우는 업무가 아니므로 금지 또는 허가의 대상이 아님

       ※ 계속성의 기준: ① 매일·매주·매월 등 주기적으로 행해지는 것, ② 계절적으로 행해지는 것, ③ 명확한 주기는 없으나 계속적으로 행해지는 것, ④ 현재하고 있는 일을 계속적으로 행할 의지와 가능성이 있는 것
     - 공무원은 겸하려는 행위가 누가 보더라도 명백하게 계속성이 없는 행위라고 볼 수 있는 경우가 아니라면, 반드시 소속 기관의 장에게 겸직허가를 신청하여야 함

2. 복무규정 제25조 본문에 따른 금지요건

   ① 공무원의 직무 능률을 떨어뜨릴 우려가 있는 경우
   - 근무시간 내에는 전적으로 직무 수행에 전념하여야 하고, 근무시간 외의 시간에 다른 영리업무(비영리업무 포함)에 종사함으로써 평소 직무 수행에 지장을 주어서는 안 됨
   - 근무시간 외의 시간에 겸직업무에 종사하는 것은 겸직허가의 대상이 될 수 있으나, 다음과 같은 경우에는 직무 능률을 떨어뜨릴 소지가 있음
     - 근무시간과 겸직업무 종사시간을 합한 시간이 점심 및 저녁시간(각 1시간), 휴게시간을 제외하고 1주 52시간, 1일 12시간을 초과하는 경우 ※ 단, 시간 외 근무시간은 제외함
     - 자정 이후에도 근무하는 심야업종인 경우
     - 그 밖에 소속 기관의 장이 겸직업무의 성격상 직무 능률을 떨어뜨릴 우려가 있다고 인정하는 경우

   ② 공무에 대하여 부당한 영향을 끼칠 우려가 있는 경우: 공무[3] 수행에 공정성을 확보하고 부당한 영향을 끼칠 가능성을 차단하기 위하여 공익과 사익의 이해충돌 가능성이 있는 영리업무(비영리업무 포함)에 종사하는 것을 금지함

   ③ 국가의 이익과 상반되는 이익을 취득할 우려가 있는 경우: 공무원은 국민 전체에 대한 봉사자로서 국가 및 공공의 이익을 최대한으로 도모하여야 하고 그에 반하거나 충돌될 우려가 있는 영리업무에 종사하는 것은 금지됨

---

3 공무란 원칙적으로 그 공무원의 법령상 소관 직무를 말함

PART 03

④ 정부에 불명예스러운 영향을 끼칠 우려가 있는 경우

- 영리업무가 사회 통념상 볼 때 바람직하지 못하여 정부의 명예나 신뢰를 저해할 우려가 있는 경우에는 금지되어야 하나, 그 판단은 상당한 합리성과 객관성이 있어야 함
- 국가나 공공에 위해를 끼치거나, 유흥·사행업 등 선량한 풍속을 해치거나, 여성·장애인·학생·노인 등 사회적 약자를 이용하는 등 사회적 비난을 초래할 우려가 있는 경우에는 반드시 금지

⑤ 영리업무가 위 ① 내지 ④에 해당되지 않는 경우에는 복무규정 제26조에 따른 겸직허가를 받아 그 업무에 종사할 수 있음

- 다음과 같이 국가 및 공공의 이익을 위해 영리업무 겸직이 특히 필요한 경우에는 이를 허가할 수 있음(국가안보상의 이유, 국가의 대외경쟁력 강화, 그 밖의 공익을 위한 업무)
- 「국가기술자격법」에 따른 기술 분야 자격증소지자(「자격기본법」에 따른 국가 공인 민간자격증 소지자 포함)로서 해당 산업분야 발전과 과학기술진흥에 특히 기여할 수 있다고 인정되는 경우
- 그 밖에 전문지식·기술이 요구되는 직위에 소속 기관의 장이 특히 필요하다고 인정하는 경우
- 관련법령에서 겸직금지 또는 전업의무를 규정하고 있는 전문자격증 소지자의 경우 공무원 신분을 보유하고 있는 동안에는 그 자격증 관련 영리업무에 종사할 수 없음
  ※ 변호사법 제38조에 따라 변호사는 변호사업을 영위하면서 보수를 받는 공무원을 겸할 수 없음

◇ 겸직허가 ★★★

1. 대상: 복무규정 제26조 제1항에 따른 직무
   - 영리업무: 복무규정 제25조 본문에 따른 금지요건 [위 2.－다.－(1) 내지 (4)]에 해당하지 않는 영리업무
   - 비영리업무: 영리를 목적으로 하지 않는 계속성이 있는 업무
2. 허가기준
   - 겸직허가 대상인 업무에 종사함으로써 공무원의 직무 능률을 떨어뜨릴 우려가 없는 경우, 공무에 대하여 부당한 영향을 끼칠 우려가 없는 경우, 국가의 이익과 상반되는 이익을 취득할 우려가 없는 경우, 정부에 불명예스러운 영향을 끼칠 우려가 없는 경우에만 허가
   - [심사대상] 다음 사항에 대해 겸직허가 대상 여부, 허가기준 부합 여부 등 겸직허가 여부에 대한 제반 사항을 심사
     1. 인터넷 개인방송 활동
     2. 부동산 임대업
     3. 과도한 겸직수익 발생
     4. 직무 관련 지식·정보를 이용한 겸직 활동 사항
     5. 그 밖에 면밀한 검토가 필요한 사항

◇ 「공무원의 인터넷 개인방송 활동 지침」 ★★★

1. 기본방침

> ▶ 인터넷 개인방송 활동이란 본인 또는 다른 사람의 콘텐츠(영상, 음성)를 인터넷 플랫폼을 통해 다수의 인터넷 이용자와 공유하고 상호소통하는 일체의 행위
> ※ 인터넷 개인방송 플랫폼: 네이버TV, 아프리카TV, 유튜브, 트위치 등

가. 직무와 관련 없는 사생활 영역의 개인방송 활동(취미, 자기계발 등)은 원칙적으로 규제 대상이 아님
나. 직무와 관련된 개인방송 활동은 소속 부서장에게 사전보고를 하고 홍보부서와 협의를 거쳐 가능
※ 기관 방송채널을 통한 정책 설명, 전문지식·경험 공유 등 업무 효율성을 제고하는 활동은 적극 권장

2. 준수할 사항

▶ 직무관련 여부를 떠나 공무원으로서 지켜야 할 의무로 다른 사생활 영역 활동(예 저술, 번역)에도 동일하게 적용되는 사항임

가. 직무상 알게 된 비밀 누설 금지(「국가공무원법」 제60조)
※ 브이로그 등을 통해 비공개 직무정보가 공개되지 않도록 각별히 유의
나. 직무 내외를 불문하고 공무원으로서 품위 유지(「국가공무원법」 제63조)
※ 타인의 명예나 권리 침해, 비속어 사용, 허위사실 유포, 폭력적·선정적 콘텐츠 제작·공유하는 행위 등 금지
다. 정당이나 그 밖의 정치단체의 결성 및 가입 관련 행위, 선거에서 특정 정당 또는 특정인을 지지·반대하기 위한 행위 금지(「국가공무원법」 제65조)
라. 직무 능률을 떨어뜨리거나, 공무에 부당한 영향을 끼치거나, 국가의 이익과 상반되는 이익을 취득하거나, 정부에 불명예스러운 영향을 끼칠 우려가 있는 행위 금지(「국가공무원 복무규정」 제25조)
※ 업체 등으로부터 협찬을 받아 특정 물품을 홍보함으로써 금전 또는 물품을 얻는 행위(예 직·간접광고), 인터넷 개인방송을 통해 후원 수익을 취득하는 행위 등 금지
마. 동의 없이 타인(동료, 고객 등)이 등장하는 콘텐츠를 제작·공유함으로써 타인의 초상권을 침해하는 행위 금지

3. 겸직허가 ★★★

가. 겸직 신청 대상
(1) 수익창출 요건이 있는 경우*: 인터넷 플랫폼에서 정하는 수익창출 요건을 충족하고, 이후에도 계속 개인방송 활동을 하고자 하는 경우
* 유튜브의 경우 구독자 1,000명, 연간 누적재생시간 4,000시간 이상의 수익이 창출될 수 있는 기본요건
(2) 수익창출 요건이 없는 경우*: 인터넷 플랫폼을 통해 수익이 최초 발생하고, 이후에도 계속 개인방송 활동을 하고자 하는 경우
* 아프리카 TV의 구독료는 별도의 수익창출 요건 없이 바로 수익발생
나. 겸직 허가권자: 소속 기관의 장
다. 겸직 허가기준
(1) 소속 기관의 장은 콘텐츠의 내용과 성격, 콘텐츠의 제작 및 운영·관리에 소요되는 시간과 노력 등을 구체적으로 심사하여 준수할 사항*을 위반하지 않고, 담당 직무수행에 지장이 없는 경우 겸직허가
* 직무상 비밀누설 금지, 품위 유지, 정치운동의 금지 등 「2. 준수할 사항」

PART 03

(2) 소속 기관의 장은 인터넷 개인방송 활동이 공무원으로서 준수할 사항을 위반한 경우, 그 내용 및 정도 등을 고려하여 허가 불허, 콘텐츠 삭제 요청, 활동 금지, 징계 요구 등 조치

05 공무원 13대 의무: 공무원 6대 의무 + 공무원 4대 금지의무 + 기타 의무

번호	의무 및 법규	내용
12	선서의 의무 (「국가공무원법」 제55조)	공무원은 취임할 때에 소속 기관장 앞에서 대통령령등으로 정하는 바에 따라 선서(宣誓)하여야 한다. 다만, 불가피한 사유가 있으면 취임 후에 선서하게 할 수 있다.
13	영예 등 수령 규제 (「국가공무원법」 제62조)	공무원이 외국 정부로부터 영예나 증여를 받을 경우에는 대통령의 허가를 받아야 한다

POINT 06 부정청탁 및 금품 등 수수의 금지에 관한 법률(청탁금지법·김영란법)

01 청탁금지법

• 부정청탁, 금품 등 수수 근절을 통해 공직자 등의 공정한 직무수행을 보장하고 공직사회에 대한 국민의 신뢰를 확보하기 위한 법으로 적용대상은 공공기관, 공직자, 공무수행사인으로 분류된다.
• 공공기관은 헌법기관, 중앙행정기관, 지방자치단체, 학교법인 등을 의미하고 공직자는 국가지방공무원, 국직유관단체의 장과 임직원, 각급 학교의 장과 교직원, 학교법인 및 언론사의 대표자와 임직원 모두 해당된다. 마지막으로 공무수행사인은 공공기관의 의사결정에 참여하는 민간위원, 공공기관의 업무 위탁 위임 수행자, 공공기관 파견 민간인, 심의 및 평가업무 담당의 외부 전문가가 해당된다.

■ 청탁금지법상 직무 관련 조항

구분	내용	조항
금품등 수수	공직자등은 직무와 관련하여 대가성 여부를 불문하고 1회 100만원 이하의 금품등을 받거나 요구 또는 약속 금지	제8조 제2항
	공직자등의 배우자는 공직자등의 직무와 관련하여 수수 금지 금품등을 받거나 요구 또는 약속 금지	제8조 제4항
외부 강의등	공직자등은 자신의 직무와 관련되거나 그 지위·직책 등에서 유래되는 사실상의 영향력을 통하여 요청받은 외부강의등의 대가로서 대통령령으로 정하는 금액을 초과하는 사례금 수수 금지	제10조 제1항

02 부정청탁의 금지(제5조)

직접 또는 제3자를 통해 직무를 수행하는 공직자등에게 부정청탁을 하거나 부정청탁을 받은 공직자등이 부정청탁에 따라 직무를 수행하는 행위를 금지한다.

제제내용	• 제3자를 통하여 부정청탁한 사람은 1천만원 이하의 과태료 • 제3자를 위하여 부정청탁한 사람은(제3자를 위하여 부정청탁한 공직자 등) 2천만원 이하의 과태료(3천만원 이하의 과태료) • 부정청탁에 따라 직무를 수행한 공직자 등은 2년 이하의 징역 또는 2천만원 이하의 벌금
예외사유 (제5조 제2항)	• 법령·기준에서 정하는 절차·방법에 따라 특정한 행위를 요구하는 행위 • 공개적으로 특정한 행위를 요구하는 행위 • 선출직 공직자·정당·시민단체 등이 공익적인 목적으로 제3자의 고충민원을 전달하는 행위 • 법정기한 안에 처리해 줄 것을 신청·요구하거나 그 진행상황 ·조치결과 등에 대하여 확인·문의하는 행위 • 직무 또는 법률관계에 관한 확인·증명 등을 신청·요구하는 행위 • 질의 또는 상담형식을 통하여 직무에 관한 법령·제도·절차 등에 대하여 설명이나 해석을 요구하는 행위 • 그 밖에 사회상규에 위배되지 아니하는 것으로 인정되는 행위

03 금품 등의 수수 금지(제8조)

공직자등은 직무와 관련하여 금품 등의 수수를 금지하며, 직무와 관련이 없는 경우에도 1회 100만원(매 회계연도 300만원)을 넘는 금품 등의 수수를 금지한다.

제제내용	• 1회 1백만원(매 회계연도 3백만원)을 넘는 금품 등을 수수한 공직자 등과 제공한 사람: 3년 이하의 징역 또는 3천만원 이하의 벌금 • 직무와 관련하여 1회 1백만원 이하의 금품 등을 수수한 공직자 등과 제공한 사람: 수수 금액의 2배 이상 5배 이하의 과태료
예외사유 (제8조 제3항)	• 공공기관이 소속 공직자 등에게 지급하거나 상급 공직자 등이 위로·격려·포상 등의 목적으로 하급 공직자 등에게 제공하는 금품 등 원활한 직무수행, 사교·의례 또는 부조의 목적으로 제공되는 대통령령으로 정하는 가액 범위* 안의 음식물·경조사비·선물 * 음식물 3만원, 선물 5만원(단, 농수산물 및 농수산가공품은 10만원), 경조사비 5만원(단, 화환·조화는 10만원) • 정당한 권원에 의하여 제공되는 금품 등 • 공직자 등의 친족(「민법」 제777조에 따른 친족)이 제공하는 금품 등 • 직원상조회·동호인회·동창회·향우회·친목회·종교단체·사회단체 등이 정하는 기준에 따라 구성원에게 제공하는 금품 등 • 직무와 관련된 공식적 행사에서 주최자가 참석자에게 통상적 범위에서 일률적으로 제공하는 교통, 숙박, 음식물 등 • 불특정 다수인에게 배포하기 위한 기념품 또는 홍보용품 등이나 경연·추첨을 통하여 받는 보상 또는 상품 등 • 그밖에 다른 법령·기준 또는 사회상규에 따라 허용되는 금품, 그밖에 다른 법령·기준 또는 사회상규에 따라 허용되는 금품 등

04 신고처리 절차

부정정탁	금품 등 수수
• 최초 부정청탁: 거절의사 표시 • 동일한 부정청탁: 소속기관장에게 신고(국민권익위원회, 감독기관, 감사원, 수사기관에도 신고 가능	• 소속기관장에게 신고(국민권익위원회, 감독기관, 감사원, 수사기관에도 신고 가능) • 제공자에게 반환·거부의사 표시(반환 곤란한 경우 소속기관장에게 인도)

▼

신고내용에 대한 감사·수사·조사

▼

• 수사 필요성이 있는 경우 수사기관에 통보
• 과태료 부과 대상자 관할 법원 통보(소속기관장)
• 징계, 직무 배제 등 조치, 부정청탁 내용·조치 사항 공개(소속기관장)

출처 | 국민권익위원회

05 청탁금지법 위반과 공무원 의무 위반

• 공무원이 청탁금지법을 위반한 경우에는 기본적으로 성실 의무 위반으로 징계대상이 됨
• 금품등을 수수하지 않은 '부정청탁' 및 '부정청탁에 따른 직무수행'은 성실 의무 위반 징계기준을 적용하여야 함
• '금품등의 수수'와 관련하여는 직무관련 여부에 따라 청렴의 의무 위반 또는 품위 유지의 의무 위반의 징계기준을 적용하여야 함

(예시 1)
동일인으로부터 1회에 100만원 또는 매 회계연도에 300만원을 초과하는 금품을 받거나 요구 또는 약속한 경우
① 직무관련성이 있는 경우 ⇨ 청렴의 의무 위반
② 직무관련성이 없는 경우 ⇨ 품위 유지의 의무 위반

(예시 2)
동일인으로부터 1회에 100만원 또는 매 회계연도에 300만원 이하의 금품을 받거나 요구 또는 약속한 경우
① 직무관련성이 있는 경우 ⇨ 청렴의 의무 위반
※ 일정 금액을 초과하는 음식물(3만원), 선물(5만원), 경조사비(5만원)의 경우, 청탁금지법상 과태료 부과 대상이면서 동시에 국가공무원법 징계대상임
※ 일정 금액 이내의 음식물(3만원), 선물(5만원), 경조사비(5만원)의 경우라 하더라도 원활한 직무수행 또는 사교·의례, 부조 목적을 벗어나는 경우에는 청탁금지법상 과태료 부과 대상이면서 동시에 국가공무원법상 징계대상임

② 직무관련성이 없는 경우 ⇨ 청탁금지법상 처벌대상은 아니나, 공무원으로서의 품위를 손상한 것으로 인정되는 경우에는 품위 유지의 의무 위반이 될 수 있음

06 Q&A

Q1 100만원을 초과하는 금품 등

직무관련성이 전혀 없는 고향친구 B가 공무원인 A에게 결혼 축하 의미로 150만원 상당의 가전제품을 선물한 경우 청탁금지법 제9조에 위반되는지?

A1 청탁금지법상 공직자 등은 직무 관련 여부 및 그 명목에 관계없이 동일인으로부터 1회 100만원 또는 매 회계연도 300만원을 초과하는 금품 등을 수수할 수 없고, 직무와 관련하여서는 그 이하의 금품 등도 수수가 금지되나(청탁금지법 제8조 제1항, 제2항), 청탁금지법 제8조 제3항 각 호의 에외사유가 존재하는 경우는 허용될 수 있다. 따라서 직무관련성이 인정되지 않는 자로부터 1회 100만원 범위 내에서 금품 등을 제공받더라도 같은 법상 제재대상에 해당하지 않을 것이나, 100만원을 초과하는 금품 등을 제공받는 것은 법 제8조 제3항 각 호의 예외사유에 해당하지 않는 한 허용될 수 없다.

Q2 '1회'의 의미

○○언론사 직원과 업무 관련 협의 후 3만원 이하의 식사를 제공하였고, 3일 후 다시 만나 5만원 이하의 선물을 제공하였을 경우에 각각 청탁금지법 제8조 제3항 제2호의 가액 범위를 넘지는 않으나 합산되어 청탁금지법 위반이 되는지?

A2 청탁금지법상 1회의 제공으로 평가되기 위해서는 시간적·장소적 근접성, 시간적 계속성 등이 인정되어야 한다. 3일 정도라면 특별한 사정이 없는 한 시간적·장소적 근접성이나 시간적 계속성 등을 인정하기 어려워 1회로 평가되기 어려우므로, 3만원 이하의 식사 제공과 5만원 이하의 선물 제공은 각각 별개의 행위로 볼 가능성이 크다. 따라서, 원활한 직무수행, 사교·의례의 목적으로 가액 범위 내의 식사·선물을 제공한 것이라면 두 행위 모두 청탁금지법상 제재 대상에 해당하지 않을 수 있다.

Q3 직무관련성의 범위

건축, 토목, 기계와 같이 직군 전체를 직무 범위로 구분하는지 아니면 자신의 업무를 범위로 하는지, 예를 들어 '도로 시설물' 유지관리 업무 담당자가 '철도 시설물' 자문을 하는 경우에도 직무관련성이 있는지?

A3 청탁금지법상 직무관련성 판단 시 공직자의 직무 내용, 직무와 금품 등 제공자의 관계, 쌍방 간 특수한 사적인 친분관계가 존재하는지 여부, 금품 등의 다과, 금품 등을 수수한 경위와 시기 등의 제반 사정을 참작해 직무 수행의 공정성의 의심 여부를 판단하게 된다. 해당 사안의 경우 단순히 직군 범위나 소관 업무만으로 직무관련성을 판단하기는 어려우며 해당 공직자 등의 직위, 직무 범위 등 제반 사정을 종합적으로 고려하여 직무관련성 여부를 판단해야 한다.

Q4 직무관련성 인정 여부(공공기관 내 상·하급자)

B국 C부서 상급자(과장)와 D국 F부서 하급자(사무관)를 동료로 보아 직무관련성이 없다고 간주할 수 있는지?

A4 공공기관 내 직무상 지휘·감독관계에 있는 하급자와 상급자 간에는 원칙적으로 직무관련성이 인정된다고 봄이 상당하다. 직무상 지휘·감독관계가 아닌 경우 당사자 간의 관계, 수수 경위와 시기 등을 개별 구체적으로 검토할 필요가 있으나, 공공기관 내 하급자의 직속 과 또는 국 이외에 다른 과, 국의 상급자는 직무관련성이 인정된다고 볼 만한 특별한 사정(인사·감사부서, 인사위원회 위원 등)이 없다면 원칙적으로 직무관련성이 인정되지 않는다고 본다.

Q5 신고 및 반환 인도의 시기

공직자 A가 직무관련자로부터 돈을 받고 두 달 정도 보관하고 있다가, 불안하기도 하고, 내사 등 움직임이 있는 것 같아 나중에 신고하고 돈을 돌려주었을 경우 공직자는 면책 대상이 되는지?

A5 공직자 등은 자신이 수수 금지 금품 등을 받거나 그 제공의 약속 또는 의사표시를 받은 경우 소속기관장에게 지체없이 서면으로 신고하여야 하고, 수수 금지 금품등을 받거나 그 제공의 약속이나 의사표시를 받은 경우 이를 제공자에게 지체 없이 반환하거나 그 거부의 의사를 밝혀야 한다(청탁금지법 제9조 제1항, 제2항).

공직자 A의 경우 두 달 정도 돈을 보관하고 있었으므로 지체없이 신고·반환한 것으로 보기는 어려우며, 지체없이 신고·반환할 수 없었던 정당한 사유가 없다면 제재대상에서 제외된다고 보기는 어렵다. 다만, 신고·반환이 지체되기는 하였으나, 자진하여 신고·반환하였으므로 청탁금지법상 제재를 감경하거나 면제할 수 있는 사유에 해당할 수 있다(청탁금지법 제15조 제3항).

※ 신고 및 반환의 '지체없이'의 의미는 '불필요한 지연 없이'를 의미하며, 지체없이 할 수 없었던 정당한 사유가 있는 경우에는 그 사유가 종료된 후 즉시를 의미한다.

Q6 수수 금지 금품등 신고

과거 직무와 관련 있던 사람이 대략 5천원 가량의 음료수 한 박스를 놓고 다녀 갔다. 바로 돌려주려 했으나, 제공자가 이미 떠나고 없는 상태의 경우 청탁금지법 제9조에 따라 반드시 소속기관장에게 신고를 해야 하는지?

A6 공직자 등을 수수 금지 금품등을 받은 경우 소속기관장에게 지체없이 서면으로 신고하여야 하므로(청탁금지법 제9조 제1항) 청탁금지법상 수수 금지 금품등에 해당하지 않는다면 신고의무가 발생하지는 않는다. 단, 수수 금지 금품등 해당 여부는 직무의 내용, 당사자의 관계, 금품 수수 시기 및 경위, 법령상 가액 범위 준수 여부 등 제반사정을 종합적으로 고려하여 판단해야 한다.

POINT 07 이해충돌방지법

01 이해충돌방지법

1. 의의

공직자의 직무수행과 관련한 사적 이익추구를 금지함으로써 공직자의 직무수행 중 발생할 수 있는 이해충돌을 방지하여 공정한 직무수행을 보장하고 공공기관에 대한 국민의 신뢰를 확보하기 위한 법이다. (2022.05.19 시행)

2. 적용대상

국회, 법원, 중앙행정기관, 지자체, 공직유관단체, 공공기관, 교육청, 국·공립학교 등 모든 공공기관 공무원, 공직유관단체·공공기관 임직원, 국공립학교장·교직원 등 공직자(사립학교 교직원, 언론인은 제외)

3. 도입배경

- 새로운 부패유형에 대한 통제 및 국민의 신뢰 확보
  - 가족 채용 비리, 퇴직공직자에 대한 전관예우 등 공직자의 개인적 이해관계와 결부된 부패사건으로 인해 국민적 불신 야기
  - 공직자의 부정한 사익추구 행위를 막고 직무수행의 공정성을 담보하기 위해서는 이해충돌 상황을 적절히 관리하고 통제할 필요
- 실효적인 공직자 사적 이해관계 관리장치 강구
  - 국민권익위는 「공무원 행동강령」 개정(대통령령, '18.4.17. 시행)을 통해 이해충돌 방지 규정을 공직사회에 선제적으로 도입·시행 중
  - 다만, 행동강령은 행정부만 적용되어 공공부문 전반에 통일적인 제도 운영이 어렵고, 제재 수단이 징계로 한정되어 징계규정 적용이 곤란한 선출직 등에 대해서는 실효성 있는 제재에 한계. 이에 새로운 윤리기준으로서의 규범성과 위반자에 대한 실질적인 처벌 등을 통한 이행력이 담보될 수 있도록 상향 법제화
- 국제사회 눈높이에 걸맞는 공직자 행위기준 정립
  - 미국, 캐나다, 프랑스 등 OECD 선진국들은 '이해충돌방지법'을 제정하여 공·사익 간 충돌 상황을 제도적으로 규제
  - 우리나라도 국제 기준과 OECD 가입국 수준에 걸맞는 공직윤리 정립을 위해 공직자 이해충돌 방지를 위한 법제도 확립 필요

02 이해충돌방지를 위한 10가지 행위 기준

공직자의 직무수행 과정에서 발생할 수 있는 부정한 사익추구를 예방할 수 있도록 공직자가 해야 할 5개의 신고·제출 의무와 하지 말아야 할 5개의 제한 및 금지행위 등 총 10개의 행위기준 규정

PART 03

이해충돌방지법상 공직자의 행위기준

신고·제출 의무	제한·금지 행위
① 사적이해관계자 신고, 회피 의무 ② 공공기관 직무 관련 부동산 보유, 매수 신고 ③ 고위공직자 민간부문 업무활동 내역 제출 ④ 직무관련자와의 거래 신고 ⑤ 퇴직자 사적 접촉 신고	⑥ 직무 관련 외부활동 제한 ⑦ 가족 채용 제한 ⑧ 수의계약 체결 제한 ⑨ 공공기관 물품 등의 사적 사용, 수익 금지 ⑩ 직무상 비밀, 미공개 정보 이용 금지

POINT 08 적극행정

01 적극행정

1. 개념

공무원이 불합리한 규제의 개선 등 공공의 이익을 위하여 창의성과 전문성을 바탕으로 적극적으로 업무를 처리하는 행위

- [장점] 참신한 문제해결방안을 찾을 수 있도록 도와줌
- [키워드] 미래지향적, 변화지향적, 자기주도적, 공익지향적

> **근거규정**
>
> 헌법 제7조 ① 공무원은 국민 전체에 대한 봉사자이며, 국민에 대하여 책임을 진다.
>
> 국가공무원법 제56조 【성실 의무】 모든 공무원은 법령을 준수하며 성실히 직무를 수행하여야 한다.

2. 목적: 공공의 이익 증진

- 급변하는 행정환경 속에서 행정의 유연한 변화가 필요하다(그러나 변화의 지향점은 언제나 공공의 이익이다).
- 정책품질 제고, 대민업무 개선, 내부 업무 효율성 향상 등 다양한 모습으로 나타날 수 있다.
- 「공무원 행동강령」 등에 의해 금지되는 이권개입, 알선·청탁, 금품·향응 수수 등의 행위가 연관되어 사적인 이해관계가 있다고 판단되는 경우 '적극행정 면책' 등을 받지 못할 수 있다.

3. 필요성: 변동성(variability), 모호성(ambigjuity), 불확실성(uncertainty), 복잡성(complexity)

- 코로나19, 기후환경의 변화 등 사회환경의 급속한 변화와 빠른 속도로 진행되는 과학기술의 발전 등으로 인해 행정환경이 급격히 변화하고 있다.
- 이에 반해 정부의 제도화된 법률과 경직된 문화는 환경 변화를 반영하는 데 한계가 있다는 우려가 증가하는 상황 속에서 국민의 기대치 충족과 책임감 있게 일하는 공직사회를 만들기 위해 '적극행정'이 도입되었다.

02 적극행정의 오해: 성과가 있어야만 적극행정이다?

- 결과가 아닌 행위 자체가 판단 기준이다,
- 공익을 위해 적극적으로 최선을 다한다면 적극행정이며, 반드시 특정한 효과가 발생하여야 하는 것은 아니다.
- 다만 성과가 분명한 경우 우수공무원 선발 등에 있어 고려될 수 있다.

근거규정

적극행정 운영규정 제14조 【적극행정 우수공무원 선발등】 ① 중앙행정기관의 장은 반기별로 위원회의 심의를 거쳐 다음 각 호의 어느 하나에 해당하는 공무원을 적극행정 우수공무원으로 선발해야 한다.

1. 적극적으로 업무를 추진하여 성과를 창출한 공무원
2. 창의적·도전적인 정책을 추진하고 성과 달성을 위해 노력한 공무원
3. 그 밖에 적극적인 업무태도로 소속 공무원에게 모범이 되는 공무원

③ 인사혁신처장은 적극행정으로 모범적인 성과를 창출한 공로가 있는 공무원을 선발하여 포상하거나 포상금을 지급할 수 있다.

03 적극행정 구성요소

창의성	• 새로운 개념이나 방법을 찾아내는 특징 • 참신한 문제해결방안을 찾을 수 있도록 도와줌 예 새로운 행정수요나 행정환경 변화에 선제적으로 대응하여 새로운 정책을 발굴·추진하는 행위 등
전문성	• 직무와 관련된 지식, 경험 및 역량 • 적절한 해결방안을 모색하거나 창의적인 아이디어의 실현 가능성을 높임 예 불합리한 규정과 절차, 관행을 스스로 개선하는 행위, 신기술 발전 등 환경변화에 맞게 규정을 적극적으로 해석·적용하는 행위, 규정과 절차가 마련되어 있지 않지만 가능한 해결방안을 모색하여 업무를 추진하는 행위 등
적극성	• 통상적으로 요구되는 정도의 노력이나 주의 의무 이상을 기울여 업무를 처리하는 특성 • 국민의 입장에서 최대한 '가능한 방법'을 찾아 노력 예 업무관행을 반복하지 않고 가능한 최선의 방법을 찾아 업무를 처리하는 행위, 이해충돌이 있는 상황에서 적극적인 이해조정 등을 통해 업무를 처리하는 행위 등

04 적극행정 실천유형

- 신규발굴형: 창의적 아이디어로 기존에 없던 공익가치 창출
- 성과고도형: 기존업무의 완결성을 높이거나 헌신적인 도전으로 공익가치 증진
- 협력강화형: 협력관계 구축 및 이해관계를 조정하여 공익가치 증진
- 불편해소형: 불합리한 기존 업무상 문제를 해결하여 공익가치 저해 개선
- 선제대응형: 향후 발생할 것으로 예상되는 공익가치 훼손 예방

05 사전컨설팅제도 ★★★

1. 개념

사전컨설팅제도는 일선 행정현장에서 제도나 규정이 불문명하거나 선례가 없어 적극행정이 주저되는 사안에 대해 의견을 구하고, 의견대로 업무를 처리할 경우 책임을 면제해주는 제도이다.

2. 도입배경

2009년부터 공직자가 공익을 위해 적극적으로 일하는 과정에서 발생한 잘못에 대해 중대한 과실이 없는 한 책임을 묻지 않는 [적극행정면책 제도]를 도입 및 운영하여 적극적 공직문화 조성을 위한 다양한 노력을 기울여 왔지만, 법령의 해석이나 운영과정에서 기존 관행을 탈피하지 못하는 공직자의 행태를 근본적으로 해결하는 데 한계가 있었다. 이에 업무를 처리하기 전 제도·규정이 불분명하거나 선례가 없어 적극행정이 주저되는 사안에 대해 자체 감사기구의 판단만으로 해결되지 않을 경우 감사원의 도움을 받는 사전컨설팅제도가 도입되었다.

3. 사전컨설팅과 적극행정면책과의 연계

법률	「적극행정면책 등 감사소명제도의 운영에 관한 규칙」 제5조 제2항
판단기준	• 사전컨설팅에 따른 업무 수행시 적극행정 면책 판단기준 – [동일성] 동일한 사안에 대해 사전컨설팅 의견을 받아 그 의견대로 업무를 처리하였는지 – [충분성] 판단에 의해 필요한 정보를 충분히 제공하여 사전컨설팅 의견을 받았는지 – [사적인 이해 관계의 배제] 감사원 감사를 받는 자와 대상 업무 사이에 사적인 이해관계가 없는지

4. 사전컨설팅 사례

경제활성화 및 민간경제활동지원	• 코로나19 특별재난지역 내 전기요금 감면에 대한 사항 • 코로나19에 따른 금융지원 관련 적극행정에 관한 사항 • 금리 규제 안내 및 구제제도 관련 대국민 공동 홍보 방안에 관한 사항
국민 권익보호 및 불편해소	• 노인일자리(공익활동) 참여자 활동비 선지급 관련 • 주택건설사업 부지 내 공유재산(구거) 양도에 관한 사항
국민 안전확보 및 생활환경 개선	• 코로나19 역학조사 지원시스템 개발에 관한 사항 • 사업시행자의 토양오염 정화비용 부담에 관한 사항 • 도시철도역사 내 약국 개설등록에 관한 사항
업무 지원을 통한 행정효율제고	• 건설사업관리용역 계약변경에 관한 사항 • 공동급식지원센터의 출연기관 지정고시에 관한 사항
기관 간 이견조정	• 개발제한구역 관리계획 변경에 관한 사항 • 항만재개발사업 수분양자의 준공 전 토지 사용에 관한 사항
업무처리 기준 제시	• 정부비축 천일염의 처리에 관한 사항 • 보조사업으로 조성된 주차장 부지 내 공용건축물 건립 가능 여부 • 연구개발비 이월에 관한 사항

07 적극행정 면책제도 ★★★

1. 개념

적극행정면책제도는 '감사소명제도'의 하나로, 공직자 등이 불합리한 규제를 개선하거나 공익사업을 추진하는 등 공공의 이익을 증진하기 위해 고의 또는 중과실 없이 업무를 적극적으로 처리한 결과에 대하여 그 책임을 면제 또는 감경해주는 제도이다.

2. 면책제도의 필요성

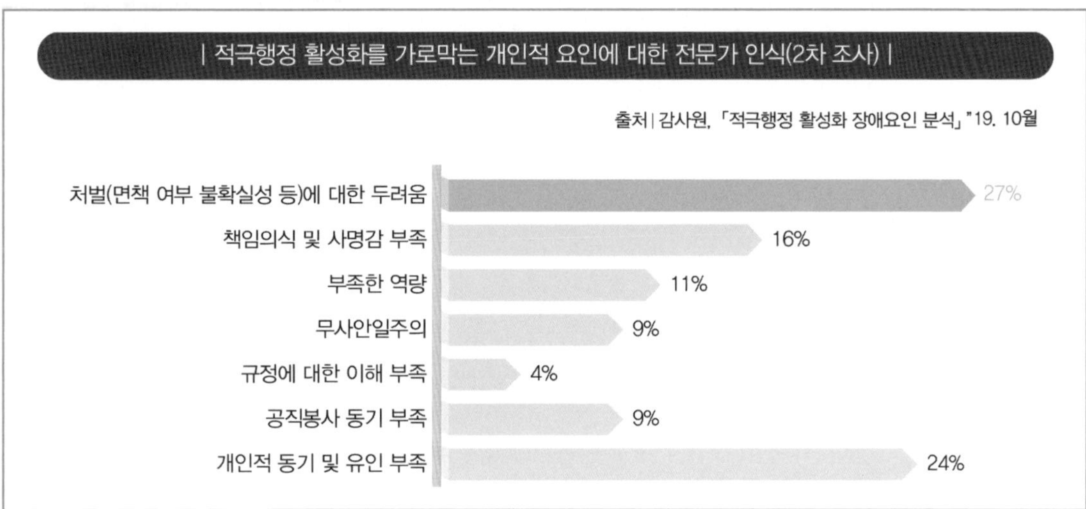

3. 적극행정 감사면책

개념	공직자가 공공의 이익을 위하여 업무를 적극적으로 처리한 결과에 대해 고의 또는 중과실이 없는 이상 감사단계에서 징계 또는 문책요구 등의 책임을 면제 또는 감경해주는 제도
법적 근거	• 「감사원법」(제34조의3, 적극행정에 대한 면책) – 감사원 감사를 받는 사람이 불합리한 규제의 개선 등 공공의 이익을 위하여 업무를 적극적으로 처리한 결과에 대하여 그의 행위나 고의나 중대한 과실이 없는 경우에는 이 법에 따른 징계 요구 또는 문책 요구 등 책임을 묻지 아니한다. • 「공공감사에 관한 법률」(제23조의2, 적극행정에 대한 면책) – 자체감사를 받는 사람이 불합리한 규제의 개선 등 공공의 이익을 위하여 업무를 적극적으로 처리한 결과에 대하여 그의 행위나 고의나 중대한 과실이 없는 경우에는 이 법에 따른 징계 요구 또는 문책 요구 등 책임을 묻지 아니한다. • 「적극행정 운영규정」(제16조, 징계요구 등 면책) – 공무원이 적극행정을 추진한 결과에 대해 그의 행위에 고의 또는 중대한 과실이 없는 경우에는 감사원법(제34조의 3) 및 공공감사에 관한 법률(제23조의2)에 따라 징계 요구 또는 문책 요구 등 책임을 묻지 않는다.

4. 적극행정 징계면책

개념	적극행정 징계면책 제도는 공무원이 공공의 이익을 위하여 성실하고 적극적으로 업무를 처리한 결과에 대하여 징계단계에서 고의나 중과실이 없는 이상 징계를 면제해주는 제도
면책 조건	• 공공의 이익 증진을 위한 경우 – 감사 및 징계대상이 된 사람이 담당 업무 및 해당업무를 처리한 방법이 국민편익증진을 위한 것이거나 국민불편해소, 경제 활성화, 행정효율 향상 등 공공의 이익을 증진하기 위한 행위일 경우에 해당된다. • 적극적으로 처리한 경우 – 공공의 이익을 위해 새로운 업무처리 방식을 시도하거나 문제점 해소를 위해서 필요한 조치를 하는 등 개선을 위한 노력을 기울여 업무를 처리하는 행위를 말한다. • 고의 또는 중대한 과실이 없는 경우 – 업무처리 과정에서 고의나 중과실이 없어야 한다. 공무원징계령시행규칙은 징계 등 협의자와 비위 관련직무 사이에 사적인 이해관계가 없고, 대상 업무를 처리하면서 중대한 절차상의 하자가 없는 경우에 고의 또는 중과실이 없는 것으로 추정한다고 규정하고 있다.
법적 근거	• 「국가공무원법」(제50조의2, 적극행정의 장려) – 공무원이 적극행정을 추진한 결과에 대하여 해당 공무원의 행위에 고의 도는 중대한 과실이 없다고 인정되는 경우에는 대통령령등으로 정하는 바에 따라 이 법 또는 다른 공무원 인사 관계 법령에 따른 징계 또는 징계부가금 부과의결을 하지 아니한다. • 「적극행정 운영규정」 – (제1조, 목적) 이 영은 행정부 소속 국가공무원의 적극행정을 장려하고 소극행정을 예방 및 근절하는 등 국민에게 봉사하는 공직문화를 조성함으로써 국가경쟁력의 강화와 국민의 삶의 질 향상에 이바지함을 목적으로 한다. – (제17조, 징계 등 면제) 공무원이 적극행정을 추진한 결과에 대해 그의 행위에 고의 또는 중대한 과실이 없는 경우에는 징계 관련 법령에 따라 징계의결 또는 징계부가금 부과의결(이하 "징계의결 등"이라 한다)을 하지 않는다. • 「지방공무원법」(제75조의2, 적극행정의 장려) – 공무원이 적극행정을 추진한 결과에 대하여 해당 공무원의 행위에 고의 또는 중대한 과실이 없다고 인정하는 경우에는 대통령령으로정하는 바에 따라 징계의결 등을 하지 아니한다 • 「지방공무원 적극행정 운영규정」 – (제1조, 목적) 이 영은 지방자치단체 공무원의 적극행정을 장려하고 소극행정을 예방 및 근절하는 등 주민에게 봉사하는 공직문화를 조성함으로써 주민의 삶의 질 향상에 이바지함을 목적으로 한다. – (제16조, 징계 등 면제) 공무원이 적극행정을 추진한 결과에 대해 그의 행위에 고의 또는 중대한 과실이 없는 경우에는 징계 관련 법령에 따라 징계의결 또는 징계부가금 부과의결(이하 "징계의결 등"이라 한다)을 하지 않는다.

출처 | 적극행정ON, 적극행정면책제도(감사원)

POINT 09 소극행정

01 소극행정

1. 개념

- 공무원의 부작위 또는 직무태만 등 소극적 업무행태*로 국민의 권익을 침해하거나 국가 재정상 손실을 발생하게 하는 행위
- 소극적 업무행태
  - [협의의 의미] 법령에 하도록 규정되어 있는 일을 하지 않는 업무행태
  - [광의의 의미] 할 수 있는 일을 하지 않는 업무행태
  - 법령상으로는 부정적인 결과 발생을 포함하여 정의하고 있으나, 학계에서는 업무태도 등에 초점을 맞추어 보다 폭넓은 개념으로 접근하기도 함
  - 다만 적극(소극)행정의 개념은 행정환경의 변화 등에 따라 지속적으로 재정립할 필요 있음
- [키워드] 형식주의적, 보신주의적, 조직이기주의적

> **근거규정**
>
> **공무원 징계령 시행규칙(총리령) [별표 1] 징계기준**
>
> "소극행정"이란 공무원의 부작위 또는 직무태만으로 국민의 권익침해 또는 국가 재정상의 손실을 발생하게 하는 업무행태를 말한다.

02 소극행정 유형

- 적당편의: 문제해결을 위한 대책마련보다는 적당히 형식만 갖추어 업무를 처리하는 행태
- 책임회피: 소관 업무를 불이행 또는 태만히 하거나, 책임을 지지 않은 행태
- 불합리한 관례답습: 법령이나 지침 등의 변화에도 불구하고, 과거 규정에 따른 업무처리, 기존의 불합리한 업무관행 답습, 규정 본래의 취지를 벗어나는 등의 업무행태
- 기타 관중심 행정: 직무권한을 부당하게 행사하거나, 본인이 처리해야 할 업무를 명백한 이유 없이 처리하지 않거나, 대상자에게 전가하는 행태

03 적극행정 및 소극행정 영향요인

구분		내용
개인적 요인		• 적극행정에 대한 공직자의 책임의식 및 사명감 부족, 모험기피 및 혁신의지 부족, 보상에 대한 불안
제도적 요인		• 행정 현실에 적용하기 불합리한 제도나 절차(법률·규정 등 포함) 존재 • 새로운 행정수요에 대응하지 못하는 제도나 절차의 존재
조직적 요인		• 권위적이고 강압적인 리더십, 하향식 의사결정, 부서 간 갈등 • 업무의 복잡성, 책임소재 모호, 순환보직에 따른 전문성 결여 등 • 적발 위주의 감사, 지나친 형식주의 등 • 부처 업무에 대한 정책 및 계획 수립을 산하기관에 미루는 경향
환경적 요인	내부	• 변화를 거부하는 냉소적 조직문화 • 신분보장으로 인한 소극적 문화, 관료주의의 만능화(폐쇄성), 조직적 책임의식 부족, 적극행정을 장려하지 않는 문화 • 중앙행정기관 등 기관장의 짧은 임기와 임기 내 성과달성 추구 문화
	외부	• 국회나 지방의회 등의 행정통제 증가, 행정부의 정책적 대응에 대한 수요 폭증 등

POINT 10 적극행정제도 개선사항 및 적극행정 활성화방안

01 적극행정 지원제도 운영의 문제점

- 소송 지원 등 적극행정을 추진하는 공무원에 대한 보호부족이 38.0%(1,779명)로 가장 높게 인식
- 그 외 적극행정을 추진하는 기관 내 전담조직 및 인력부족 23.7%(1,108명), 적극행정 공무원에 대한 인센티브 부족 19.4%(910명), 적극행정에 대한 공직사회 및 대국민 홍보 부족 16.9%(792명) 순으로 응답
- 기타의견: 규정과 기준(면책 여부 판단기준)의 모호성(주관적 해석 가능), 절차의 복잡성, 면책에 대한 신뢰성 부족(확실히 면책될지에 대한 의심), 사후 귀책논란 발생 여부(외부 사정기관에 의한), 제도 악용 가능성(조직 내외적인 정치적 도구로의 이용, 법치주의 근간을 위태롭게 하는 사항)에 대한 방지책 부족 등

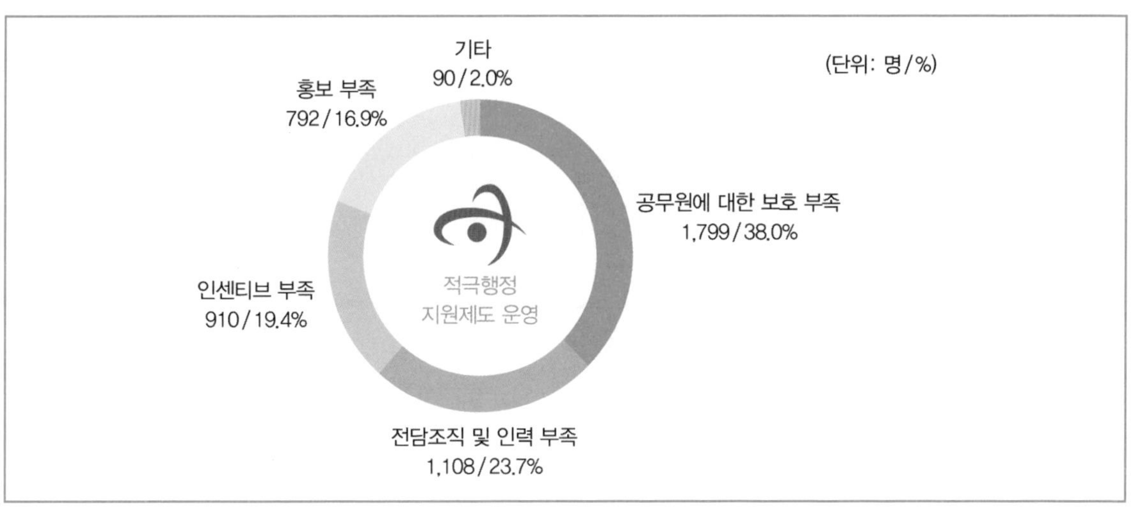

출처 | 감사원, 총 4,679명(복수응답 수 포함)

02 적극행정 지원제도의 개선사항

공직사회의 적극적 행정풍토를 조성하기 위해 사전컨설팅 제도, 적극행정면책 제도 등 다양한 적극행정 지원제도를 운영 중이며 적극행정 지원제도의 원활한 운영이 이뤄질 때 적극행정이 실천될 수 있다.

1. 적극행정 지원제도 전체(사전컨설팅제도, 적극행정면책제도)에 대한 개선요구사항

구분	제시의견
지원제도 전반 관련	• 적극행정 지원제도뿐만 아니라 적극행정을 위한 환경조성(포상제도 확대, 유연한 제도 운영, 일선근무지의 권한이양 등)이 우선 • 적극행정은 개인 혼자 이해하고 실현할 수 있는 영역이 아니므로 조직이 이해하고 조직이 책임을 지는 제도적 보완 필요 • 적극행정을 하였으나 사후 문제가 발생되면 형평성 및 절차상 잘못된 행정행위로 보고 징계를 주는 실정으로 면책된 사례를 통해 징계 양정기준을 세밀하게 정할 필요 • 인센티브 등 유인책을 제시하고 있으나 면책 등도 결국 책임 문제를 개인에게 지우는 것으로 합리적인 방식인지 의문
모범사례 관련	• 모범사례 포상, 사례집 배포, 교육 등이 적극적으로 이뤄질 필요 • 모범사례에 대한 포상을 확대하여 적극행정이 되도록 지원하고 소극적인 행정이나 갑질 사례 공유 필요 • 모범사례는 행정행위로 인한 긍정적인 측면이 있는 사례로 선정 • 모범사례 포상, 사례집, 교육 등이 형식적으로 이뤄지지 않도록 유도하고 모범사례 포상 범위 확대 및 콘테스트 개최 • 모범사례에 대한 포상과 함께 특별 가산점 제공 등 추가적 방안 검토 필요 • 면책보다는 포상에 더 중점을 둔다면 공무원들의 소극행정 예방 가능

적극행정 지원에 관한 우려 관련	• 법원 판례나 소송으로 결정되어야 할 사안들이 담당자의 재량으로 비춰질 소지가 있고 향후 쟁송의 여지가 있는 등 행정질서 문란을 초래할 우려 • 자칫 안 되는 것도 되도록 만들어주는 것이 적극행정이라고 오인되지 않도록 공직자뿐만 아니라 민간에게도 홍보 필요
기타	• 중앙부처나 상급기관에 질의할 때 가부 등에 대한 보다 명확한 해석 제공이 필요하며 해당 기관에서 알아서 판단하라는 답변은 불필요

03 적극행정 활성화 장애요인 및 활성화 방안 ★★★

적극행정을 펼쳐야 할 공직자가 적극행정을 하지 못하는 이유(장애요인)를 살펴보는 것은 적극행정 활성화를 유도함에 있어 중요한 요소가 된다.

1. 공직자가 생각하는 적극행정 활성화 장애요인

- 공직자들이 적극행정을 하지 못하는 이유(복수응답 수: 총 4,736명)로는 공직문화 등 환경적 요인이 가장 큰 것으로 인식(33.7%, 1,594명)
- 그리고 불합리하거나 현실에 맞지 않는 절차 등 제도적 요인(26.2%, 1,242명), 적극행정에 대한 공직자의 책임의식 부족 등 개인적 요인(20.9%, 988명), 권위적이고 강압적인 리더십이나 적극행정을 가로막는 내부통제 운영 등 조직적 요인(16.6%, 784명) 순으로 응답

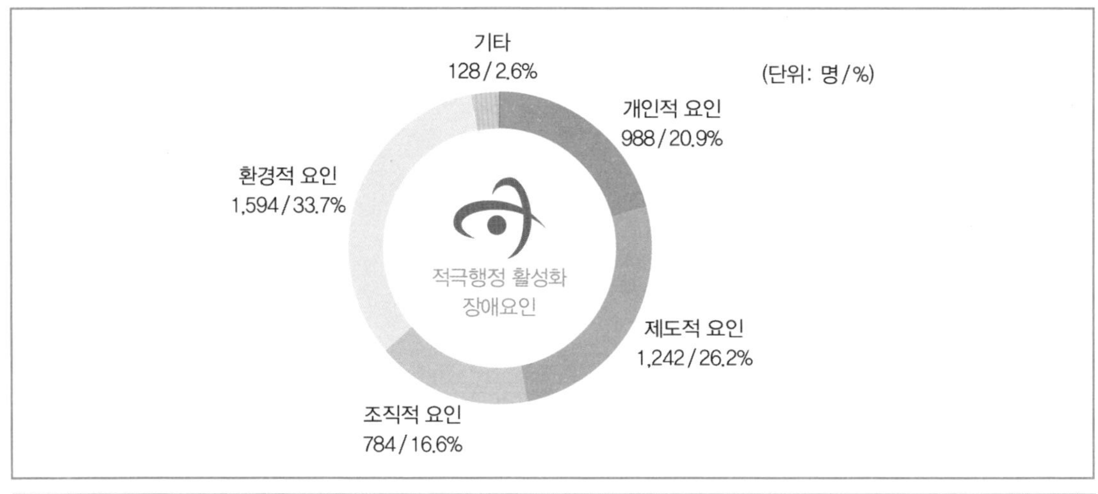

구분	제시의견
개인적 요인	• 책임지기 싫어하는 인식, 다음 담당자에게 떠넘기는 무책임, 공직자로서 자신의 신분의 불이익 등 • 법과 규정, 민원에 대한 막연한 저항감, 법 테두리를 벗어난 적극행정 추진 시 부담감 • 적극행정으로서의 판단 및 면책여부 불확실, 해석하는 입장에 따라 적극행정이라 생각할 수도 아닐 수도 있다는 사고, 법규정에서 벗어나 적극적으로 해석하기에는 미래 결과 예측에 대한 확신 부족 • 추후에 면책을 신청하느니 아예 업무를 소극적으로 하는 것이 낫다는 개인의 인식 문제 등

제도적 요인		• 현장 및 현실에 맞지 않는 법·절차, 제도와 현장업무의 불일치, 행정현실(상황)에 적용하기 불합리한 절차나 제도, 현실과 규정의 괴리(특히, 해석이 불문명한 경우) • 하급기관(지방자치단체 등)에서 별도 수립하여 운영하는 규정·지침의 근거가 되는 상위 법령 및 규정 모호, 유권해석과 판례에 따른 차이 존재 • 엄격히 정해진 규정(규정에서 정해진 절차는 시간이 오래 걸리며 경직된 상위지침으로 인해 현장에서의 적극행정의 어려움 존재) • 업무추진의 복잡성(여러 기관이 연관된 경우 기관마다 해석이 다르고 비협조적인 기관 존재하며 문제 발생 시에도 어려움 발생), 민원 발생 시 복잡한 행정 절차로 시간이 지체되어 민원인 불만 초래 등
조직적 요인		• 과도한 행정업무로 인해 적극적인 업무 추진을 고민할 시간 부족 • 적극행정을 실시한 공직자에 대한 보호 장치 미흡 • 상급자와 견해를 달리할 경우 이를 거부하고 적극행정 추진 어려움 • 전문성 부족, 순환 보직으로 교육 없이 인수인계하고 실무에 투입됨으로써(특히, 지방공무원) 재량권 발휘 불가, 할 수 있는 것인지 혹은 법령에 저촉되는 일인지 판단 불가한 이유로 소극적 추진 • 개인뿐만 아니라 부서·조직차원에서 적극행정을 독려할 기제 부족
환경적 요인	공직 내부	• 경직된 공직문화, 적극행정을 하지 않아도 문제가 되지 않는 문화 • 새로운 업무방식보다 기존 관례를 따르는 경향 등 • 적극행정으로 인한 개인 불이익이 많다는 인식(개인 책임, 보호 부족 등) • 소극행정, 선례답습, 무사안일, 업무 최소화에 익숙한 문화
	공직 외부	• 국가시책이 수시로 변경됨으로써 적극행정이 추후 잘못된 업무로 변질될 가능성 • 정책 추진 시 정책감사에 대한 두려움(정권이 바뀜에 따라 정책감사 기조 등이 변경) • 적극행정으로 인해 발생하는 예상치 못한 민원 발생

2. 공직자가 생각하는 적극행정 활성화를 위한 개선사항

구분	제시의견
인식개선	• 공직자(국민에 대한 봉사자)로서의 인식개선과 적극행정에 대한 공직자들의 잘못된 인식(눈에 띄려 한다 등) 및 조직 내 관리자 인식(보수적 판단 등), 공직에 대한 사회 인식 개선 필요 • 감사기관 및 부서의 인식(잘못을 지적하기 위한 감사가 아닌 적극행정에 대한 발굴을 위한 장치로서의 감사 활용 등) 변화 필요 • 편안한 마음으로 적극행정 지원제도를 활용할 수 있다는 인식 개선 • 소극행정 행정업무에 대한 비판적 자세 함양을 위한 교육과 인식 개선
전담인력 및 조직 (전문성 포함)	• 행정의 부담을 가중시키지 않고 적극행정 지원제도의 취지를 달성할 수 있도록 전담인력 및 조직 확보 • 사안 발생 시 즉각적이고 실질적인 도움을 지원하기 위해 분야별 전문성 확보 필요
실적주의 강화	적극행정으로 인한 불이익이 아닌 실적에 따른 포상, 승진가점 등 인센티브 제도 필요
면책기준 명확화 및 사례 발굴	적극행정에 대한 면책기준을 명확히 설정하고 적극행정으로 모두가 인정하는 사례를 많이 발굴하여 제시
공직자에 대한 보호 강화	소송 지원, 감사 부담, 악성 민원 대응 등 공직자가 보다 적극적인 업무 추진을 할 수 있도록 제도적·조직적 보호 및 지지 필요, 조직이 개인을 보호해준다는 믿음 형성 필요
기타	• 관련기관 및 부서의 빠른(적절한) 협조, 소극행정 신고제도 필요 • 향후 정책 방향의 변경이 있더라도 적극행정에 대해서는 '후속 조치는 없다'는 제도적 장치 필요

PART 03

참고 전문가 의견: 적극행정 장애요인 극복방안

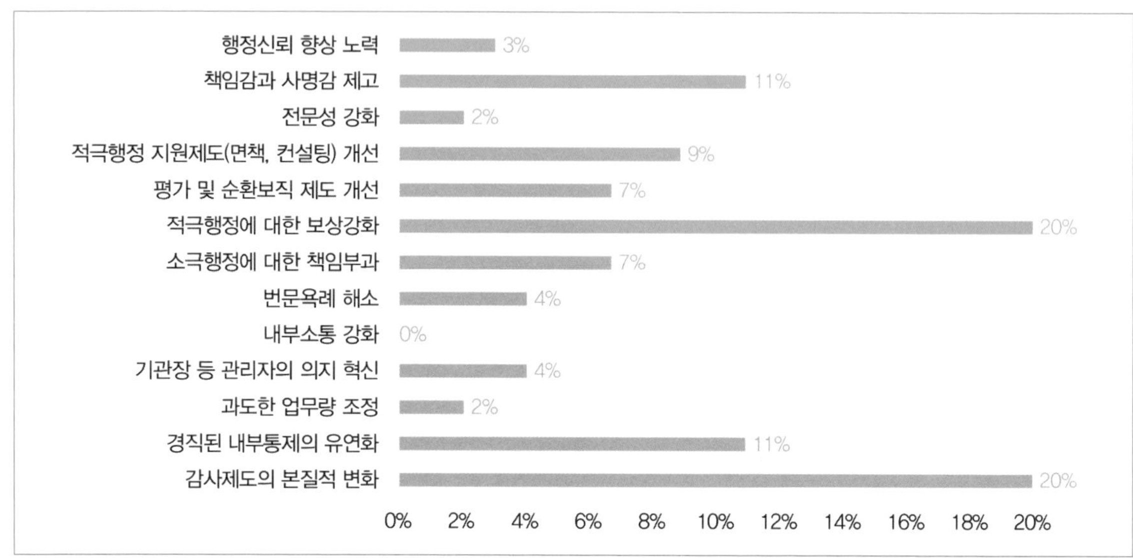

출처 | 감사원, 적극행정 활성화 장애요인 분석

대안책	주요내용
적극행정에 대한 보상 강화	• 면책과 더불어 일에 대한 형평성에 입각한 보상과 승진 등 필요 • 연공서열에 의한 보상은 적극행정을 유도하기 위한 내재적 동기를 가로막는 요인
감사제도의 본질적 변화	• 감사기관(회계감사, 적발 위주 감사)의 변화(혁신지원센터, 즉 행정 혁신을 지원하는 컨설팅, 자문기관으로 변모 필요) • 감사관행 개선(명확히 법령을 위반하지 않은 사안이나 감사목적 이외의 사안에 대해서는 추가 감사 지양 및 실적 위주의 감사관행 개선 필요)
책임감과 사명감 제고	• 국민에 대한 봉사자로서 사명감과 책임의식을 갖고 국민에 대한 행정서비스를 제공한다는 의식 필요 • 적극행정의 요체는 해당 업무를 추진하는 담당자와 부서·기관이 주체이므로 장기적으로 공직가치 등에 대한 교육 필요 – 적극행정에 대한 직접적인 보상이나 적극행정면책, 사전컨설팅과 같은 제도 등은 단기적 처방
적극행정 지원제도 개선	• 현재와 같이 적극행정에 대한 홍보를 지속적으로 시행하고, 적극행정에 따른 인센티브 강화 • 면책 신청 확대를 위한 공직사회의 자체 인식 제고를 위한 교육과 홍보 강화

CHAPTER 03 2024 달라지는 지역별 주요정책

1. 시별 구분

서울시		대구시	
인천시		부산시	
대전시		울산시	
세종시		광주시	

2. 도별 구분

경기도		전라북도	
강원도		전라남도	
충청북도		경상북도	

충청남도		경상남도	
		제주도	

memo

PART 04

3개년 지역별 기출 & 사례

POINT 01 | 서울시

POINT 02 | 경기도

POINT 03 | 인천광역시

POINT 04 | 그 외 지역

지역별 기출 바로가기

연도별·직렬별 다양한 기출 및 수기는 김소영 카페에서 확인

POINT 01 서울시

2023 직렬별 기출 바로가기

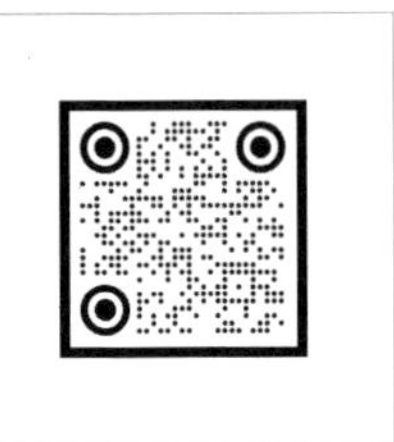

▲ 2022~2021 직렬별 기출 바로가기

01 일반행정 ①

(1) 5분발표 주제: (폐핸드타월 재활용) 탄소저감정책 활용 및 홍보방안

Q. 탄소저감에 대해서 아는 대로 말씀해 보세요.

Q. 폐핸드타월 전용 수거함을 아파트 단지나 주택가에 배부한다고 하였는데 효과가 있을까요?

Q. 그런데 가정집에서 폐핸드타월이 나올까요? 아파트나 주택가에 전용수거함을 설치할 이유가 있을지?

Q. 수거함이 폐핸드타월을 수거하는 좋은 방안일까요?

Q. 집에서 본인이 분리수거 하시나요?

Q. 사업체에게 주는 인센티브는 어떤 것이 좋을까요?

Q. 너무 거창한 것 아닌지?

Q. 본인이 서울시 담당 공무원이라고 생각하고 말씀하신 것 외에 추가적인 홍보방안을 말해주세요.

(2) 개별질문

Q. (중 면접관) 지원동기와 함께 자기소개 부탁드립니다.

Q. (우 면접관) 회사에서 무슨 일을 하셨는지 설명 부탁드립니다.

Q. (우 면접관) 우수사원상을 받았던 이유는 뭐라고 생각하시나요?

Q. (중 면접관) 사내 아이디어 경진대회에서 3위를 하셨던 아이디어는?

└ Q. 본인의 기여도는 어느 정도라고 생각하시는지?

Q. (중 면접관) 다니시던 회사에서 핵심인재였던 것 같은데, 솔직하게 왜 공무원이 되고 싶으신지 말씀하여 주실 수 있을까요?

Q. (좌 면접관) 신입공무원들이 면직하는 이유는 뭐라고 생각하는지?

Q. (좌 면접관) 9급 공무원 얼마 받는지 아시지요? 사기업에서 받으시던 연봉과 차이가 클 것 같은데, 생활에 문제가 있지 않을까요?

Q. (우 면접관) 서울시 정책 중 관심 있으신 것은?

Q. (우 면접관) 잼버리 이슈 아시지요? 문제점이 뭐라고 생각하시는지?

└ Q. (우 면접관) 그것뿐인가요? 그런 정도로 이렇게 큰 이슈가 되지는 않았을 것 같은데, 본인 생각을 구체적으로 말씀해 주세요.

└ Q. (우 면접관) 그럼 6년 전 잼버리 담당자였다면 장소를 어디로 정할 것인가?

Q. (중 면접관) 인적성 결과지 보고 있는데, 자신이 어떤 성격이라고 생각하세요?

└ Q.(중 면접관) 단점이 있다면?

Q. (중 면접관) 인관관계가 중요하세요? 업무가 중요하세요?

Q. (중 면접관) 베스트 프렌드라고 부를 수 있는 절친이 몇 명이나 있으세요?

└ Q. (중 면접관) 어떻게 만나게 되셨나요?

└ Q. (중 면접관) 친구들 사이에 불리는 애칭이 있다면?

└ Q. (중 면접관) 무슨 뜻이지요?

Q. (중 면접관) 공직자가 되기 위하여 준비하신 것이 있다면?
Q. (중 면접관) 시간이 얼마 안 남았는데, 못하신 자랑이나 하고 싶은 말 해 보세요.

02 일반행정 ②

(1) 5분발표 주제

Q. 폐핸드타월 재할용 효과적 홍보방안

└ Q. 이러한 정책이나 제도가 일회성에 그치는 경우가 많은데, 지속적으로 추진할 수 있는 방안에 대해서 말씀해 주세요. (나머지 질문들은 기억이 잘 안나요.. 죄송합니다..)

(2) 개별질문

Q. 자기소개 1분 내로 해주세요.
Q. 최근에 구청이나 동주민세터 방문해 보신 경험 있으신가요?
Q. 구청이나 동주민센터에서 홍보물 같은 것을 접해 보신 적이 있나요?
Q. 홍보물이 어떻게 생겼는지 알고 계신가요?
Q. 주민분들의 공감대를 얻기 어려운 정책들이 있는데, 이러한 문제를 어떻게 해결할 것인가?
Q. 지하철 적자 문제와 관련하여 해결방안?
Q. 그럼 노인분들이 반발하실 텐데 어떻게 설득하실 건가요?
Q. 공무원에 대해 가지고 있던 기존의 인식, 바뀐 점이 있나요?
Q. 자신이 어떤 업무를 추진함에 있어서 어려움을 겪었던 경험
Q. 그러한 어려움을 겪은 후의 변화나 깨달은 점
Q. 상관이 자기에게만 업무를 많이 준다면 어떻게 해결할 것인지?
Q. 다른 지역에 비해서 서울시는 이것만큼은 뛰어나다 하는 점은?
Q. 서울시 관심정책 한 가지 말씀해 주세요.
Q. 따릉이 적자 문제가 지속되고 있는데, 해결방안은?
Q. 신입 공무원으로서 하고 싶은 업무를 맡게 되었는데 월화수목금금금 이런 식으로 주말에도 출근하고 야근 등으로 업무과중이 지속되는 상태, 어떻게 대처할 것인가요?
Q. 문화예술에 관심이 많으신 것 같은데, 특별한 이유가 있나요?
Q. 문화예술과에서 꼭 추진해 보고 싶은 정책은?
Q. 마지막으로 이것만큼은 꼭 얘기해야겠다 하는 점에 대해 말씀해 주세요.

03 일반행정 ③

(1) 5분발표 주제

Q. 폐핸드타월 재활용이 효과적으로 시행되려면 어떠한 노력을 해야 되는지? 홍보방안

└ Q. 탄소절감이 왜 5분스피치 주제로 나왔다고 생각하나요?

(2) 개별면접

Q. 법령이나 제도에 없는 일을 상관이 시킨다면?

Q. 성취감을 느낀 경험과 그 성취감의 결과는?

Q. 협력해서 일한 경험을 얘기하고 갈등상황은 어떻게 해결했는지?

Q. 좋은 공무원, 나쁜 공무원 사례? (장수의자 만드신 공무원분 얘기함)

└ Q. 장수의자가 그렇게 좋은 거라면 보편화가 되어 있을 텐데 거의 볼 수 없는 이유는?

└ Q. 장수의자가 공공시설인데 사비로 만들어서 비판이 있다. 본인이라면 어떻게 하실 건가요?

Q. 공무원이 되면 하고 싶은 분야?

Q. 디자인정책관을 말씀하셨는데, 제안하고 싶은 정책은?

Q. 중요하게 생각하는 공직가치는? 이유는?

Q. 본인은 공직가치 중에 어떤 가치를 가지고 있다고 생각하나? 이유는?

Q. 저출산이 문제인데, 어떻게 해결하고 싶나요?

Q. 서울시 생각하면 생각나는 디자인은?

Q. 마지막으로 하고 싶은 말 해주세요.

CASE 02 지방세

01 지방세 ①

(1) 5분발표 주제

외집단에 대해 선입견을 갖았던 경우 선입견이 변화되거나 없어졌던 본인의 경험을 쓰시오.

└ Q. 서울시에 다른 집단에 대한 선입견 같은 게 있는지? (mz세대에 대한 선입견이 있는 것 같다고 답변)

└ Q. 그럼 선입견을 없애기 위한 정책 어떤 게 있는지?

(2) 개별질문

Q. 노인문제 해결방안

Q. 직장 퇴사이유와 지원동기

Q. 자기소개

Q. 서울시에서 하는 좋은 정책

Q. 세무 관련 질문

Q. 주민세 종류 / 금액

Q. 세부담상한제도

Q. 재산세 관련 뉴스

02 지방세 ②

(1) 5분발표 주제
　내집단 외집단
(2) 개별질문
　Q. 세무공무원으로서 가져야 할 자세?
　Q. 세무공무원으로서 이것만큼은 안 하겠다! 하는 거 두 가지와 그 이유나 사례 말해 주세요.
　Q. 단체생활을 하면서 갈등을 겪은 적 있는지 사례를 말해 주세요.
　Q. 사회생활을 하면서 겪은 일 에피소드 말해 주세요.
　Q. 보통세와 목적세 차이
　Q. 본인이 세무공무원으로서 자부심을 느낀다면 어떤 부분?
　└ Q.외집단과 생활하면서 느낀 점을 언급했는데, 그때 느낀 점과 연계해서 말해 보세요.
　Q. 세금 부과된 부분이 잘못되었다고 화내는 민원인들 어떻게 응대할 것인지?
　Q. 본인이 내집단이라고 생각하는 집단 그리고 이유
　Q. 가장 친하다 생각하는 친구는 몇 명?
　└ Q. 언제 적 친구들이고 어떻게 친해졌어요?
　└ Q.그 친구들이 말하는 본인의 단점
　Q. 본인이 5분스피치에서 말한 집단에 대해 우호적인 것 같은데, 정말 외집단이라고 말할 수 있나? (그나마 약간의 압박질문?)
　Q. 누군가를 위해 자신의 시간을 쓰면서까지 도움을 준 경험

CASE 03 사회복지

01 사회복지 ①

(1) 5분발표 주제
　Q. 외집단에 대한 선입견 변화 경험
　└ Q. (발표 경험) 해당 분야에 대해 왜 관심 있는지?
(2) 개별질문
　Q. 사회복지 공무원의 업무?
　Q. 장점 & 단점 (업무와 연결시켜서 이야기해 보라.)
　Q. 10년, 20년 후 공무원으로서 무엇을 하고 있을 것 같은지?
　Q. 공무원이 되면 무엇이 힘들 것 같은가?
　└ Q. "악성민원" 어떻게 처리할 것인지?
　└ Q. 그분들이 불만이 있는 것인데, 어떻게 해결할 수 있을지?
　Q. 전문성을 위해 노력한 것

Q. 갈등을 해결한 경험
└ Q. 거기서 본인 역할이 무엇이었나?
Q. 마지막 하고 싶은 말

02 사회복지 ②

(1) 5분발표 주제
Q. 외집단에 대한 선입견 변화 경험
└ Q. 외집단(다문화) 많아지기 때문에 생길 수 있는 갈등
└ Q. 선입견 깨기 위해 했던 본인의 노력
(2) 개별질문
Q. 공직사회에서 힘들 일 맡게 되면 어떻게 할 건지?
Q. 본인에게만 업무가 몰린다면?
Q. 도와드릴 수 없는 수급자 어떻게 도와드릴지?
Q. 술 드시고 오신 난동 피우는 주민 어떻게 대처할 건지?
Q. 동주민센터 방문 경험, 사회복지직 공무원이 무슨 일 하는지 본 적 있나?
Q. 일행과 사복 차이
Q. 본인이 가지고 있는 역량을 사복 업무에 어떻게 발휘할 수 있을지?
Q. 타인을 위해 희생했던 경험
Q. 서울시에 오기 위해 이런 것까지 해봤다 하는 것
Q. 서울시 정책 중 별로였던 점
Q. 서울시 안 사는데 왜 서울시 지원했는지?
Q. 성격의 장단점, 이를 사복 업무에서 어떻게 발휘할 것인지?
Q. 알바에서 진상고객 응대했던 경험 어떻게 대처했는지?
Q. 장기적으로 했던 봉사
Q. 서울시에 오게 되면 하고 싶은 업무
Q. 마지막으로 하고 싶은 말

CASE 04 전산직

01 전산직 ①

(1) 5분발표 주제
Q. 규제의 역기능 해결방안
└ Q. 사조직과 공조직 규칙의 차이점?
└ Q. 뭐가 더 중요한지?

(2) 개별질문

Q. 지원동기 포함 자기소개
Q. 서울시에서 규칙 개선했으면 하는 것
Q. 굳이 내부 아니더라도 정책 경험하거나 하면서 개선점 못 찾았나?
Q. 수험기간 중 힘들었던 것
Q. 어떻게 극복했는지?
Q. 공무원이 되면 이것만은 하지 말아야겠다 싶은 게 있나? 2가지 말해라.
Q. 그런 거 말고 개인적인 거
Q. 주민센터, 구청 가 본 적 있나? 개선사항
Q. 주민센터 가면 본인확인 할 때 신분증 가져오라는데, 지문인식 하면 신분확인 되는데 왜 굳이 신분증 가져오라고 하는지 아냐? 주민센터면 그 정도는 없어도 되지 않냐 확인되는데
Q. 러시아 우크라이나 전쟁 일어났다. 전산망 어떻게 됐는지 아냐?
Q. 분산되어 있으면 어떨 거 같은데?
Q. 전산직 지원하고 공부 중일 때 뉴스 보면서 전산망 걱정 안 했냐?
Q. 아르바이트 경험
Q. 저출산정책 뭐가 좋다고 생각하는지?
Q. 육아는 여성에게 부담 큰데 여성을 위한 정책은?
Q. 프로젝트 경험
└ Q. 그래서 당시 그 사이에서 한 역할이 정확히 뭐냐?
└ Q. 너가 근데 한 명이랑 대안 찾을 때 다른 한 명은 그러면 뭐했냐? (전체의 참여로 도출된 결과를 원하시는 듯..?)
Q. 개인갈등 경험
Q. 그래서 갈등을 통해 뭘 깨달았니?
Q. 전산직렬 관련해서 역량 가진 거 있나?
Q. 무슨 언어가 편하냐? 개발 쪽이냐 정보보호 쪽이냐?
Q. 말 느린 사람 행동 느리단 판단 있다. 이거 선입견이냐 아니냐?
Q. 그럼 일반적으로는 말 느린 사람 행동 느린 거 같냐? 아니냐?
Q. 마지막 할 말

02 전산직 ②

(1) 5분발표 주제

Q. 공공기간 내의 규칙의 역기능적인 사례와 개선방안
└ Q. 공무원의 적극행정 펼칠 시 규칙과 제도에서 벗어나는 경우 때문에 소극행정이라는 역기능이 발생함

(2) 개별질문

Q. 1분 자기소개
Q. 봉사했던 경험
Q. 일하기 힘든 사람
Q. 사기업 근무를 다니는데, 공무원을 한 이유
Q. 공무원 적극행정 사례
Q. 동사무소를 가본 경험이 있는지? 개선점
Q. 현재 서울시에서 관련 직렬 정책
Q. 자신이 해 보고 싶은 정책
Q. 전자공학과인데 굳이 전산직을 선택한 이유
Q. 회사에서 문제를 해결했던 경험
Q. 회사에서 나에 대한 평가는?
Q. 본인 성격에서 맘에 안 드는 것
Q. 남 눈치를 본다고 했는데, 어떻게 적극적인지?
Q. 서울 자치구 개수
Q. 마지막 할 말

CASE 05 기계직

01 기계직 ①

(1) 아이스브레이킹

Q. 주제 어떤가?
└ Q. 적는 데 어려움은 없었나?

(2) 5분발표 주제

Q. 자신의 정체성(개성) 선택 경험
└ Q. 봉사활동으로 모은 100만원 연탄 구입하는 데 다 썼나?
└ Q. 인턴 얼마 동안 했는지? 짧게 한 이유

(3) 개별질문

Q. 입직 후 어떤 업무를 하고 싶은지? 그 이유는? 그곳에서 하는 정책은?
Q. 기계직이 어떤 업무를 하고 있는지?
Q. 그곳에 발령 안 날 수 있는데, 괜찮은지?
Q. 기계직공무원이 가장 중요하게 생각해야 하는 덕목 2가지를 얘기하시오. 그 이유는?
Q. 중요하게 생각하는 공직가치가 본인에게 있다고 생각하는지?
Q. 본인의 전문적 역량을 강화하기 위해 했던 일에 대해 얘기하시오
Q. 본인의 장점과 단점을 공직생활과 연결하여 설명해 보시오.
Q. 역량적 단점 말고 성격상 단점은?

Q. 봉사경험 또 있는지?
Q. 공무원에 지원한 이유
Q. 입직 후 시행했으면 좋겠다는 정책은?
Q. 10년 후 나의 모습은?
Q. 마지막 하고 싶은 말

02 기계직 ②

(1) 5분발표 주제
Q. 정체성 & 개성 관련 경험
└ Q. 정체성과 개성 형성과정 자세히 설명하라.
└ Q. 전공 반대했던 경험
(2) 개별질문
Q. 일을 하다가 반발이 있었거나 갈등 경험
Q. 프로젝트 진행 경험에 대해 순서 설명하라.
Q. 공무원으로서 꼭 하고 싶은 것과 절대 하면 안 되는 것
Q. 서울시 개선하고 싶은 시정
Q. 공원 말고 공공시설 등 고치고 싶은 것
Q. 자격증과 그에 관련해 전문성을 키우기 위해 한 노력
Q. 10년 후에 내가 이룰 성과

CASE 06 조경직

01 조경직 ①

(1) 5분발표 주제
Q. 협업한 경험, 협업의 긍정적, 부정적 측면 설명하라. (저는 5분발표 후속질문은 없었습니다)
(2) 개별질문
Q. 조경직 공무원이 하는 일
Q. 미세먼지 저감수종 아는 거 3가지
Q. 자신이 평소 가지고 있는 신념
Q. 담배꽁초 버린 적 없는지? 하늘에 맹세하고?
Q. 본인이 생각했던 신념이 업무에 있어서 효과를 거둔 경험이 있는지? 신념이 잘못되었다면 끝까지 고집할건지 여부
Q. 지원자가 가 본 공원 중 가장 기억에 남는 공원
Q. 은행나무 특징 설명해라.

Q. 실패해 본 경험
Q. 현재 젊은이들 사이에서 포토월, 포토스팟 유행인데, 노년층도 이용할 수 있게 하는 방안
Q. 본인에게 가장 부족한 공직가치

02 조경직 ②

(1) 아이스브레이킹
Q. 몇시에 오셨어요?
└ Q. 꽤 기다리셨는데 그동안 어떤 생각하였어어요?
(2) 5분발표 주제
Q. 협업 긍정, 부정 측면과 관련 경험
└ Q. 민관－민관 협업과 민관－공공기관 협업 차이점
└ Q. 민관업체에서 시민들의 이익이 아닌 방향으로 해도 들어줘야 할까?
(3) 개별질문
Q. 30초 － 1분 사이 자기소개
Q. 사기업 경력 관련 질문
Q. 관련 학과 여부
Q. 가로수의 기능
Q. 세계 3대 가로수
Q. 국내 1호 생태공원은?
Q. 생태공원에 대해 설명해 보아라.
Q. 요즘 재해 등 이상기후가 심하다. 녹지직으로서 할 수 있는 일은?
Q. 생태계를 복원해야 하는 이유
Q. 도시농업사업이 할 수 있는 역할은?
Q. 사기업 다니다가 공무원으로 바꾼 이유는?
Q. 신규공무원들의 탈출하는 이유 및 해결방안
Q. 공직관 3가지
Q. 마지막으로 할 말

CASE 07 환경직

(1) 5분발표 주제
Q. 협업한 경험, 협업의 긍정적, 부정적 측면
└ Q. 본인이 어떤 역할? 업무를 맡으신 건가요?
(2) 개별질문
Q. 자기소개(5분발표 전에 시키심)

Q. 최근에 본 기사에서 좋거나 나쁜 공무원 뉴스 본 게 있는지? 본인이 생각하는 좋은 공무원이 가져야 자세와 가지면 안 되는 자세는?

Q. (앞에 무슨 질문 있었는데 생각 안 남) 그리고 하고 싶은 업무

Q. 요즘 온실가스가 많이 나오고 있는데, 건물 분야에서 많이 발생한다. 건물 분야에 관련된 정책 아는지?

ㄴ Q. 건물 분야에 본인이 제안하고 싶은 정책?

ㄴ Q. 기업들이 돈에 대한 부담이 클 텐데 어떻게?

ㄴ Q. 어떤 식으로 지원한다는 건지? 지원금 말하는 거냐?

Q. 미세먼지에 대해 제안하고 싶은 정책

Q. 최근 구청이나 주민센터에 가 보고 개선해 보고 싶은 점

Q. 갈등 경험은?

Q. 창의적 아이디어를 내본 경험은?

Q. 동료가 업무적 역량이 부족해서 상관이 본인에게 업무를 다 몰아주고 본인 업무도 많은 상황에서는 어떻게 할 것인지?

ㄴ Q. 본인 업무가 계속 많아질 텐데?

Q. mz세대의 3요를 아는지? 본인의 생각은?

Q. 마지막 할 말

CASE 08 보건직

(1) 5분발표 주제

Q. 협업 긍정, 부정 측면과 관련 경험

ㄴ Q. (위원장님) 협업을 해서 안 좋았던 경험은?

ㄴ Q. (위원장님) 민간에서 협업을 안 해 주는 이유는?

ㄴ Q. (위원장님) 협업을 잘하는 직원을 어떻게 하면 좋게 평가해 줄 수 있을지?

ㄴ Q. (위원장님) 공무원들이랑 협업해 본 적 있나? (보건소 기간제근무자 경험 말씀드림)

ㄴ Q. (위원장님) 그럼 공무원들이랑 일해 봤을 때 어땠나?

(2) 개별질문

Q. (위원장님) 치과에서 근무하다가 지원한 이유는?

Q. (오른쪽 남자 면접관님) 임용 준비하면서 어려웠던 점은?

ㄴ Q. 수험기간은 얼마나?

ㄴ Q. 치과에서 근무해도 되는데 굳이 공직을 선택한 이유?

ㄴ Q. 타인을 위해 나섰던 경험?

ㄴ Q. 불쾌해하거나 언짢아하는 사람을 풀어 준 경험?

ㄴ Q. 4차 산업시대에 갖춰야 할 자세는?

ㄴ Q. 이를 위해 어떤 노력을 할지?

ㄴ Q. 본인의 장단점

Q. (왼쪽 남자 면접관님) 일을 할 때 우선순위를 두는 기준
└ Q. 하고 싶은 업무
└ Q. 감염병 총 몇 종인지 아나?
└ Q. 1~4급까지 감염병 언제 신고해야 하나?
└ Q. 모기매개감염병 아는 대로 대 봐라.
└ Q. 치과에서는 얼마나 근무했나?
└ Q. 보건소에서는 얼마나 근무했나?
Q. (위원장님) 마지막 할 말

CASE 09 화공직

(1) 5분발표 주제
Q. 협업 사례, 협업의 긍정적 측면과 부정적 측면
└ Q. 일을 하다 보면 민간과 협업할 일이 많을 텐데, 이때 중요한 것
└ Q. 갈등이 생기면 어떻게 해결할 것인지?
└ Q. 협업할 때 갈등이 생기는 원인이 뭐라고 생각하는지?

(2) 개별질문
Q. 자기소개(지원동기 포함)
Q. 공무원 되면 어떤 부분에서 보람을 느낄 것 같은지?
Q. 서울시가 3대 비리를 중요시 여긴다. 3대 비리가 뭔지 아는가? (잘 모르겠다고 답했더니 성, 음주운전, 뇌물수수라고 이야기 해주셨습니다)
└ Q. 3대 비리에 대해 어떤 생각을 가지고 있나?
Q. 공무원이 되면 어떤 걸 하기 싫고, 어떤 걸 하고 싶은지(업무적인 부분이나 그 외적인 부분 아무거나)?
Q. 화공직이 어떤 업무하는지 알고 있나?
Q. 24시간 근무할 경우도 있을 텐데, 괜찮은지?
Q. 상수도, 하수도, 환경, 에너지, 폐기물 등 다양한 업무 중에 어떤 업무를 하고 싶은지?
Q. 폐기물 쓰레기가 많아 문제가 되는데, 폐기물을 줄일 수 있는 방안
Q. 온실가스의 주범
Q. 화석연료를 대체할 수 있는 에너지
Q. 화석연료 사용을 줄이기 위해 가정에서 노력할 점

CASE 10 전기시설

(1) 5분발표 주제
Q. 본인이 생각하는 집의 의미와 그 이유 (책에서 캐슬 독트린 읽은 거 생각나서 그거 좀 얘기하고 캐슬 독트린의 집은 나의 요새요 집은 나의 성이다 얘기하면서 그만큼 집은 인간에게 필수재화라고 얘기하면서 경제적으로 집주인 매입인 세입자 곤란 얘기하다 서울시 정책에 모아주택이랑 전세계약 도우미서비스 얘기했습니다)
└ Q. 집은 안식처라고 얘기했는데 집을 투자목적으로 사려고 하는 친구 어떻게 설득할 것인지?

(2) 개별질문

Q. 서울시 정책 중에 마음에 드는 거 또는 잘했다고 생각하는 거?

Q. 본인이 공사계약을 하고 싶은데 A업체는 다른 지역이지만 경험이 많고, B업체는 우리 지역이지만 경험이 거의 없다. 상사가 B업체를 하라고 한다면 뭐라고 할 것인지?

Q. 공무원의 여러 덕목 중 중요하다고 생각하는 것 3가지와 그중 제일 중요하다고 생각하는 것과 그 이유

Q. 접지공사 종류

Q. 저압, 고압, 특고압 기준

Q. 에너지 손실 줄일 방법

Q. 팀프로젝트 할 때 팀원끼리 의견충돌 어떻게 조율했는지?

Q. 하고 싶지 않았던 일 해 본 경험

Q. 공공기관 방문 시 불편했던 점

CASE 11 토목직

(1) 5분발표 주제

Q. 본인이 생각하는 집의 의미와 그 이유

ㄴ Q. 청년주택에 대해서 아는 거 추가설명

(2) 개별질문

Q. 부동산 과열 정책에 대해 아는 것이 있느냐?

Q. 타인은 본인을 어떻게 평가하느냐?

ㄴ Q. 타인은 본인을 어떻게 부정적으로 평가하느냐?

Q. 2~3년 동안 뭐했나?

Q. 공부 병행하면서 아르바이트 했느냐?

Q. 전공은 무엇이냐?

Q. 영문과인데 토목직 지원계기

Q. 부족한 전공지식 어떻게 보충할 것인가?

Q. 과한 공사를 선배가 시행하고 타 부서로 갔다. 본인이 공사감독관 자리를 맡으면 어떻게 할지?

Q. 공사 소장이 설계도대로 안 했다. 어떻게 대처할 것인가?

Q. LH부실공사, 오송지하차도 사건 등의 담당자가 본인이었다면 어떻게 하고 예방할 것인가?

CASE 12 건축직

01 건축직 ①

(1) 5분발표 주제

Q. 본인이 생각하는 집의 의미와 그 이유

(2) 개별질문

Q. 4차 산업혁명 시대에 맞는 공무원 역량 그리고 본인의 역량

Q. 역량적 장단점

Q. (상황형) 내가 프로젝트를 하는데, 모르고 내 프로젝트 정보를 입찰하는 친구에게 말했다면 어떻게 대처할 것인가? (이말 자체를 지금도 이해를 못하겠네요..)

(3) 전공질문

Q. 초고층 건물의 정의와 본인이 초고층 건물을 지을 때 가장 중요시하는 것

Q. 주택 공사장에 소음 방지하기 위해 해야 할 것

Q. 환경적으로 봤을 때 건축으로 뭐 해야 하나?

Q. 무량판 구조 아냐?

Q. 아파트 붕괴사고 어떻게 대처해야 하나?

02 건축직 ②

(1) 5분발표 주제

Q. '집의 의미'에 대한 나의 생각 (모아주택사업 활용해서 집에 대해 '재산'이 아닌 '내 라이프스타일에 맞는 우리 집'이라고 인식을 전환하는 방향으로 발표했습니다)

(2) 개별질문

Q. 사람들이 주거생활을 즐길 수 있는 방법 또 있을까?

Q. 보통 편의시설보단 분양을 하나라도 더 하려고 할 텐데, 이에 대한 민원은 어떻게 할지?

Q. 집값이 많이 올라서 문제인데, 대책은?

Q. 가장 중요하다 생각하는 공무원의 자세

Q. 하고 싶은 업무?

Q. 모아주택과 모아타운에 대해서 설명하라.

Q. 도시재생의 의미 그리고 방향은?

Q. 요즘 부실공사에 대한 대책

Q. 일본의 경우 집을 선택할 때 정원을 가꿀 수 있는 공간이 있는지 없는지를 중요하게 생각한다. 우리나라는 무엇을 가장 중요시하는지?

Q. 청년을 위한 주택 정책

Q. 시민들이 도움이 된다고 가장 체감 많이 하는 정책과 그렇지 않은 정책

Q. 업무단계가 1~5가 있는데 3, 4를 생략하고 본인한테 빨리 일처리하면 어떻게 할 건지?

Q. 인허가 과정에서 동료가 청탁받고 해 주려는 것을 목격하면 어떻게 할 것인지?

Q. 수험생활 중 가장 힘들었던 점과 그래도 공무원을 택해서 보람을 느꼈던 점

Q. 마지막 할 말

CASE 13 통신기술

(1) 5분발표 주제

Q. 메신저와 메시지의 중요성

└ Q. 메신저와 메시지가 공공영역에서 중요하다고 했는데, 맞는가?

└ Q. 본인이 공무원이 된다면 메시지를 어떻게 전달할 것인지?

└ Q. 서울시는 메시지를 어떤 방식으로 전달하는지 아는가? 본 적이 있나?

└ Q. 서울시의 메시지 전달방식에서 좋았던 점과 아쉬웠던 점에 대해서 말하시오.

(2) 개별질문

Q. 여기 언제 왔어요? 오래 기다렸네요?

Q. 본인이 실패했던 경험을 말하고 그 원인에 대해서 말하시오. 실패를 극복하였다면 어떻게 했는지도 함께 말하시오.

└ Q. 프로젝트를 말했는데, 혼자 했는지?

└ Q. 협업을 어떻게 했는가?

Q. 좋은 공무원 사례와 나쁜 공무원 사례에 대해서 말해 보시오.

Q. 공무원이 갖춰야 할 덕목 3가지

└ Q. 그 3가지 중에서 본인이 갖고 있는 부분은? 공무원이 되면 그 부분이 어떻게 도움이 될 것 같은가?

└ Q. 부족한 부분은 무엇인가? 이를 채우기 위해서 앞으로 어떻게 노력하겠는가?

Q. 본인의 시간과 노력을 써서 남을 위해서 한 일이 있는가? 봉사라던지?

└ Q. 봉사를 하면서 어떤 것을 느끼고 어떤 개성을 갖추게 되었는가?

Q. OSI7계층을 1계층부터 차례대로 말해 보시오.

└ Q. 전송계층에서는 어떤 역할을 수행하는가?

└ Q. TCP, UDP의 차이점에 대해서 말해 보시오.

Q. 모티베이션 CCTV에 대해서 아는 것을 말해 봐라.

Q. AI랑 챗gpt에 대해서 아는 것을 말해 보라.

Q. 통신직 공무원은 주로 시청이나 구청에 근무하는데, 무슨 일을 할 것이라고 생각하는가?

Q. 본인 직렬 업무와 상관없는 선거나 문화행사에 동원될 수 있는데, 개인의 여가시간을 뺏는 것이 아닌지 본인의 생각은?

Q. 정보보안을 위한 통신장비 3가지 말해 보시오.

Q. 5G의 구성요소 3가지

Q. 시골과 도시에서 핸드폰 통신 배터리가 닳는 속도가 다르다. 그 이유를 아는가?

Q. 40초가 남았는데, 마지막으로 하고 싶은 말해 봐라.

CASE 14 지적직

(1) 5분발표 주제

Q. 본인의 회복탄력성 정도와 회복탄력성을 높이기 위한 방법

(2) 개별발표

Q. 자기소개

Q. 어떤 공무원이 되고 싶은지와 공직가치 3가지

Q. 주변 사람이 본인의 성과를 가져간다면?

Q. 서울시에서 별로인 거, 없어져도 되는 거

Q. 상사의 부당한 지시

Q. 경계설정기준

Q. 세계측지계, 동경측지계

Q. 지적직공무원으로서의 차별성

Q. 본인을 나타내는 키워드

Q. 마지막 할 말

CASE 15 방호직

(1) 5분발표 주제

Q. 회복탄력성에 대한 본인의 생각과 무엇을 기르면 좋을지?

└ Q. 좌절했을 때 극복방법

└ Q. 구체적으로 무슨 노력을 했는가?

(2) 개별발표

Q. 1분 자기소개(지원동기 포부 등 섞어서 개인정보 제외)

◎ A위원

Q. 방호직공무원이 돼서 서울인재개발원을 지키는 업무를 맡았다. 무엇부터 할 것인가?

└Q. 그럼 우리 같은 일반시민들이 불편을 겪을 건데, 어떻게 설득할건가?

Q. 그럼 방호직공무원으로 일할 때 법적으로 정해진 테두리의 일만 할 것인가? 아니면 민원인들의 사생활까지 도와줄 것인가?

Q. 그렇게 도와주다 업무가 밀려서 상사가 어떻게 할 거냐고 다그친다. 어떻게 해결할 것인가?

Q. 동료가 내 업무를 도와주다 회복탄력성도 잃고 좌절하고 있다. 어떻게 해 줄 것인가?

◎ B위원

Q. 앞서 요리 10년 하셨다 했는데, 요리와 방호직을 수행할 때 공통점

└ Q. 그렇다면 순발력 말고 다른 거는?

Q. 서울정책을 경험한 것 중 좋은 것과 정책을 했으면 좋겠는 걸 이야기 해주세요.

Q. 취업프로그램 들은 거 있나? (방송국PD편 프로그램을 보았습니다)

└ Q. 방호직과 관련이 있었나요?

Q. 정책을 했으면 좋겠는 거

Q. 내가 이건 전문가다 하는 거 있나요?

Q. 방호직을 할 때 부족한 거, 개선할 거 생각해 두었을 것이다. 말해보라.

Q. 또 뭐 있나?
Q. 마지막 10초 남았어요. 한마디 해 주세요.

CASE 16 운전직

Q. 성격의 장단점은?
Q. 개선하고 싶은 정책
Q. 인상 깊은 정책
Q. 본인의 역량을 키웠던 경험(본인의 성장 경험)
Q. 공무원 되면 하고 싶은 일(가장 잘할 수 있겠다고 생각하는 일과 그 이유)
Q. 지원동기
Q. 5분스피치 질문이 다수(주제는 본인의 직업가치관은 무엇이며, 그것을 공직에 어떻게 활용할 것인가?)
Q. 전 직장 경험 많으셨는데, 왜 공무원에 지원했나? 무슨 매력이 있다고 생각했나?
Q. 스터디 많이 하셨는지? 스터디 할 때 주위 사람의 당신에 대한 평가는?
Q. 책임성을 발휘한 경험

POINT 02 경기도

■ 2023 직렬별 기출 바로가기

▲ 2022~2021 직렬별 기출 바로가기

CASE 01 일반행정

01 경기 성남

[사전조사서] mz세대 갈등문제 해결아이디어

Q. 개별면접: 자기소개

Q. 말씀하신 공통역량과 핵심역량들을 지원직렬에서 어떻게 활용할 것인지?

Q. 공무원 이슈 중에 최저임금보다 낮은 수준인데, 지원한 이유

Q. 공무원 의원면직 증가추세 부정적 이슈의 원인(핵심), 해결방안

Q. 작성하신 동아리활동 말고 사회경험 있는지? (알바)

└ Q. 일한 기간

└ Q. 그 경험을 통해 배우거나 느낀 점

Q. 수험기간

└ Q. 수험생활 중 힘들었던 것

Q. 마지막 할 말

02 경기 수원

[사전조사서] 지역축제에서의 바가지를 근절하고 시민참여형 지역축제를 만들어 나갈 방안을 서술하시오.

Q. 인사 (수험번호 틀려서 좀 버벅댐. 면접관분들 웃어주심)
  - 앉으라셔서 앉고 눈인사했는데, 가운데 면접관이 미소가 참 아름다우시네요~ 이러셔서 급 긴장 풀렸어요.

Q. 자기소개
  - 중학교 때부터 꾸준히 봉사했다고 자기소개에 넣었더니 잘했다고 칭찬해 주심
  - (꼬리질문) 수원시에서 청년들을 위해 어떤 정책을 펼 수 있을지 말해보라(구체적으로).

Q. 힘든 일이 있을 때 어떻게 해소하는 편인가?

Q. 주도적으로 나서서 했던 경험
  - (꼬리질문) 위 경험에서 갈등있었다 했는데, 어떻게 해결했는가?

Q. 공무원에 입직하면 어떤 업무를 맡게 될 것 같나?

Q. 일을 잘 못하는 동료가 있다면 어떻게 하겠는가?

Q. 공무원에게 가장 중요한 태도

Q. 마지막으로 하고 싶은 말

03 경기 양주

[사전조사서] 공무원과 시민이 모두 만족할 수 있는 민원인의 폭행, 폭언 예방 및 방지방안(?)

Q. 자기소개 1분

Q. 대학교 전공에 관한 질문

└ Q. 공직에 어떻게 적용할 것인지?

Q. 공무원의 노동3권

Q. 공무원 6대 의무

Q. 행정소송과 행정심판의 차이

Q. 공무원 직업의 장단점

Q. 악성민원인 대처

Q. 양주시 세계문화유산 아는 것

Q. 공무원으로서 가장 중요한 자세

Q. 양주시 지역현안 1개와 해결방법

Q. 약속이 있는데 퇴근 전 갑작스러운 업무지시가 내려진다면?

+ 온화한 분위기였습니다. 대기시간에 면접자료는 볼 수 없습니다. 모두들 남은 기간 힘내시길 바라요!

04 경기 화성

[사전조사서] 자신의 신념, 가치관 등을 배반했던 경험 (정확히 기억이 안 납니다)

Q. 자신의 전공을 끼워서 자기소개 2분

Q. 공무원이 뭔가?

Q. 공무원이 업무할 때 뭘 보고 하나?

Q. 양평군 규제에 대해 알고 있나?

Q. (사조서 질문) 부당한 지시에 어떻게 대처할 건지?

Q. 면접 보러 오면서 아주 사소한 거라도 개선방안이 보였는지?

Q. 함께 일하기 싫은 동료

ㄴ Q. 그렇다면 그 동료와 어떻게 해결 했는지

Q. 봉사실적 없는데, 봉사 경험 있는지?

Q. 그 봉사가 학교 내에서 해야만 해서 한 건지, 아님 자원해서 한 건지?

Q. 공무원으로서 본인의 단점

Q. 양평군 인구 현황

PART 04

CASE 02 사회복지

01 경기 남양주

[사전조사서] 같이 일하고 싶은 사람 유형과 같이 일하기 싫은 사람 유형을 쓰고, 같이 일하고 싶지 않은 유형 극복 방안을 서술하시오.

Q. 자기소개

Q. 전공 살렸다고 했는데, 학교에서 배운 것을 어떻게 업무에 적용할 것인가?

Q. 사조서에 학생회 MT 관련해서 원래 학생회에서 담당한 역할 (신뢰도 검증 질문 같습니다)

Q. 업무하면서 항상 뿌듯함 느낄 순 없다. 사조서에 서술한 역학조사 업무도 그렇고, 사복직 업무도 무척 난도 높은데, 힘든 업무 했을 때 어떻게 할 것인지?

Q. 생활비를 본인이 벌고 있다고 했는데, 용돈을 번 것인지? 가족을 부양한 것인지?

Q. 업무에 임하는 개인적인 인생관, 가치관 같은 것이 있는지?

Q. 아까 조사론을 굉장히 좋아한다고 했는데, 그럼 반대로 힘들었던 과목

ㄴ Q. 실습 빼고 다른 과목?

ㄴ Q. 인행사 등 사람의 생애별 특징 등 아는 것도 중요하고 협업도 중요한데, 본인은 협업이 효율적이라고 생각하는지? 혼자 일하는 게 효율적이라고 생각하는지?

ㄴ Q. 그런 거 말고 단도직입적으로 뭘 더 선호하는가?

ㄴ Q. 인성검사에는 혼자 일하는 것을 선호한다고 나오는데... (이러고 그냥 알겠다고 하시고 넘어가셨어요)

Q. 스트레스 해소방안

Q. 사조서에 역학조사 보조했다고 했는데, 이게 사회복지직이랑 무슨 연관이 있는지?
ㄴ Q. 그럼 제일 인상 깊은 관련 경험이 역학조사 보조인지?
Q. 아까 실습이 제일 어려웠다 했는데, 보기 드문 답변이다. 혹시 어디서 실습했는지?
Q. 청소년 연령 법령별로 말해 봐라.
Q. 공무원 6대 의무와 가장 중요하게 생각하는 것
Q. 가장 하고 싶은 업무
Q. 민원응대 역량 관련해서 더 개선하고자 했던 노력 있는지?
Q. 마지막 할 말

02 경기 수원

[사전조사서] 챗GPT기술 제도활용방안에 대해 기술하시오.
Q. 자기소개+지원동기
Q. 혹시 자신이 업무를 할 때 성향이 적극적이라고 생각하나? 아니면 소극적이라고 생각하나?
Q. 그렇다면 본인의 소극적인 성격을 앞으로 공직에 임하면서 어떻게 극복할 건가?
Q. 수험기간 얼마 걸렸나?
Q. 그렇다면 시험 및 면접경력은 어느 정도 되나?
Q. 최근 수원 세 모녀 사건이 사회적 문제로 대두되었는데, 이에 대한 해결방안을 생각하였는가?
Q. 사회복지사 말고 굳이 공무원 지원한 이유, 공무원과 사회복지사의 차이
Q. 마지막으로 할 말

03 경기 구리

[사전조사서] 살면서 중요하게 생각하는 가치와 적용 경험
Q. 성격의 장단점 및 사례
ㄴ Q. 걱정이 많다고 했는데, 친구들은 그걸 보고 뭐라고 하는지?
Q. 즉흥적으로 행동한 경험
Q. 적극행정에 대해
Q. 최근 자연재해로 인한 피해가 많은데, 들었던 생각
Q. 상사와 의견충돌 있던 경험
Q. 상사가 과도한 업무 지시한다면?
Q. 신입사원으로서 지켜야 할 덕목은?

+ 인성검사 위주로 질문하셔서 시 정보나 전공질문 준비한 건 하나도 안 나왔습니다.

CASE 03 지방세

01 경기 의정부 ①

[사전조사서] 없음

Q. 자기소개
Q. 지방세 공무원은 무슨 일을 하는가?
Q. 재산세의 납기일
Q. 차량과 아파트를 가지고 있다면 무슨 세금을 내야 하며, 납기기한은 어떻게 되는가?
Q. 공무원의 장단점
Q. 자신이 보는 단점과 타인이 보는 자신의 단점
Q. 악성민원인을 어떻게 대처할 것인가?

02 경기 의정부 ②

[사전조사서] 없음

Q. 자기소개
Q. 지방세에 관심 있어서 지방세 지원했다고 하는데, 어떤 업무하는지?
Q. 제가 의정부에 주소를 두고 있고 아파트, 자동차 있는데, 어떤 세금 내야 하고 또 언제 내야하는지?
Q. 만약 재산세를 납부해야 하는데, 기한이 지나서 못 했어요. 그럼 어떤 걸 도와줄 수 있는지?
Q. 상사가 부당지시하면?
└ Q. (위법하면 안 따르겠다고 했더니) 만약 위법하지 않은 거면?
Q. 의정부시 지원이유
Q. 의정부하면 떠오르는 것
Q. 이제까지 살면서 가장 힘들었던 경험
Q. 봉사활동 제출 안 했는데, 따로 경험 있는지
+ 여자 두 분이였고 남자 한 분 계셨는데, 맨 오른쪽 여자분 계속 웃어주시고 끄덕끄덕 눈 마주쳐 주셨습니다.

CASE 04 보건직·간호직

01 경기 남양주(보건)

◎ 면접관님들 분위기 완전 편하게 해 주시고 분위기 진짜 좋았어요.

근데 저한테 오늘 본 면접자들 중에 젤 강심장 같다고 제일 안 떠는 거 같다고 말씀해 주시고 마지막 할 말에서 포부 말씀드리고 오늘 면접관님들이 저 좋게 봐주시고 계속 응원해 주셔서 너무 감사하다고 말씀드리니까 세심하게 면접관들까지 챙긴다고 말씀해주셨어요 ㅋㅋㅋㅋㅋㅋㅋㅋㅋㅋㅋㅋㅋㅋㅋㅋㅋㅋㅋㅋㅋㅋㅋㅋㅋ

그리고 가장 중요한 게 남들 사전조사서 다 줄글로 작성할 때 저 혼자 보고서 형식으로 작성하니까 상사분들이 보기 너무 편할 거 같다고 말씀해주셨어요!!!!

[사전조사서] 지원한 직렬에 본인이 남들보다 더 나은 점 및 부족한 점

Q. 시간의 흐름에 따라 자기소개 해 보세요.

Q. 만성질환에 대해 아는 대로 답해 보세요.

Q. 초등학교 치과 주치의 사업에 대해 답해 보세요.

Q. 좌우명 얘기해 보세요.

Q. 창의력을 발휘해 모임을 주도적으로 이끌거나 문제를 해결했던 경험에 대해 말해 보세요.

Q. MBTI가 어떻게 나왔나요? (인적성 검사 결과지 보시면서 물어보심)

Q. 입직 후 비윤리적인 일이 발생했을 때 어떻게 대처할 것인지 말씀해 보세요. (경험에 비추어 말해도 괜찮다고 하심)

Q. 사전조사서에 달력에 해야 할 일을 기입하겠다고 하셨는데, 어떤 식으로 우선순위를 둘 것인지?

Q. 마지막으로 하고 싶은 말

02 경기 이천(보건)

[사전조사서] 이천시의 장단점, 개선할 점

Q. 면접관 중에 아는 사람 있냐?

Q. 바로 짧게 자기소개 부탁

Q. 이천시 자랑할 만한 거 아냐?

ㄴ Q. (축제 언급해서) 축제 뭐뭐 있는지 아냐?

Q. 수험기간 몇 년

Q. 실험실에선 몇 년

Q. 왜 보건직 지원했는지?

Q. 보건직으로서 남들보다 차별화되는 강점 뭐냐?

Q. 이천시 문제점 뭐고 이를 위해 하고 싶은 사업은 뭐냐?

Q. 보건직으로서 필요한 태도 3가지 (단어로만)

Q. 그중 뭐가 젤 중요하냐?

Q. 보건소, 보건지소, 보건진료소, 건강생활센터 차이점

Q. 보건진료소 몇 개인지?

Q. 마지막 할 말

03 경기 수원(간호)

[사전조사서] 공시경쟁률이나 공직선호도가 감소하는 이유

Q. 자기소개+지원동기
Q. 진짜 지원동기
Q. 사조서: 공무원보상 작다고 함. 본인은 원래 일하던 것 그만두고 왔는데, 그거에 대해 어떻게 할 것인지?
Q. 주변인이 응원해 줬는지?
Q. 7년 동안 근무했다면 경험이 많을 텐데, 어떻게 공무원업무에 사용할 것 인지? 어떤 업무를 하는지?
Q. 7년 동안 근무하면 자부심 있을 텐데, 나이 어린 사람들과 일 잘할 수 있는지?
Q 일하면서 다른 사람에게 들었던 긍정적 말, 부정적 말(부정적인 듯하지만 일 열심히 해서 들었던 말)
ㄴ Q. 부정적 말 들었던 거에서 주변에서 시샘하거나 피해가 된 그런 경험이 없나?
Q. 같이 일할 때 못 따라오는 동료가 있다면 어떻게 할 건지?
Q. 소통하는 데 있어 본인의 특징. 짧게 (민원인 응대 말고 평소에)

+ 3분 앉아 있었고 인사할 때 웃으면서 들어가니까 원래 잘 웃냐고 물어보셨어요.
남자 1분 + 여자 2분이었고 날카롭거나 까다롭다기보다 다들 정중하게 질문해 주셨어요.
한 조에 10명 정도씩 있었고 총 7조까지 있었어요!! 아마 뒤 순서는 엄청 기다리실 것 같네요.

CASE 05 전산직

01 경기 동두천

[사전조사서] 인생에서 힘들었던 순간이 언제였는지, 어떻게 극복했는지 적어 보세요.

Q. 다양한 인간관계에서 갈등을 잘 해결한 경험
Q. 나의 장점이 있다면 어떤 것이 있는지?
Q. 동두천시에 대해 알고 있는 것. 본인이 생각하는 동두천시의 이미지가 어떤지?
ㄴ Q. 인구감소를 얘기하셨는데, 인구증가정책으로 생각해 본 것이 있는지?
Q. 공무원 말고 다른 직업 생각해 본 것 있는지? 또는 취미생활 같은 게 있나?
Q. 인생에서 도전 해 본 경험
ㄴ Q. 또 다른 경험으로는 어떤 것이 있나
Q. 전산직이 하는 업무에 대해 알고 있나?
Q. 전산직으로서 하고 싶은 업무
Q. 10년 뒤 내 모습
Q. 조직과 내가 생각하는 방향이 다르다면 어떻게 할 것인지?

+ 이외에도 상황, 경험과 관련된 질문이 있었습니다. 세 분 다 말에 경청해 주시고 끄덕끄덕 응원하려는 눈빛 보내 주셨고 편안한 분위기에서 준비한 걸 말하기 좋은 상황이었습니다.

01 경기 안산(토목)

[사전조사서] 본인이 정책을 시행할 수 있는 담당자가 된다면 안산시에서 시행하고 싶은 정책을 서술하시오.
15분인데 22줄짜리 나와서 당황했음

Q. 1분 내로 자기소개 해 주세요.
Q. 성실함을 직무상 강점이라고 하셨는데, 어떻게 보여줄 것인가?
Q. 사전조사서에서 공원화율이 낮아 아쉽다고 하셨는데, 왜 그런지 이유 아시나요?
Q. 가구배송 아르바이트 6개월 했다고 했는데, 왜 짧게 함?
Q. 그럼 가구배송 아르바이트 외에 어떤 일 해 봤는지?
Q. 반도체회사에서 일하면서 힘든 점 없었는지?
ㄴ Q. 그거 말고 다른 어려움 없었음?
Q. 다시 사전조사서 내용으로 넘어가서 공원을 조성하는 게 저출산 해결책과 무슨 상관관계가 있음?
Q. 소아과의 문제랑 토목이랑 뭔 상관인지?
Q. 사조서에서 긴급대응 시스템 필요하다 하셨는데, 설명 좀 (화해 이를 방지해야 한다고 생각)
ㄴ Q. 지금 안산시에도 긴급대응 시스템 있는 거 알죠?
Q. 시간 거의 다 됨 마지막으로 할 말 해라.

+ 전공 관련 질문 안 함
  사조서 주제 생각보다 어렵게 나옴(작년에는 경험형 난이도 쉬운 거였음)
  전체적으로 3분 다 무표정 + 대답 방금 시작했는데 말끊..

02 경기 안성(토목)

[사전조사서] 공무원에게 제일 중요한 덕목 및 경험
Q. 1분 자기소개
Q. 내 장점과 지원동기 엮어서
Q. 갈등해결 경험과 느낀 점 (이 뒤에 두 갠가 있었는데 기억 안 남)

〈전공질문〉
Q. TBM 공법이란?
Q. 연약지반개량공법
Q. 절토, 성토란?
Q. 중대재해처벌법

+ 면접관 세 분 전부 너무 좋으셨습니다. 계속 미소 지으면서 봐 주셨고 전공대답은 다 했습니다. 가운데 분이 전공관련자분이신 거 같은데 끄덕끄덕하시며 들어 주셨습니다.

03 경기 화성(건축)

Q. 건축직이 하는 일은 무엇인가?

Q. 주차장 붕괴사고가 있었다. 그래서 LH아파트도 전수조사를 했는데, 미흡인 곳이 15군데가 나왔다. 이 중에는 이미 사용 중인 건물도 있다. 공사 중인 건물이야 그렇다 해도 문제가 있는 건물에 허가도 내어준 일은 건축직 공무원도 책임소지가 있을 것이다. 이러한 일이 생기게 된 원인은 무엇인가?

Q. 그렇다면 대처방안은 무엇이라 생각하는가?

Q. 화성시 인구수. 화성시는 인구가 작년에 얼마일 것 같냐?

└ Q. 이렇게 화성시 인구가 급변하게 늘어나고 업무도 많을 것 같은데, 왜 화성시에 지원하였나?

Q. 아파트 입주민들은 입주하기 전부터 많은 하자를 보고 민원을 넣는다. 건축직 공무원으로서 어떻게 하겠는가?

Q. 다른 사람에게 민폐 끼친 경험

Q. 아파트 준공심사에 하자민원이 많다. 주민들은 하자가 많으니 사용허가 내 주지 말라 하고, 건설사는 규정 지켰으니 빨리 내 달라 하는 상황에서 어떻게 할 것인가?

Q. (업무불균형으로) 나만 야근하는 상황 어떻게 할 것인가? 억울하지 않겠는가?

Q. 기한 지키는 일. 완성도를 높이는 일. 어느 쪽이 중요한 것 같나?

Q. (아니 건축 시공할 때 건물완성도를 높이려면~ 기한은 조금 오버돼도 되는 거 아닌가...)

Q. 학교와 회사의 차이는? (이건 왜 물어본 건지 의문입니다)

Q. 본인이 이성적이라 생각하십니까? 감성적이라 생각하십니까?

Q. 민원인이 인허가 문제로 자기 거는 언제 되냐고 따져 묻는 상황이다. 내 업무가 아니라 잘 모르는 일인데, 어떻게 할 것이냐?

Q. 화성시 인구는 경기도 몇 위인가?

└ Q. 1위부터 3위는 어디인가?

Q. 살면서 곤란해진 경험

Q. 마지막으로 하고 싶은 말

04 경기 의정부(건축)

〈면접분위기〉

들어가자마자 너무 친절하시고 잘 들어주시는 편안한 분위기였습니다.

Q. 1분 자기소개

Q. 지원동기

Q. 건축직이 무슨 업무하는지 아는 대로

Q. 무량판 구조에 대해 아는 것

Q. 공무원의 장점, 단점

└ Q. 본인이라면 그 단점을 어떻게 극복할 것 같은지?

Q. 업무 진행할 때 제일 우선순위에 두는 것
ㄴ Q. 만약 기한이 다 똑같은 업무라면?
Q. 건축 전공인데 기사자격증 있는지?
Q. (봉사활동 관련) 어떻게 이 봉사활동을 하게 되었는지?
ㄴ Q. 정확하게 자신의 역할이 무엇이었는지?
Q. 건축 인턴 얼마만큼 근무했는지? 건축 아닌 경력 얼마만큼 근무했는지?
ㄴ Q. 건축 관련 아닌 직종은 어떻게 일하게 됐는지?
Q. 경력사항이 있는데, 제일 힘들었던 점
ㄴ Q. 어떻게 극복했는지?
Q. 공무원으로서 자기개발 어떻게 할 계획인지?

CASE 06 공업직(기계·전기·화공)

01 경기 파주(기계)

[사전조사서] 힘들었던 경험

답변: 랩실 과제
문제: 시간부족, 전문성 부족
해결: 시간부족 > 절대적 시간확보, 효율적 관리
전문성 부족 > 전임자 문서 및 조언

〈면접시간: 10분〉
Q. 자기소개: 직무강점(책임, 봉사정신)
Q. 공무원 지원이유
Q. 차별화된 강점
Q. 공직가치
Q. 자격증 취득 유무
Q. 공무원시험 공부기간
Q. 졸업 후 계획
Q. 어떤 공무원이 되고 싶은가?

02 경기 하남(전기)

[사전조사서] 팀원과의 의견충돌이나 마찰을 어떻게 해결할 것인가? 구체적으로

Q. 자기소개 (직무역량 관련)
Q. 상하수도 사업소 같은 데는 시청에서 일하는 거 생각하면 안 된다. 24시간 교대근무도 일주일에 한 번은 하는데 괜찮냐?
Q. 자기소개 때 말한 전 직장 관련 질문

Q. 직장 두 번 다닌 거치곤 오래 안 다녔는데, 이유가 뭔지?
└ Q. 전 직장 다닌 게 공무원 경력용은 아닌지?
└ Q. 원래 공무원을 하려고 했던 건 아닌가?
Q. 본인이 생각하기에 상하수도 사업소 배치되면 뭐가 약점일지?
Q. 가장 의사소통하기 힘든 사람은 어떤 유형인지?
└ Q. 그런 사람이 팀원이라면?
Q. 본인의 의사소통 부분에서 강점은 뭐라고 생각하나?
Q. 말을 잘 들어주는 게 강점이라고 했는데, 본인이 고민 같은 거 있으면 누구한테 말하나?
Q. 본인 성격을 한마디로 설명하면? (외향적이고 싶은 내향적인 사람이라고 답변했더니 너무 무난하게 답변했다...고 하심)
Q. 친구들이 평가하는 본인은 어떤 사람?
Q. 엉뚱한 상상 / 실험을 자주 하는 사람이라고 했는데, 최근에 했던 건 뭐가 있나? (하나 말했더니 세 분 다 웃으심)
Q. 마지막 하고 싶은 말
+ 사조서 질문 없었습니다.

PART 04

03 경기 수원(화공)

[사전조사서] 공무원 선호도 낮은 이유
Q. 좋은 꿈꿨나?
Q. 자기소개
Q. 왜 화공직 지원했는지?
Q. 플랜트랑 유기화학 중에 어느 걸 선호하는지?
Q. 왜 공무원 하는지?
Q. 왜 수원시 지원했는지?
Q. 희망업무
Q. 공무원 사회의 큰 문제점
Q. mbti 얘기 나와서 말인데, 본인 mbti는? (수원시 "mz세대를 이끄는 mbti 리더십" 정책을 사조서에 썼음)
Q. 상사 부당지시 어떻게 대처할 것인지? 불법은 아닐 때에는?
Q. 비상업무 같이 하기 싫은 일이지만 누군가는 해야 할 때 어떻게 할 것인지?
Q. 다른 직렬들과 화공직의 업무는 뭐가 다른지?
Q. 좋은 공무원 되기 위해 어떤 노력해야 할까?
Q. 사람들이 너를 어떻게 평가하는지? 장단점, 극복노력 (짧게)
Q. 마지막 할 말

+ 분위기는 무난했습니다. 양쪽에 계신 분들이 계속 웃어 주시고 친절하게 대해 주셨고, 가운데 계신 분은 전공 관련 질문들을 하시며 좀 포스가 있으셨습니다.

01 경기 수원(환경)

[사전조사서] 공시경쟁률이나 공직선호도가 감소하는 이유

Q. 자기소개
Q. 하고 싶은 일
ㄴ Q. 환경직이 무슨 일을 하는지 아는가?
Q. 직장경험이 있는데, 왜 일을 바꾸는지?
Q. 원래 하던 일에서 발전하려는 시도는 해 보았는지?
Q. 악성민원이 많은데, 이에 대한 대처는?
Q. 팀원의 잘못을 내 잘못이라고 알고 있을 때 대처는?
Q. 부당한 업무분장이 있을 때 대처는?
Q. 공무원 선택 이유, 환경직 선택 이유 (분위기, 소감, 기타 안내)

+ 여성분이 말이 빠르시고 질문이 좀 무서웠고 전체적으로 웃진 않으셨으나 면접내용이 평이하였으며 압박면접도 아니었습니다. 전공질문 준비 많이 했는데.. 하나도 없었네요.

02 경기 수원(농업)

[사전조사서] 공무원 지원자 수가 감소하고 공직선호도가 낮아지고 있는데, 이에 대한 자신의 생각

Q. 자기소개. 지원동기 1분 이내
Q. 공무원 몇 년 준비했냐?
Q. 협력했던 사례
ㄴ Q. 학교 말고 사회에서의 협력 사례는?
Q. 협력에 있어 본인의 장단점
Q. 자신의 단점 (비슷한 질문해서 미안하다면서 한 번 더 물어봄)
ㄴ Q. 직설적인 성격으로 인해 남에게 상처를 준 경험이 있냐?
ㄴ Q. 남들이 직설적이라고 평가했다면 이미 상처를 준 게 아니냐?
Q. 수원시 농업 현황 아는 대로
Q. 농업정책에서 보완하고 싶은 점
Q. 리버스멘토링(사조서에 작성함)을 한다면 기성세대에게 가장 먼저 하고 싶은 말
Q. 마무리 멘트 1분 이내

POINT 03 인천광역시

2023 직렬별 기출 바로가기

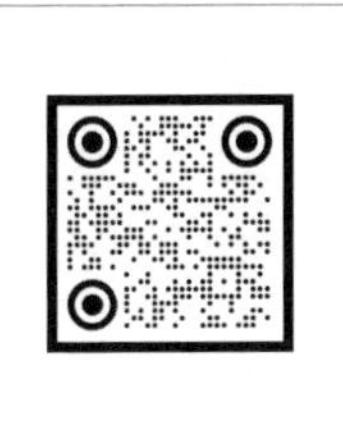

▲ 2022~2021 직렬별 기출 바로가기

PART 04

CASE 01 일반행정

01 일반행정 ①

Q. 인천시 청년들이 서울, 경기로 유출되고 있는데, 원인과 대책에 대해 말해라.
Q. 보편적 복지 vs 선별적 복지
Q. 전문성을 갖춰서 프로젝트나 적극성 발휘한 경험은?
Q. 어떤 상사가 되고 싶은지?
Q. 자기소개

+ 기억을 더듬어서 개별질문 올려 봅니다. 몇 개 더 있던 것 같은데..

02 일반행정 ②

Q. 공무원 보수 적다고 불만이 많은데, 사기업이나 공기업에 비해 임금이 낮은 이유와 그럼에도 지원한 이유
Q. 갈등 경험 (꼬리질문) 상황, 장소, 대화 등 세세하게 물어봄
Q. 의견충돌 시 해결하려면 뭐가 중요할지?
Q. 직장상사의 머리, 복장 지적 어떻게 대응할지?
Q. 불만이 있을 때 바로 드러내는지? 숨기는지?
Q. 2분 남았는데 추가로 말하고 싶은 거 있는지?

01 사회복지 ①

[토론] 서해와 한강을 잇는 유람선 관광계획에 대해 섬 관광이 미치는 점과 지역 활성화방안

Q. 자기소개
Q. 인천현황
Q. 시민들이 원하는 과업과 조직이 원하는 과업이 다를 때 어떤 식으로 설득할지?
Q. 사회복지 전담공무원의 이미지, 나아가야 하기 위한 발전방향
Q. 갈등사례, 해결방법
Q. 조직에서의 성과
Q. 사회복지 전담공무원이 가져야 할 역량

02 사회복지 ②

Q. 지원동기 + 자기소개
Q. 국민들이 요즘 공무원에게 바라는 것, 원하는 것 무엇이라 생각하나?
Q. 사회복지 공무원으로서 높은 성과를 내기 위해 필요한 건 뭘까? 또 그에 대한 노력사항은 무엇이 있을까?
Q. 조직 내 혹은 사회생활을 하면서 타인과의 관계에 어려움을 느꼈던 경험, 극복했던 방법 + 라포를 형성하는 데 얼마나 걸렸다고 생각하는지?
Q. 살면서 힘들었던 경험, 어떻게 극복했고, 무엇을 배웠는지?
Q. 관행처럼 이루어지던 일을 개선하거나 바꿨던 경험 있는지? 잘 바뀌었다고 생각하는지?
Q. 마지막 할 말 30초

03 사회복지 ③

Q. 자기소개
Q. 인천 10년간 변화와 잘하고 있는 정책은?
Q. 공무원 5대 신조
Q. 사복공무원으로서 어떤 점이 중요하고 본인이 노력했는지?
Q. 인천시에 기여한 경험
Q. 장단점
Q. 힘들었던 경험과 어떻게 해결해 나갔는지?
Q. 공무원에게 행정이란? (질문하셨는데 진심 사복에서 이런 거 물어볼 줄 몰라서 헛소리 ㅋㅋㅋ)

+ 저는 경제자유구역 활성화방안 물어보셨어요...

CASE 03 보건직·간호직

01 보건직

[토론] 개인형 이동수단(pm) 규제강화 찬성 / 반대

Q. 공무원과 사기업 차이, 지원동기

Q. 갈등해결 경험

Q. 직무강점

Q. 갑자기 닥친 어려움을 해결한 경험

Q. 참는 편인지? 표현하는 편인지?

CASE 04 공업직(기계 · 전기 · 화공)

01 기계직 ①

Q. 자기소개

Q. 왜 기계직이냐?

Q. 사기업도 있는데 왜 공무원이냐?

Q. 사기업이 돈 더 주고 오라 그러면 갈 거냐?

Q. 왜 상수도에 지원하는가?

Q. 공부하면서 힘들었던 경험

Q. 갈등 경험

Q. 협력 경험

Q. 일이 기대한 것만큼 좋진 않다. 괜찮냐?

Q. 원하는 부서 안 될 수도 있다. 괜찮냐?

Q. 공무원은 급여가 적은데 왜 지원했는지?

Q. 하고 싶은 말

02 기계직 ②

Q. 자기소개

Q. 공무원 부정부패와 비리 원인, 해결방안

└ Q. 왜 그렇게 생각하는지? 경험

└ Q. 바로잡기 위해 무엇을 해야 하나?

Q. 기술직 업무

Q. 누구도 시키지 않은 일을 스스로 나서서 해결한 경험 (이런 뉘앙스의 질문)

Q. 갈등경험
└ Q. 모두가 만족했는가?
Q. 전공역량을 키우기 위해 뭐했는지?
└ Q. 자격증은?
Q. 상사와 동료들과의 의견충돌
Q. 성실함을 보여 줄 수 있는 경험
Q. 자신의 좌우명은?
Q. 마지막 하고 싶은 말

03 전기직

[토론] 외국인노동자 등으로 인한 외국인 집단거주지에서 원주민과 외국인 간 갈등

Q. 자기소개
Q. 단로기 퓨즈 차단기
Q. 역률개선 효과
Q. 역률개선 방법
Q. 부당한 지시
Q. 공무원과 사기업 차이, 지원이유
Q. 공무원 능률 올리기 위해 국민에게 어필할 점
Q. 최근 잦은 퇴사 원인, 해결방안
Q. 마지막 할 말 1분 주어짐

CASE 05 건축직 · 녹지직 · 운전직

01 건축직

Q. 자기소개
Q. 공무원이 되고자 한 이유
Q. 건축직 공무원에게 중요한 역량
Q. (전공질문) 공개공지
Q. 부정부패 원인과 해결
Q. 인천시의 차별적 요소와 해결방안
Q. 인천 관광콘텐츠 개발
Q. 마지막 말

02 녹지직

[토론] 과밀학급 현황, 문제점, 해결방안

Q. 자기소개

Q. 녹지직 지원동기

Q. 산림 관련 직업에는 어떤 게 있는지?

Q. 도시숲의 기능, 안전한 도시숲을 위한 방법

Q. 특이한 사람을 대하는 나만의 노하우

Q. 직장 내 갈등상황, 본인 경험

Q. 적극적으로 무언가 문제를 해결한 경험

03 운전직

[토론] 도시재생과 외국인문제 개선방안

Q. 간단한 자기소개

└ Q. 집단토론 하실 때 적으신 걸 봤는데, 글씨체를 알아볼 수가 없습니다. 장점으로 꼼꼼한 것 적으셨는데, 본인 기준의 장점 아닌가요?

Q. 공무원이란 무엇이라 생각하는가?

Q. 조직문화 내 문제를 해결하는 방법

Q. 집단토론 연계질문

Q. 운전하면서 사고 날 시 초동조치 및 공무원 5대 신조

POINT 04 그 외 지역

2023 지역별 기출 바로가기

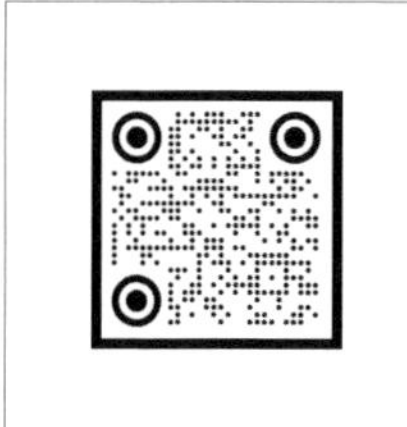

▲ 2022~2021 직렬별 기출 바로가기

CASE 01 대전광역시

01 일반행정 ①

Q. 자기기술서를 바탕으로 1분간 자기소개를 해 봐라.
Q. 대전시와 지역이 당면한 문제점
Q. 보육교사 몇 년 근무했냐?
└ Q. 한 곳에서 4년 간 근무했냐?
Q. 보육교사로 근무했다고 하는데, 갈등상황 없었나?
Q. 조직생활하면서 이런 점 고쳐라 지적받은 적 없었나?
└ Q. 아까 갈등상황 이야기 해줬는데, 그것 말고 갈등이 없었어요? 보육교사로 근무하면서 갈등상황 엄청 많았을 것 같은데
Q. 조직생활 중 희생 경험 있나?
└ Q. 당직 자원해서 한 것 맞아요? 분위기상 어쩔 수 없이 강요받았던 것 아니고?

Q. 보육교사로 근무하면서 말해 준 신호체계 조정 말고 아이들을 위해 해 준 것이 있나?
Q. 아이들을 많이 좋아하시는 것 같은데, 하고 싶은 프로그램 있는지?
└ Q. 아니다. 보육교사로 아이들을 위해 하고 싶은 이상적인 프로그램을 말하는 거다.
Q. 질문 또 있었는데 기억이 안 나요ㅠ
Q. 마지막 할 말

02 일반행정 ②

Q. 자기소개
Q. 대전시에서 8월에 엄청 큰 축제를 하는데, 아는지?
Q. 요즘 주변 도시들과 협력하는 것이 중요한데, 대전은 세종, 충청권들과 함께~ 대전시가 주변 도시들과 같이 할 수 있는 발전방안 제안해 보세요.
Q. 대전, 세종, 충청 같이 하는 축제 / 대회 아는지?
Q. 재정자립도는 몇인지, 올릴 수 있는 방안
Q. 인생의 궁극적 목표가 무엇인가?
Q. 처음 보는 사람과 친해지는 방법이 무엇인가?
Q. 최근에 받은 스트레스는?
└ Q. 학업 관련 이야기했더니 대인관계에서의 스트레스 추가질문
Q. 본인의 스트레스 해소법
Q. 다른 사람들과 다르게 특별하게 문제를 해결한 경험
Q. 상사가 나한테만 업무를 과중히 맡기고 책임을 미룬다면?
Q. 절차적 합리성 구성요소
Q. '할거주의'로 인한 문제점 및 공무원으로서 대처방법
Q. MZ세대가 빨리 퇴사하는 이유
Q. 본인의 공직도를 점수로 측정한다면 몇 점
Q. 이번 오송 지하차도 사건 알고 있나요? 공무원으로서 해야 할 것이 있다면?

CASE 02 대구광역시

01 일반행정

[사전조사서] 출생미등록 아동으로 인한 사회적 문제 발생. 복지사각지대를 예방, 발굴하는 정책, 아이디어 등을 말하여라.

〈개별면접: 25분〉
Q. 대구시 정책 3가지 말하기
└ Q. 대구경북 신공항 사업
└ Q. 의료관광

ㄴ Q. 군위 편입방법에서 하나 더 말해 보라.
Q. 대구에 있는 구, 군 말하기(군위 포함)
Q. 대구시의 장점과 단점
Q. 군위가 대구에 편입되기 쉬워지는 방안 2가지
Q. 자신이 인식하는 자신과 타인이 인식하는 자신에 대한 차이점
Q. 갈등해결 경험
Q. 대화로 일을 해결했던 경험

02 사회복지

[사전조사서] 대구 시정현안에 대한 시민의 관심이 저조하다. 시민의 관심도를 높일 수 있는 정책이나 아이디어를 제시하라.

Q. 자기소개
ㄴ Q. 코로나19에 대하여 장애인에게 지원해야 할 복지
Q. 지원동기
Q. (사전조사서) 민선8기 정책에 대해 설명하라.
ㄴ Q. 정책 홍보방안
Q. 규정에 어긋나지만 시민이 원하고 상사도 그러한 방향으로 업무를 추진하고자 할 때 어떻게 대처할 것인지?
Q. 수험생활 중 힘들었던 것
ㄴ Q. 어느 학과였는지?
Q. 업무가 자신에게 과중될 수 있는데 어떻게 대처할 것인지?
Q. 공무원 조직의 문제점
Q. mz세대 공무원 유입에 대한 문제점, 해결방안
ㄴ Q. 입직하면 본인보다 나이 많은 상사와 갈등이 있을 수 있는데, 어떻게 대처할 것인지?
Q. 대구시의 가장 큰 문제 (청년유출)
ㄴ Q. 다른 문제는 없나 (1인가구, 특히 고독사)
Q. 1인가구의 가장 큰 문제
ㄴ Q. 1인가구인지 어떤 기준으로 구별할 것인지?
ㄴ Q. 1인가구에게 가장 필요한 지원
Q. 고독사 예방정책에는 무엇이 있는지?
Q. 다문화 가정이 많아지고 있는데, 지원책
Q. 폭염이 지속되는데, 노숙인과 같은 취약계층에 대한 지원책
Q. 장애인 관련 정책
ㄴ Q. 예산이 많이 드는데 어떻게 대처 (민관협력 하겠다)
ㄴ Q. 민간과 협업할 때 어떻게 설득할 것인지?
Q. 마지막 하고 싶은 말

CASE 03 부산광역시

01 일반행정 ①

[3분스피치] 도시브랜드(심벌마크, 슬로건) 가치실현을 위해 하고 있는 정책에 대한 비판과 대안을 제시해 보시오.

Q. 자기소개

Q. 전문성 향상을 위한 본인의 노력

Q. 보람찬 경험

Q. 어려움 경험 해결하고자 한 노력

Q. 문제해결을 위한 노력

Q. 자신이 공무원이 되어야 하는 이유

Q. 자신이 지키고자 하는 본인만의 원칙, 그걸 지키는 데 생기는 어려움

Q. 최근 행정트렌드. 시사와 공무원으로서 전문성을 키우기 위해 해야 할 노력

+ 분위기는 긴장 풀어 주시려고 하셔서 좋았고, 강의듣고 열심히 준비하셨다면 큰 무리 없이 답변 잘 하실 거라고 생각합니다.

02 일반행정 ②

[3분스피치] 도시브랜드(심벌마크, 슬로건) 가치실현을 위해 하고 있는 정책에 대한 비판과 대안을 제시해 보시오.

Q. 갈등해결 경험

Q. 창의적인지? 그렇다면 뭘 했는지?

Q. 최근 이슈

└ Q. 이슈나 트렌드 어떻게 확인하는지?

Q. 남을 도운 경험

Q. 고난 경험

Q. 공직에 임할 자세

Q. 전문성 키운 경험

└ Q. 그 전문성이 실제로 공직에서 도움이 될 것인가?

Q. 마지막 하고 싶은 말

03 사회복지 ①

Q. 자기소개

Q. (전 직장) 일을 잘하기 위해 어떤 노력들을 했는지?

Q. 요즘 아동 관련하여 이슈 / 트렌드는 뭐라고 생각하는지?

Q. 창의적 경험
Q. 보람 있었던 일
Q. 지원동기 및 부산시에 왜 지원했는지?
Q. 희망업무 및 희망과
Q. 시련 + 극복방법
Q. 본인이 지키는 소신이나 원칙
Q. 팀이 되어 새로운 업무 주어지면 요즘 세대는 왜요? 이거 제가 왜 해야 해요?라고 말하는데, 이것에 대해 어떻게 생각하는지?
Q. 도움을 주었던 적 있는지?
Q. 아동학대 어떻게 생각하는지?

+ 여자면접관님 두 분이었는데 계속 눈 마주치고 웃어주시고 긴장하지 말라고 해 주셨어요!

04 사회복지 ②

Q. 1분 자기소개
Q. 내 인생관을 통한 경험
Q. 힘들었던 경험
Q. 창의성 경험
└ Q. 창의성을 발휘하기 위해 공무원으로서 어떻게 해야하는지?
Q. 근무하고 싶은 부서, 해결해야 할 문제점
Q. 사회복지공무원으로서 중요한 자세가 무엇인지?
Q. 최근 복지이슈
└ Q. 최근 복지이슈에서 이전과 다른 부분이 있는 것에는 무엇이 있는가?
Q. 가장 보람 있는 경험
Q. 가장 기억에 남는 경험은

+ 면접관님 여자 1분, 남자 1분이셨고, 편하게 하라고 말씀 해주셨어요. 답변은 조금 부족한 편이 있었지만 그래도 다 들어 주셨어요. 정말 저번에 말씀해 주신 분들처럼 아버님 어머님 같으신 분들이셨어요.

05 지방세 ①

Q. 자기소개 1분
Q. 최근 누군가 도와준 경험
Q. 좌절했던 경험
Q. 부산시 지방세 공무원들이 하는 역할 중 가장 중요한 업무는 뭐라고 생각하는지?

Q. 부산시에서 가장 중요한 세목
└ Q. 단순히 취득세가 많아서인가?
Q. 취득세 계수(?)
Q. 공시송달
Q. 연대납세의무자에게 송달
Q. 창의성 발휘 경험
Q. 갈등해결 경험
Q. 학생 때 성공한 내용
Q. 보람 있던 경험

+ 여성분 1분, 남성분 1분 계셨는데 두 분 다 친절하셨습니다. 긴장하지 말라고 웃어 주시고 계속 아이컨택 하셨습니다. 긴장해서 조금 횡설수설 했지만 그래도 하나 빼고 전부 대답했습니다.

06 지방세 ②

Q. 1분 자기소개
└ Q. 졸업 작품으로 패션쇼를 진행했다고 했는데, 조로 진행했었는지? 조원 중 뒤처지는 조원이 있을 때 어떻게 대처했는지?
Q. 여러 서비스 직종에서 일을 해 봤다고 했는데, 어떤 일을 했었는지?
Q. (자기소개에 세무사준비를 했었다고 적어서) 세무사 준비를 하셨다고 했는데, 지방세에 대해서는 공부를 열심히 하셨을 테고, 요즘 경제이슈에 대해 아는 것이 있는지?
Q. 요즘 경제가 어려운 것을 실감하는 면이 있는지?
Q. 세무직 9급이 어떤 일을 하는지 알고 지원을 한 건지?
Q. 세무직은 민원 등 어려운 일이 많을 텐데 잘 해낼 수 있는지?
Q. 요즘 꾸준히 하고 있는 것이 있다면 무엇인지?
Q. 봉사활동 경험
Q. 학창시절이나 일을 하면서 보람을 느낀 경험이 있는지?

+ 전반적으로 부담을 주지 않으시려하시고 말을 잘 할 수 있도록 격려를 해 주시려는 것이 느껴졌습니다. 경제이슈에 대해 물어보셨을 때 대비를 못한 질문이어서 간략하게 말씀드리고 얼버무리게 됐는데 방향을 잡아 주시면서 관련 단어들을 말씀해 주시고 생각이 나도록 도와주셨습니다. 계속해서 끄덕여 주시고 함께 웃는 훈훈한 분위기가 연출되기도 했습니다.

07 간호직

Q. 자기소개
Q. 시련 있었던 경험
Q. 살면서 힘들었던 경험
Q. 창의적 경험
Q. 자신의 전문적 역량이 어느 정도라 생각하는지?
Q. (자기소개서) 반장과 동아리 활동하면서 개인적으로 힘들었던 점이 있다면 무엇인가?
Q. 자신의 강점과 약점
Q. 최근 보건이슈
Q. 코로나19 비상업무로 나오라 하면 나올 수 있나?

08 전산직

Q. 자기소개
Q. 관행개선 경험
Q. 직장 내에서 성과 낸 경험
Q. 봉사활동 or 남 도운 경험
Q. 전산 관련 지식을 어떻게 부산 현안에 접목시키고 싶은가? & 하고 싶은 업무
Q. 관심 갖고 있는 부산시 정책
Q. 부산시 공무원 지원이유
Q. 전산 관련 전문성 쌓기 위한 노력
Q. 전문성을 바탕으로 현업에서 어떤 식으로 업무효율 개선하고 싶은지?
Q. 공무원은 자기계발 중요, 전문성을 어떻게 쌓아나갈 계획인가?
Q. 마지막 할 말

+ 여성분 2분, 조카 보듯 눈에서 꿀 뚝뚝 떨어지셨음. 리액션도 엄청 해 주셔서 편안히 봄. 면바면이겠지만 긴장 많이 하지 마시고 준비한 내용 편안하게 말하면 될 듯

09 건축직

Q. 자기소개
Q. 전문성 키우기 위해 노력한 경험
Q. 창의적 경험
Q. 주도적으로 일한 경험

Q. 건폐율, 용적률
Q. 건축면적
Q. 용도지구
Q. 최근이슈 해결방안
Q. 생활형 숙박시설
Q. 마지막으로 할 말

10 전기직

Q. 자기소개
└ Q. 실험실에서 성취한 것
Q. 전공질문
Q. 갈등 해결방안
Q. 성공성취 경험 (창의성 이야기했습니다)
Q. 보람 있었던 경험
Q. 전기직공무원이 하는 일
Q. 마지막 하고 싶은 말

CASE 04 광주광역시

01 일반행정

Q. 자기소개 및 지원동기 말씀해 주세요.
Q. 공무원의 6대 의무 말씀해 주시고, 중요하게 생각하시는 의무 한 가지 말씀해 주세요.
Q. (우리가 생활을 하다보면) 법령과 자치법규가 무엇인지 아는 대로 설명해 주세요.
Q. 공무원으로 일하다 보면 쓰레기 매립장처럼 주민들에게 불편을 줄 수 있는 시설들이 시정책으로 추진될 수 있어요. 주민 간의 갈등을 어떻게 해결하고 설득해 나갈 수 있을까요?
Q. 인권의 개념에 대해 아는 대로 설명해 주세요.
Q. 차별의 개념에 대해 아는 대로 설명해 주세요.
Q. 광주에서 계속 살아왔다고 했는데, 광주에서 살면서 여러 문제점들이 있었잖아요? 문제점을 하나 꼽자면?
Q. 공무원시험 몇 년 공부했어요?
Q. 그렇군요. 공무원시험 준비하면서 힘들었던 점 있어요?

PART 04

CASE 05 강원도

01 사회복지

Q. 자기소개
Q. 사회복지와 일반행정 차이
Q. 사회복지사 윤리강령 7가지
Q. 본인과의 소통에서 어려움이 있는 유형
Q. 희생했던 경험
Q. 조직 내 또는 어떤 환경에서든 규정, 규칙을 개선하여 문제를 개선한 경험
Q. 직장 퇴사하고 사회복지 공무원 지원한 이유
Q. 스트레스 해소방안
Q. 마지막 할 말

CASE 06 충청북도

01 일반행정

Q. 자기소개 1분 (타이머)
Q. 독서발표
Q. 천안시 인구
Q. 천안시 재정자립도
Q. 최근 mz세대 이직 높다. 원인과 해결방안
Q. 상사가 담배나 음료 심부름을 한다면?
Q. 동료가 부당하게 초과근무수당을 수령하는 것을 본다면?
Q. 동료가 일처리를 잘못하여 민원인이 화내는 상황에서 본인은 어떻게 할 것인가?
Q. 근무지나 업무가 마음에 안 드는 경우, 어떻게 할 것?
ㄴ Q. 출퇴근 거리가 너무 멀다. 그래도 괜찮은가?
Q. 최근 기후변화가 심각한 문제인데, 원인과 해결방안은?
Q. 비극적인 오송지하차도참사 원인과 해결방안은?
Q. 적극행정 사례에 대해 아는가?
Q. 마지막으로 하고 싶은 말

\+ 꼬리질문이 별로 없었어요

02 사회복지

[사전조사서] 인생에서 가장 후회되는 경험은?

Q. 자기소개
Q. 공무원 의무
Q. 영동군 장단점
Q. 지원동기
Q. 창의성으로 남에게 즐거움을 줬던 일
Q. 상사가 부당한 지시한다면?
Q. 스트레스 관리법
Q. 청년문제 해결방안
Q. 중위소득 개념
Q. 최저생계비 산출방법
Q. 사회복지사 vs 사회복지직 공무원
Q. 송파 세 모녀 사건 이후 기초생활보장법 개정내용
Q. 마지막 말

03 건축직

[사전조사서] 업무 관련 사적인 자리 가지자고 한다면 어떡할 것인가?

Q. 자기소개
Q. 악성민원
Q. 집단민원
Q. 자기소개서 관련 질문 2개
Q. 경험이 많은데, 인상적인 경험이 뭔지?
Q. 검단신도시 관련 질문
Q. 신림 칼부림 같은 범죄 많이 일어나는데, 건축직으로서 해결방안으로 CPTED에 대해 아는지?
Q. 내진에 대해 관심이 있는 거 같은데, 내진을 어떤 식으로 진행해야 할지?

CASE 07 충청남도

01 일반행정

Q. 자기소개 1분 (타이머 설정)
Q. (독서발표) 읽으신 책과 간단히 느낀 점 말해 보세요.
Q. 천안시 인구

Q. 천안시 재정자립도
Q. 천안시 비전
Q. 최근 mz세대 이직률이 높아요. 원인과 해결방안
Q. 상사가 담배나 음료 심부름을 한다면?
Q. 동료가 부당하게 초과근무수당을 수령하는 것을 본다면?
Q. 동료가 일처리를 잘못하여 민원인이 화내는 상황에서 본인은 어떻게 할 것인가?
Q. 근무지나 업무가 마음에 안 드는 경우, 어떻게 할 것인가?
ㄴ Q. 출퇴근 시간이 오래 걸리고 너무 멀다. 그래도 괜찮은가?
Q. 최근 기후변화가 심각한 문제인데, 원인과 내가 실천할 수 있는 해결방안은?
Q. 비극적인 오송지하차도 참사 원인과 해결방안은?
Q. 천안의 적극행정 사례에 대해 아는가?
Q. 성취를 이루었던 경험이 있을까요?
Q. 리더십을 발휘했던 경험이나 조직을 주도적으로 이끌었던 경험이 있나요?
Q. 마지막으로 하고 싶은 말?

02 사회복지

Q. 자기소개
ㄴ Q. 근무기간, 민원 상대 경험담
Q. 독서발표
Q. 창의력을 발휘한 경험(세미나 홍보방식 제안 경험)
Q. 만약 공무원의 실수로 급여를 제공하지 못했을 경우 어떻게 대처하겠는가? (일단 사과하고, 제 실수가 명백하면 제 사비로라도 보상해 드리겠습니다)
Q. 시험 준비기간
Q. (자기소개서) 기획해 본 경험 (ppt 제작해서 세미나 기획한 경험)
Q. 청양군 지원이유

CASE 08 전라북도

01 간호직

Q. 치매노인을 위한 예방책
Q. 노인인구 몇 명인지 아는가? 전체 몇 퍼센트?
Q. OO군 비전
Q. 지역사회 간호사의 역할
Q. 공무원은 대학병원에서 일할 때보다 전문성이 떨어지는데, 지원한 이유

Q. 난임사업 예산 얼마인지 아는가?
Q. 타인이 비위 상하는 짓을 했다. 그럴 땐 남을 말리시는 편인지? 그냥 넘어가는 편인지?
Q. 공무원 6대 의무와 본인이 중요시하는 것

02 보건의료직

Q. 군정비전, 목표
Q. 공무원의무
Q. 보건의료직 업무
Q. 보건의료원이 쓰는 약물
Q. 심뇌혈관질환 환자 어떻게 대응할 것인지?
Q. 환자이송 시 따라간다? 따라가지 않는다?

CASE 09 전라남도

01 기계직

Q. 자기소개
Q. 지원동기
Q. 학교 전공이 무엇인지?
Q. 수험생활 중 가장 힘들었던 경험
Q. 전공직문 4개
Q. 마지막 할 말

+ 면접장 분위기는 꽤 좋은 편이었다고 생각합니다. 면접관마다 다르겠지만 제 담당면접관 분들은 친절하시고 표정이 안 좋다거나 이런 분은 없으셨습니다. 그리고 혹시라도 압박면접 들어오더라도 긴장하지 마시고 모두에게 하는 일이라고 생각하고 그냥 웃는 얼굴로 면접보고 나오셨으면 좋겠습니당!
내일 시험보시는 분들 파이팅!

02 토목직

자기소개 안 함
Q. (앉자마자) 자기소개서를 읽어보니 이것저것 많이 하셨고, 자격증도 많으신 것 같아요.
Q. 군생활은 왜 그만하시게 된 거죠?
Q. 공기업이나 사기업도 어렵지 않았을 것 같은데, 왜 공무원을 선택했는가?
ㄴ Q. 측량 종류 아는 대로 말해 보세요.

└ Q. 평판측량 기억하시나요? 혹시 평판측량 장단점은?
└ Q. gps측량 장단점
Q. 장성군 정책의 비전
└ Q. 장성군의 문제점
└ Q. 장성군 현안 중 도로 관련 아는 것과 본인 생각
Q. 도로나 교통 관련 자격증도 있고, 정책적으로도 관심이 많은 것 같다. 혹시 도로교통에 관심을 갖게 된 계기와 맡고 싶은 업무는?
Q. 관심 있는 최근 시사문제 3개와 본인의 견해, 해결방법은?

CASE 10 경상북도

01 일반행정 ①

Q. 지원동기
└ Q. 청년유입 위해 어떻게 할 건지?
Q. 가고 싶은 부서 (새마을경제과)
└ Q. 어떻게 경제 활성화할 건지?
Q. 희생 경험, 봉사 경험
Q. 성격의 장단점
Q. 무효와 취소 차이
Q. 예천군 정책
Q. 상사가 6시 넘어서 오늘 안으로 업무를 끝내라고 지시하면 어떻게 할 것인지?

02 일반행정 ②

Q. 지원동기
Q. 초과근무 하는 것에 대한 해결책
Q. 지방의회가 하는 역할이 무엇인지?
Q. 공정력이 무엇인지?
Q. 민원인이 행정센터에 아는 지인이 있다고 신속하게 민원을 처리해 달라고 할 때 어떻게 할 것인지?
Q. 사회복지 공무원으로서 제일 중요하다고 생각하는 가치
Q. 대구경북 신공항이 설립되면 어떤 장점이 있고, 어떤 단점이 있는지?
Q. 취소와 철회는 무엇인지?
Q. 허가와 인가는 무엇인지?
Q. 복지사각지대에 대해 경상북도에서 시행하고 있는 정책 중 아는 것이 있는지?
Q. 지역사랑 상품권에 대한 장단점

Q. 님비와 핌비 현상에 대해 알고 있는지?
Q. 님피와 핌피 현상에 대해서도 알고 있는지?
Q. 정년퇴직 연장에 대해 찬성 vs 반대 (찬성한다고 답변하고 이유 말함)
└ Q. 그렇게 되면 청년실업률이 증가할 텐데, 이에 대한 해결방안이 있는지?
Q. 지원한 지역 전제 인구수는?
Q. 노인 인구수는?
Q. 마지막 인사

CASE 11 제주도

01 사회복지

Q. 자기소개 1분 이내
Q. 적극행정의 개념
Q. 적극행정 플랫폼 이용 경험
Q. 적극행정 보호제도
Q. 사회복지직 공무원의 의무(공무원의 의무 ×)
Q. 악성민원 응대
Q. 웨어러블캠 사용이 필요할지?
Q. 웨어러블캠 사용으로 인해 발생하는 문제들은 어떻게 해결할지?
Q. 사회복지시설에서 근무할 당시 느꼈던 공직자들에게 있어서 개선이 필요한 점
Q. 공무원의 의무
Q. 공무원의 의무 중 가장 중요하게 생각하는 것
Q. 제주의 청렴점수에 몇 점을 주고 싶은지?
Q. 자신에게 청렴점수를 준다면 몇 점을 줄지?
Q. 기초생활수급자 비율
Q. 제주 노인 인구수
Q. 제주 장애인 인구수
Q. 제주 사회복지시설 중에서도 요양시설의 수
Q. 마지막으로 하고 싶은 말

memo

memo

memo

memo